信息学奥赛
真题分类解析

丁向民　王雄壮　缪佳丽　编著

初赛篇

U0361196

清华大学出版社

北京

内 容 简 介

本书详细分析了 2009—2018 年共 10 年的信息学奥赛普及组考试真题。本书不仅详细解答了每道真题,而且对这 10 年考题的知识点进行了分析和梳理,能够更好地帮助考生厘清考试思路,并把握重点、难点。

本书首先进行了历年的考试情况统计,让考生对该考试有大体把握,然后详细分析了真题,最后对考试知识点进行了分类汇总,并且有针对性练习供考生复习巩固。通过分析、分类、练习等多种形式让考生能够掌握信息学奥赛考试的知识内容,帮助考生更顺利地通过信息学奥赛初赛的考试。

本书可作为信息学奥赛普及组初赛考试用书,也可作为中学生学习信息学的辅导用书。

图书在版编目(CIP)数据

信息学奥赛真题分类解析.初赛篇/丁向民,王雄壮,缪佳丽编著.—北京:清华大学出版社,2020.5(2024.8重印)

ISBN 978-7-302-53796-0

Ⅰ.①信…　Ⅱ.①丁…　②王…　③缪…　Ⅲ.①程序设计-中小学-题解　Ⅳ.①G634.675

中国版本图书馆 CIP 数据核字(2019)第 194924 号

责任编辑:郭　赛
封面设计:傅瑞学
责任校对:焦丽丽
责任印制:杨　艳

出版发行:清华大学出版社

网　　　址:https://www.tup.com.cn,https://www.wqxuetang.com
地　　　址:北京清华大学学研大厦 A 座　　　　邮　　编:100084
社 总 机:010-83470000　　　　邮　　购:010-62786544
投稿与读者服务:010-62776969,c-service@tup.tsinghua.edu.cn
质量反馈:010-62772015,zhiliang@tup.tsinghua.edu.cn
课件下载:https://www.tup.com.cn,010-83470236

印 装 者:三河市龙大印装有限公司
经　销:全国新华书店
开　本:185mm×260mm　　　　印　张:18.75　　　　字　数:429 千字
版　次:2020 年 5 月第 1 版　　　　印　次:2024 年 8 月第 8 次印刷
定　价:68.90 元

产品编号:083948-02

前 言

　　2017 年 8 月,国务院印发《新一代人工智能发展规划》,明确指出在中小学阶段应设置人工智能相关课程、逐步推广编程教育。自此,青少年编程教育如雨后春笋般在全国展开,中小学生学习编程的人数也急剧增长。那么,如何才能检测学生的学习效果呢?信息学奥林匹克联赛(以下简称奥赛)无疑是当前最好的选择:一方面,信息学奥赛对于学生报名没有门槛限制,任何水平的人都可以参加其初赛考试;另一方面,信息学奥赛复赛全程由计算机阅卷,减少了很多人工失误,所以其认可度非常高。胜伴教育科技正是在这种形势下成立和发展的,在考试辅导的过程中,发现当前的教材和资料对历年真题的解析存在两方面的问题:一是不系统,大部分解析只是专注于某一年的解答,没有做到系统分析;二是不全面,大部分解析只是讲解本道题的解法,并没有从历年真题、知识点、练习等多方面解析。胜伴教育科技从教学中得出经验,形成了本书的思路,供广大考生学习、复习。

　　全国青少年信息学奥林匹克联赛(National Olympiad in Informatics in Provinces,NOIP)是一项面向全国青少年的信息学竞赛和普及活动,旨在向那些在中学阶段的青少年普及计算机科学知识;给学校的信息技术教育课程提供动力和新的思路;给那些有才华的学生提供相互交流和学习的机会;通过竞赛和相关的活动培养和选拔优秀的计算机人才。1995—2018 年 NOIP 已举办 24 届,每年由中国计算机学会统一组织,全国统一大纲、统一试卷。联赛分初赛和复赛两个阶段,初赛考查通用和实用的计算机科学知识,以笔试形式进行;复赛为程序设计,须在计算机上调试完成,参加初赛者须达到一定分数后才有资格参加复赛。联赛分普及组和提高组两个组别,难度不同,分别面向初中和高中阶段的学生。复赛可使用 C、C++ 、Pascal 语言,2022 年后将不可使用 Pascal、C 语言,只能使用 C++ 。

　　本书分析了 NOIP 普及组初赛考试 2009—2018 年这 10 年的考试真题。初赛形式为笔试,侧重考查学生的计算机基础知识和编程的基本能力,并对知识面的广度进行测试。题型由四部分组成:一是选择题,共 30 分;二是问题求解题,共 10 分;三是程序阅读理解题,共 32 分;四是程序完善题,共 28 分。本书分为上篇和下篇,上篇主要分析选择题和问题求解题,下篇分析程序阅读理解题和程序完善题。

　　在近几年的考试辅导过程中,作者发现:虽然每年的考试题目千差万别,但每年的考试知识点的变化都不大。所以,本书的撰写主要围绕知识点展开,一是将历年真题划分到考试大纲的各个章节,二是将每道题目归类到各个知识点。通过逐一分析,把握历年的考试情况,让考生对历年的知识点一目了然,帮助考生复习总结。在撰写过程中,作者尽量利用图表说明知识点情况，考生既可以进行数据对照，也可以浏览概况。而在试题解析过程中，作者也尽量利用各类图表解释题目，让考生形象地理解题目。

　　本书是胜伴教育科技集体智慧的结晶，凝聚了很多老师的心血。撰写分工如下：第1章和第2章由缪佳丽负责撰写，第3～5章由丁向民负责撰写，第6～8章由王雄壮负责撰写，全书由丁向民负责统稿，周雅娟和颜芳负责校正。另外，在本书的撰写过程中得到了柳盛、黄胜、张祖芹、陆伟、吴国民、董健、顾梦婷等的协助，他们提供了不少题目的解题思路，在此表示感谢。在本书的撰写过程中引用了一些文献和网络上的解题思路，在此一并向相关作者表示感谢。

　　由于时间仓促，书中难免有不足之处，请广大读者批评指正。

盐城胜伴教育科技

2020 年 3 月

目　录

上篇　基 础 知 识

下篇　阅读和完善程序

上 篇

基 础 知 识

（试题 1 和试题 2 分类解析）

第 1 章　计算机基本知识

在 NOIP 初赛考试中,计算机基础知识包括的范围很广,涉及计算机的各个领域,根据历年考试的重点,本书将该部分主要分为以下知识点。

- **基本常识**:主要包括计算机的发展、主要软硬件公司、计算机的分类和应用领域等。
- **系统结构**:主要介绍计算机的组成以及各部件的功能。
- **软件系统**:主要介绍应用软件和系统软件,其中着重介绍操作系统的作用和功能。
- **数据表示与计算**:主要介绍二进制原理及二进制的运算、原码、反码和补码。
- **信息编码**:主要介绍英文、汉字、声音和图像的编码方式以及存储方式。
- **网络基础**:主要介绍网络体系结构、IP 地址和域名系统、HTML 基础知识。
- **NOIP 常识**:主要介绍 NOIP 的概况、宗旨与背景、系列活动和比赛须知。

在过去的 10 年中,该部分考试的分值如表 1-1 所示。

表 1-1　2009—2018 年计算机基础知识考试题目统计表

年份	2009	2010	2011	2012	2013	2014	2015	2016	2017	2018
分值	18	18.5	18	19.5	12	16.5	19.5	13.5	13.5	10

分值的历史变化趋势如图 1-1 所示。

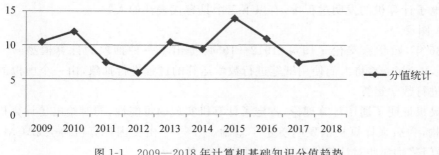

图 1-1　2009—2018 年计算机基础知识分值趋势

从图 1-1 可以看出,该部分的考试分值近年来占比较多,一般有 10 题左右,分值为 10～20 分之间。但该部分的内容相对比较简单,知识点也变化不大,所以也容易得分。考生只要掌握一些计算机基础知识,该部分内容就能够轻松拿分。

1.1 基本常识

基本常识主要包含计算机的发展历史与发展领域、计算机的软硬件公司、计算机的分类、计算机的应用等领域。

1.1.1 基本知识介绍

1. 计算机的发展历史与发展领域

电子计算机的发展阶段通常以构成计算机的电子元器件划分，至今已经历了4代，目前正在向第5代过渡。各代的发展概况如表1-2所示。

表1-2 计算机发展概况表

代别	年　代	使用的元器件		使用的软件类型	主要应用领域
第1代	20世纪40年代中期至50年代末期	CPU：电子管		机器语言和汇编语言	科学和工程计算
		内存：磁鼓			
第2代	20世纪50年代中后期至60年代中期	CPU：晶体管		FORTRAN等高级程序设计语言	数据处理领域
		内存：磁芯			
第3代	20世纪60年代中期至70年代初期	CPU：SSI、MSI		操作系统、数据库管理系统	科学计算、数据处理、工业控制等领域
		内存：SSI、MSI的半导体存储器			
第4代	20世纪70年代中期至今	CPU：LSI、VLSI		软件开发工具和平台、分布式计算、网络软件等	深入各行各业，家庭和个人开始使用计算机
		内存：LSI、VLSI的半导体存储器			

在电子计算机的发明过程中，有以下三个具有代表性的人物。

（1）图灵

1936年，数学家艾伦·图灵（1912—1954）提出了一种抽象的计算模型——图灵机（Turing Machine），将人们使用纸笔进行数学运算的过程进行抽象，由一个虚拟的机器替代人们进行数学运算。

图灵机证明了通用计算理论，肯定了计算机实现的可能性，同时给出了计算机应有的主要架构，为后来计算机的发明奠定了基础。1966年由美国计算机协会（ACM）设立图灵奖，专门奖励那些对计算机事业做出重要贡献的个人。

另外，图灵对于人工智能的发展也贡献显著。1950年，他提出了关于机器思维的问题，他的论文《计算机和智能》（*Computing machinery and intelligence*）引起了广泛的注意和深远的影响。1950年10月，图灵发表论文《机器能思考吗?》，这一划时代的作品使图灵赢得了"人工智能之父"的桂冠。

（2）莫西利和埃克特

1946 年 2 月，美国宾夕法尼亚大学由埃克特领导的"莫尔小组"成功研制出了世界上第一台通用计算机，名为 ENIAC（Electronic Numerical Internal And Calculator）。

ENIAC 体积庞大，耗电惊人，运算速度不过每秒几千次，但它比当时已有的计算装置要快 1000 倍，而且还有按事先编好的程序自动执行算术运算、逻辑运算和存储数据的功能。ENIAC 宣告了一个新时代的开始，从此科学计算的大门被打开了。

（3）冯·诺依曼

冯·诺依曼在 1945 年 3 月起草了"存储程序通用电子计算机方案"，即 EDVAC（Electronic Discrete Variable Automatic Computer）。这对后来计算机的设计有决定性的影响，其主要思想有三个：计算机系统的冯·诺依曼结构、利用存储程序进行计算机运行、采用二进制编码替代十进制。这三大思想至今仍为电子计算机设计者所遵循，所以冯·诺依曼被后人称为"计算机之父"。

2. 计算机的软硬件公司

世界著名的计算机公司有很多，下面列举部分在各领域突出的计算机公司及其成就，具体情况如表 1-3 所示。

表 1-3　部分计算机软硬件公司信息表

公　司　名　称	主　要　成　就	主　要　产　品	备　　注
Microsoft（微软）	操作系统 办公软件	Windows 操作系统 Microsoft Office 系列软件	软件
Oracle（甲骨文）	数据库技术 软件技术	Oracle 数据库 Java 语言	软件
IBM（国际商业机器公司）	硬件 软件	大型机、超级计算机 DB2、SPSS	软硬件
Google（谷歌）	互联网搜索 操作系统	Google 搜索引擎 Android 操作系统	软件
Intel（英特尔）	微处理器 显卡	Pentium 系列 CPU GMA900 集成显卡	硬件
Kingsoft（金山）	办公软件 应用软件	WPS Office 金山词霸、金山毒霸	软件

3. 计算机的分类

计算机按照性能规模分为巨型机、大型机、小型机、微型机、单片计算机，其分类如表 1-4 所示。

表 1-4　计算机的分类表

具　体　分　类	特　　　　点	应　用　领　域
巨型机	运算速度快、存储容量大	核武器、空间技术、大范围天气预报、石油勘探等
大型机	通用性强、具有很强的综合处理能力、性能覆盖面广	公司、银行、政府部门、社会管理机构等

续表

具 体 分 类	特 点	应 用 领 域
小型机	规模小、可靠性高、运行环境要求低、易于操作且便于维护	中小型企事业单位
微型机	价格低廉、性能强、体积小、功耗低等	日常办公、生活
单片计算机	只由一片集成电路制成，体积小、质量轻、结构十分简单	控制家电、工业机械、广告牌等智能电器设备

4. 计算机的应用

计算机在信息社会的应用范围非常广泛，归纳起来有以下 5 个方面，如表 1-5 所示。

表 1-5　计算机应用领域表

应 用	说 明	特 点	应 用 领 域
科学计算	完成科学研究和工程技术中所提出的数学问题	数据量大、计算工作复杂	导弹试验、卫星发射、灾情预测；数学、物理、化学、天文等学科的科学研究
数据处理	信息的收集、分类、整理、加工、存储等	处理的原始数据量大，运算简单，具有大量的逻辑判断运算	人口统计、办公自动化、企业管理、邮政业务、机票订购、情报检索、图书管理等
计算机辅助技术	计算机辅助设计、制造、教学、出版、管理等	用模型模拟现实，用计算、逻辑判断功能模拟人脑	建筑工程设计、服装设计、机械制造设计、船舶设计、教育教学、出版印刷等
过程控制	又称实时控制，用计算机实时控制对象	及时收集并检测数据，按最佳值调节控制对象	电力、机械制造、化工、冶金、交通等部门，另外军事上的导弹控制
人工智能	用计算机模拟人类的智能活动	智能化	专家系统和机器人

1.1.2　历年真题解析

题目 1　2017 年第 5 题（计算机发展）

计算机最早的应用领域是（　　）。

A. 数值计算　　　　B. 人工智能　　　　C. 机器人　　　　D. 过程控制

解析：计算机是为了科学计算的需要而发明的，第一代电子计算机也是为了计算弹道和射击表而设计的，所以计算机最早的应用领域是数值计算。

参考答案：A

题目 2　2017 年第 20 题（领域奖项）

以下和计算机领域密切相关的奖项是（　　）。

A. 奥斯卡奖　　　　B. 图灵奖　　　　C. 诺贝尔奖　　　　D. 普利策奖

解析：奥斯卡奖的全称是美国电影艺术与科学学院奖（Academy Awards），是美国一项表彰电影业成就的年度奖项，旨在鼓励优秀电影的创作与发展。

图灵奖(Turing Award)由美国计算机协会(ACM)于 1966 年设立,专门奖励那些对计算机事业做出重要贡献的个人,其名称取自计算机科学的先驱、英国科学家艾伦·麦席森·图灵(Alan M. Turing)。由于图灵奖对获奖条件的要求极高,评奖程序又极严,一般每年只奖励一名计算机科学家,只有极少几年有两名合作者或在同一方向做出贡献的科学家共享此奖,因此它是计算机界最负盛名、最崇高的一个奖项,有"计算机界的诺贝尔奖"之称。

　　诺贝尔奖是以瑞典著名的化学家、硝化甘油炸药的发明人阿尔弗雷德·贝恩哈德·诺贝尔(Alfred Bernhard Nobel)的部分遗产作为基金在 1895 年创立的奖项。在世界范围内,诺贝尔奖通常被认为是颁奖领域内最重要的奖项。

　　普利策奖也称普利策新闻奖,1917 年依据美国报业巨头约瑟夫·普利策(Joseph Pulitzer)的遗愿设立,20 世纪 80 年代该奖项已经发展成为美国新闻界的最高荣誉奖。不断完善的评选制度已使普利策奖成为全球性的奖项,被称为"新闻界的诺贝尔奖"。

题目 3　2014 年第 20 题(领域奖项)

计算机界的最高奖是(　　)。

A. 菲尔兹奖　　　　B. 诺贝尔奖　　　　C. 图灵奖　　　　D. 普利策奖

解析:菲尔兹奖(Fields Medal)是依据加拿大数学家约翰·查尔斯·菲尔兹(John Charles Fields)的要求而设立的国际性数学奖项,于 1936 年首次颁发,被视为"数学界的诺贝尔奖",每 4 年颁奖一次,每次颁给 2～4 名有卓越贡献的年轻数学家。

关于普利策奖、诺贝尔奖和图灵奖请参考题目 2。

参考答案:C

题目 4　2012 年第 1 题(计算机常识)

计算机如果缺少(　　),将无法正常启动。

A. 内存　　　　B. 鼠标　　　　C. U 盘　　　　D. 摄像头

解析:内存(Memory)是计算机中重要的部件之一,它是与 CPU 进行沟通的桥梁。计算机中所有程序的运行都是在内存中进行的,因此内存的性能对计算机的影响非常大。内存也被称为内存储器,其作用是暂时存放 CPU 中的运算数据以及与硬盘等外部存储器交换的数据。只要计算机在运行中,CPU 就会把需要运算的数据调到内存中进行运算,当运算完成后,CPU 再将结果传送出来,内存的运行也决定了计算机的稳定运行。

参考答案:A

题目 5　2012 年第 3 题(计算机常识)

目前制造计算机芯片(集成电路)的主要原料是(　　),它是一种可以从沙子中提炼出来的物质。

A. 硅　　　　B. 铜　　　　C. 锗　　　　D. 铝

解析:当需要选择一种材料作为计算机中晶体管的基本材料时,需要考虑的关键词是电阻。导体的电阻非常低,因此很容易导电;而绝缘体的电阻很高,因此不能导电。对于晶体管而言,必须要根据需要对晶体管的开关进行控制,这时就需要半导体。半导体的电阻介于导体和绝缘体之间,也就是说其在不同条件下会表现出不同的性质。

当然,硅并不是地球上唯一的半导体元素,甚至算不上最好的。但很重要的一点是硅是一种非常丰富的元素。在地球上的每一个地方都可以很轻松地获得硅,并不需要特定的矿厂。经过了几十年的技术发展,硅的处理工艺已经相当成熟,人类已经可以在工厂中生产出近乎完美的硅晶体。这些硅晶体相对于硅而言等于砖石相对于碳。所以硅当之无愧地成为了现代计算机芯片的基础原料。

参考答案：A

题目6　2012第9题（计算机发展）

1946年诞生于美国宾夕法尼亚大学的ENIAC属于(　　)计算机。

A. 电子管　　　　　　　　　　　　B. 晶体管

C. 集成电路　　　　　　　　　　　D. 超大规模集成电路

解析：1946年2月,世界上第一台数字电子计算机ENIAC在美国宾夕法尼亚大学诞生；ENIAC是世界上第一台能真正自动运行的电子计算机,它包含了17 468根真空管(电子管),7200根晶体二极管,主要用于解决第二次世界大战时炮弹弹道问题的高速计算。

参考答案：A

题目7　2012年第20题（计算机应用）

仿生学的问世开辟了独特的科学技术发展道路。人们研究生物体的结构、功能和工作原理,并将这些原理移植于新兴的工程技术中。以下关于仿生学的叙述中错误的是(　　)。

A. 由研究蝙蝠发明雷达　　　　　　B. 由研究蜘蛛网发明因特网

C. 由研究海豚发明声呐　　　　　　D. 由研究电鱼发明伏特电池

解析：仿生学是在工程上实现并有效地应用生物功能的一门学科,主要是因为某些生物具有的功能迄今比任何人工制造的机械都优越得多。比如将海豚的体形应用到潜艇设计上。

该题A、C、D三个选项都是仿生学原理的应用,而B不属于。因特网始于1969年美国的阿帕网,其发明与蜘蛛网没有任何关系。

参考答案：B

题目8　2011年第4题（计算机常识）

摩尔定律(Moore's law)是由英特尔创始人之一戈登·摩尔(Gordon Moor)提出来的。根据摩尔定律,在过去几十年以及在可预测的未来几年,单块集成电路的集成度大约每(　　)个月翻一番。

A. 1　　　　　　B. 6　　　　　　C. 18　　　　　D. 36

解析：摩尔定律是由英特尔(Intel)创始人之一戈登·摩尔提出来的。其内容为：当价格不变时,集成电路上可容纳的元器件的数目每隔18～24个月便会增加一倍,性能也将提升一倍。换言之,每一美元所能买到的计算机的性能将每隔18～24个月翻一倍以上。这一定律揭示了信息技术的进步速度。

参考答案：C

题目9　2011年第14题（计算机应用）

生物特征识别是指利用人体本身的生物特征进行身份认证的一种技术。目前,指纹识别、虹膜识别、人脸识别等技术已广泛应用于政府、银行、安全防卫等领域。以下不属于生物特征识别技术及其应用的是(　　)。

 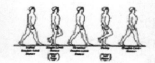  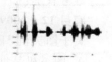

A. 指静脉验证　　　　　　B. 步态验证　　　　　C. ATM机密码验证　　　D. 声音验证

解析：传统的身份鉴定方法包括身份标识物品(如钥匙、证件、ATM 卡等)和身份标识知识(如用户名和密码)，但由于主要借助体外物，一旦证明身份的标识物品和标识知识被盗或遗忘，其身份就容易被他人冒充或取代。

生物识别技术比传统的身份鉴定方法更具安全性、保密性和方便性。生物特征识别技术具有不易遗忘、防伪性能好、不易伪造或被盗、随身"携带"和随时随地可用等优点。

参考答案：C

题目 10　2011 年第 18 题(领域奖项)

1956 年的(　　)授予了肖克利、巴丁和布拉顿，以表彰他们对半导体的研究和晶体管效应的发现。

A. 诺贝尔物理学奖　　　　　　　　B. 冯·诺依曼奖

C. 图灵奖　　　　　　　　　　　　D. 高德纳奖

解析：1956 年的诺贝尔物理学奖授予了肖克利、巴丁和布拉顿，以表彰他们对半导体的研究和晶体管效应的发现。

晶体管的发明是 20 世纪中叶科学技术领域具有划时代意义的一件事。晶体管相对于电子管而言有体积小、耗电低、寿命长、易固化等优点，它的诞生使电子学发生了根本性的变革，加快了自动化和信息化的步伐，对人类社会的经济、文化产生了不可估量的影响。

约翰·冯·诺依曼奖旨在表扬在计算机科学和技术领域具有杰出成就的科学家。

图灵奖由美国计算机协会于 1966 年设立，专门奖励那些对计算机事业做出重要贡献的个人，是计算机界最负盛名、最崇高的一个奖项，有"计算机界的诺贝尔奖"之称。

高德纳奖始于 1996 年，由 ACM 计算机理论研讨会和 IEEE 计算机科学基础研讨会交替颁发，由颁奖委员会选出。

参考答案：A

题目 11　2010 年第 6 题(计算机发展)

提出"存储程序"的计算机工作原理的人是(　　)。

A. 克劳德·香农　　　B. 戈登·摩尔　　　C. 查尔斯·巴比奇　　　D. 冯·诺依曼

解析：冯·诺依曼在 1945 年提出了"存储程序"的计算机工作原理。

克劳德·香农是美国数学家，同时也是信息论的创始人，1948 年发表的论文《通信的数学原理》是现代信息论研究的开端。

戈登·摩尔是美国科学家、企业家，是英特尔公司的创始人之一，1965 年提出"摩尔定律"，1968 年创办英特尔公司。

查尔斯·巴比奇是英国数学家、发明家兼机械工程师，1834 年发明了分析机(现代电子计算机的前身）。

参考答案：D

题目 12　2009 年第 1 题（计算机发展）

关于图灵机，下面的说法中正确的是（　　）。

A. 图灵机是世界上最早的电子计算机

B. 由于大量使用磁带操作，图灵机的运行速度很慢

C. 图灵机是英国人图灵发明的，在"二战"中为破译德军的密码发挥了重要作用

D. 图灵机只是一个理论上的计算模型

解析：图灵机是由数学家阿兰·麦席森·图灵提出的一种抽象计算模型，将人们使用纸笔进行数学运算的过程进行抽象，由一个虚拟的机器替代人们进行数学运算。

参考答案：D

1.1.3　知识点巩固

对历年考点进行分析，本章的考点主要分为计算机发展、计算机应用、计算机常识、计算机领域奖项 4 个考点。具体的考点分值统计如表 1-6 所示。

表 1-6　历年知识点出现次数统计表

知识点	计算机发展	计算机应用	计算机常识	领域奖项
出现个数	4	2	3	3
本节占比	33.33%	16.67%	25.00%	25.00%

从历年考点的分值可以看出，计算机发展考点分值最高，占本章分值的三分之一。其次是计算机常识和领域奖项考点。自 2013 年以来，计算机应用和计算机常识考点没有再出过题目。

根据以上考点，本书提供几道练习题供大家复习巩固。

1. 在下列关于图灵奖的说法中，不正确的是（　　）。（计算机发展）

    A. 图灵奖是美国计算机协会于 1966 年设立的，专门奖励那些对计算机事业做出重要贡献的个人

    B. 图灵奖有"计算机界诺贝尔奖"之称

    C. 迄今为止，还没有华裔计算机科学家获此殊荣

    D. 图灵奖的名称取自计算机科学的先驱、英国科学家阿兰·图灵

2. 计算机的发展非常迅速，以下不属于当前计算机的发展特点的是（　　）。（计算机发展）

    A. 友善的人机交互　　　　　　　　B. 智能的数据推理

    C. 完善的冯·诺依曼体系结构　　　D. 分布式的信息管理

3. 微型计算机中使用的数据库属于（　　）方面的计算机应用。（计算机应用）

    A. 科学计算　　　　　　　　　　　B. 数据处理

    C. 计算机辅助技术　　　　　　　　D. 过程控制

4. 对于计算机采用二进制的原因,不正确的是(　　　)(计算机常识)

    A. 运算简单　　　　　　　　　　　B. 电子元器件容易获得

    C. 逻辑性强　　　　　　　　　　　D. 符合人类的思考习惯

5. 1958 年 9 月 12 日,基尔比研制出世界上第一块集成电路,成功地实现了把电子器件集成在一块半导体材料上的构想。2000 年,基尔比因发明集成电路而获(　　　)。(领域奖项)

    A. 诺贝尔物理学奖　　　　　　　　B. 约翰·冯·诺依曼奖

    C. 图灵奖　　　　　　　　　　　　D. 高德纳奖

1.2　系 统 结 构

1.2.1　基本知识介绍

（1）计算机的体系结构

最早提出计算机体系结构的人是冯·诺依曼,他提出计算机应该具有五大部件:存储器、运算器、控制器、输入设备和输出设备,其中控制器和运算器又称 CPU,是冯·诺依曼计算机体系结构的核心,其他部件都是通过 CPU 进行通信的。这类计算机的主要体系结构如图 1-2 所示。

图 1-2　冯·诺依曼计算机体系结构

现代计算机,尤其是小型与微型计算机都发展成为总线连接,形成以总线为中心的计算机硬件系统。总线将 CPU、内存储器、外存储器及输入/输出设备连接起来。总线是指能为多个功能部件提供服务的一组公用信息线,包括地址线、数据线和控制线,它们分别用于传送地址、数据和控制信号。借助总线连接,计算机可以在各部件之间实现传送地址、数据和控制信息的操作。这类计算机的主要体系结构如图 1-3 所示。

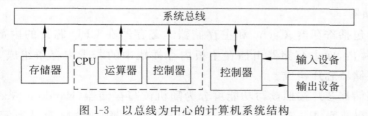

图 1-3　以总线为中心的计算机系统结构

（2）CPU

CPU 是计算机的核心部件，它完成对计算机的运算和控制。CPU 主要由三个部分组成：运算器、控制器和 Cache。运算器又称算术逻辑部件（Arithmetical Logic Unit，ALU），主要功能是完成对数据的算术运算、逻辑运算和逻辑判断等操作。控制器（Control Unit，CU）是整个计算机的指挥中心，根据事先给定的命令发出各种控制信号，指挥计算机各部分的工作。Cache 主要用来存放指令和运算所需要的数据。这三个部件通过 CPU 总线进行数据和指令的传递。

CPU 的基本组成结构如图 1-4 所示。

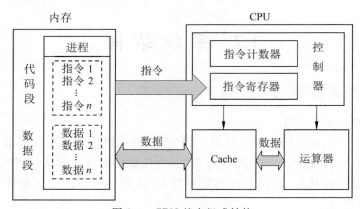

图 1-4　CPU 基本组成结构

（3）存储器

存储器根据是否可以直接和 CPU 交换数据分为内存储器和外存储器，内存储器速度较快，而外存储器相对速度较慢。内存储器的数据存取速度虽然很快，但与 CPU 相比还存在一定的差距，为了加快数据存取速度，CPU 内部又增加了高速缓冲存储器（Cache）。于是 Cache、内存储器和外存储器共同构成了计算机的三层存储层次结构。

• Cache

Cache 是为了解决 CPU 与主存之间速度不匹配而采用的一种技术，一般放在 CPU 内部。Cache 又分为一级缓存 L1、二级缓存 L2 和三级缓存 L3 等。

Cache 的工作原理基于程序访问的局部性。程序访问的局部性是指在一个较短的时间间隔内，由程序产生的地址往往集中在存储器逻辑地址空间的很小范围内，CPU 只对局部范围的存储器地址频繁访问，而对此范围以外的地址则访问甚少的现象。

• 内存储器

内存储器包括寄存器、Cache 和主存储器。寄存器在 CPU 芯片的内部，Cache 也制作在 CPU 芯片内，而主存储器由插在主板内存插槽中的若干内存条组成。主存储器主要由半导体存储器芯片构成。

半导体存储器芯片按照读写功能可分为随机读写存储器（Random Access Memory，RAM）和只读存储器（Read Only Memory，ROM）两大类。RAM 可读可写，断电时信息会丢失；ROM 中的内容只能读出，不能写入，信息可永久保存，不会因为断电而丢失。

• 外存储器

外存储器又称辅助存储器,主要用于保存暂时不用但又需长期保留的程序或数据。存放在外存中的程序必须调入内存才能运行,但外存价格比较便宜,可保存的信息量大。外存储器通过专门的输入/输出(I/O)接口与主机相连。

外存储器目前使用得最多的是磁表面存储器、光存储器及闪存存储器三大类。

(4) 输入/输出设备

输入/输出设备(I/O 设备)是计算机系统的重要组成部分。程序和数据等信息需要通过输入设备送入计算机。计算的结果或各种控制信号需要通过输出设备传送出去。计算机的 I/O 设备或装置统称为外部设备,简称外设。通常计算机的外存储器,如磁盘、磁带等也属于外设。

外部设备种类很多,有机械式、光电式、电子式等多种形式。由于 I/O 设备大多是机电装置,有机械传动或物理移位等动作过程,相对而言,I/O 设备是计算机系统中运转速度最慢的部件。输入/输出信息的形式也不同,可以是数字量,也可以是开关量或模拟量,而且输入/输出信息的速度也有很大差异,所以 CPU 与外设之间的连接与信息交换格式也比较复杂。CPU 与外设连接的电路称为 I/O 接口。

(5) 总线

总线是指在 CPU、内存、外存和各种 I/O 设备之间传输信息并协调它们工作的一种部件(含传输线和控制电路)。有时将连接 CPU 和内存的总线称为 CPU 总线(或前端总线),把连接内存和 I/O 设备(包括外存)的总线称为 I/O 总线。

1.2.2 历年真题解析

题目 1 2018 年第 1 题(输入/输出设备)

以下属于输出设备的是(   )。

A. 扫描仪   B. 键盘   C. 鼠标   D. 打印机

解析:打印机(Printer)是计算机的输出设备之一,用于将计算机的处理结果打印在相关介质上。常见的输入设备有鼠标、键盘、扫描仪、模/数转换器等;常见的输出设备有打印机、显示器、数/模转换器等。

参考答案:D

题目 2 2016 年第 4 题(CPU)

以下不是 CPU 生产厂商的是(   )。

A. Intel   B. AMD   C. Microsoft   D. IBM

解析:题中 A、B、D 都是 CPU 生产厂商,Microsoft 是一家美国科技公司,其主要业务是软件开发。

参考答案:C

题目 3 2016 年第 5 题(存储设备)

以下不是存储设备的是(   )。

A. 光盘   B. 磁盘   C. 固态硬盘   D. 鼠标

解析:存储设备有内存储器和外存储器,软盘、硬盘、光盘、U 盘、移动硬盘等是外存储器,内存储器又分为 RAM 和 ROM,RAM 为只读存储器,ROM 是随机存储器。鼠标属于计算机的一种输入设备,也是计算机显示系统纵横坐标定位的指示器。

参考答案:D

题目 4　2016 年第 9 题(体系结构)

32 位机器和 64 位机器的区别是(　　)。

A. 显示器不同　　　　　　　　　　　B. 硬盘大小不同

C. 寻址空间不同　　　　　　　　　　D. 输入法不同

解析:寻址空间一般指的是 CPU 对于内存寻址的能力,这种寻址能力是由机器的位数决定的。

显示器的屏幕尺寸是指屏幕对角线的长度,单位为英寸。

硬盘容量是以 MB(兆)和 GB(千兆)为单位的,影响硬盘容量的因素有单碟容量和碟片数量。

输入法是指将各种符号输入计算机或其他设备而采用的编码方法。

参考答案:C

题目 5　2015 年第 2 题(CPU)

在 PC 中,Pentium(奔腾)、酷睿、赛扬等是指(　　)。

A. 生产厂家名称　　B. 硬盘的型号　　　C. CPU 的型号　　　D. 显示器的型号

解析:常见的 PC 生产厂家有惠普(HP)、联想、苹果、华硕、宏碁、戴尔。

常见的硬盘厂家有迈拓(Maxtor)、希捷(Seagate)、三星(Samsung)、IBM、西部数据(Western Digital)、日立(Hitachi)、富士通。

奔腾、赛扬、酷睿是英特尔公司的三个处理器的系列型号。

常见的显示器品牌有飞利浦、戴尔、华硕。

参考答案:C

题目 6　2015 年第 5 题(体系结构)

下列说法正确的是(　　)。

A. CPU 的主要任务是执行数据运算和程序控制

B. 存储器具有记忆能力,其中信息在任何时候都不会丢失

C. 如果两个显示器屏幕尺寸相同,则它们的分辨率必定相同

D. 个人用户只能使用 Wi-Fi 的方式连接到 Internet

解析:存储器具有记忆功能,但存储器分为 RAM 和 ROM 两类,RAM 在断电的情况下信息会立刻丢失。ROM 在断电的情况下则不会丢失信息。故 B 选项不完全正确。

屏幕大小和分辨率没有直接关系,是两个不同的概念。屏幕大小是屏幕的尺寸,分辨率是屏幕的精密度,即屏幕所能显示的像素数量。故 C 选项错误。

将计算机接入 Internet 的方法有很多,除了 Wi-Fi 之外,还可以通过局域网、电话线、有线电视电缆等接入方式。故 D 选项错误。

参考答案:A

题目 7　2015 年第 8 题(计算机的体系结构)

所谓的"中断"是指(　　)。

A. 操作系统随意停止一个程序的运行

B. 当出现需要时,CPU 暂时停止当前程序的执行转而执行处理新情况的过程

C. 因停机而停止一个程序的运行

D. 计算机宕机

解析:中断是指当计算机在运行过程中出现某些意外情况需要主机干预时,机器能自动停止正在运行的程序并转入处理新情况的程序,处理完毕后又返回原被暂停的程序继续运行。

参考答案:B

题目 8　2014 年第 4 题(输入/输出设备)

以下属于输出设备的是(　　　)。

A. 扫描仪　　　　　B. 键盘　　　　　C. 鼠标　　　　　D. 打印机

解析:参考题目 1 解析。

参考答案:D

题目 9　2014 年第 6 题(总线)

CPU、存储器、I/O 设备是通过(　　　)连接起来的。

A. 接口　　　　　B. 总线　　　　　C. 控制线　　　　　D. 系统文件

解析:总线是一种内部结构,它是 CPU、存储器、I/O 设备传递信息的公用通道,主机的各个部件通过总线相连接。按照计算机所传输的信息种类,计算机的总线可以划分为数据总线、地址总线和控制总线,分别用来传输数据、数据地址和控制信号。

接口是计算机系统中两个独立部件进行信息交换的共享边界。这种交换可以发生在计算机软、硬件,外部设备或进行操作的人之间。

控制总线主要用来传送控制信号和时序信号。控制总线的传送方向一般是双向的,控制总线的位数根据系统实际控制的需要而定。

系统文件指的是存放操作系统主要文件的文件夹,它的存在对维护计算机系统的稳定具有重要作用。

参考答案:B

题目 10　2014 年第 7 题(存储设备)

断电后会丢失数据的存储器是(　　　)。

A. RAM　　　　　B. ROM　　　　　C. 硬盘　　　　　D. 光盘

解析:RAM 是与 CPU 直接交换数据的内部存储器,也称主存(内存),它可以随时读写,而且速度很快,通常作为操作系统或其他正在运行中的程序的临时数据存储媒介。

ROM 的一般信息已经固化到上面了,不能写入,所以无法消失。

硬盘属于外存的一种,其断电后数据不会丢失,早期硬盘为磁盘形式,现在出现了一种通过半导体存储器存储的固态硬盘。

光盘是指利用光电转换原理存储数据的介质。

参考答案:A

题目 11　2012 年第 7 题(CPU)

目前个人计算机的(　　　)市场占有率最靠前的厂商包括 Intel、AMD 等公司。

A. 显示器   B. CPU   C. 内存   D. 鼠标

解析：内存常见厂家有东芝、西门子、Micron 美光（迈克龙）、HY（现代）、三星等。

鼠标常见厂家有狐狼、罗技、雷蛇等。

关于显示器和 CPU 请参考题目 5 解析。

参考答案：B

题目 12　2012 年第 16 题（CPU）

地址总线的位数决定了 CPU 可直接寻址的内存空间，例如地址总线为 16 位，其最大的可寻址空间为 64KB。如果地址总线是 32 位，则理论上最大可寻址的内存空间为（　　）。

A. 128KB   B. 1MB   C. 1GB   D. 4GB

解析：如果计算机的地址总线为 32 位，则其寻址空间为 2^{32}＝4GB。

32 位寻址是指内存中的每个单元都是由 32 位二进制数标识的，最多可寻址 2 的 32 次方，也就是 4GB 大的内存。现在的 CPU 大多是 64 位寻址。

参考答案：D

题目 13　2011 年第 6 题（CPU）

寄存器是（　　）的重要组成部分。

A. 硬盘   B. 高速缓存

C. 内存   D. 中央处理器（CPU）

解析：寄存器是 CPU 中的一个重要组成部分，它是 CPU 内部的临时存储单元。寄存器既可以存放数据和地址，也可以存放控制信息或 CPU 工作时的状态。

参考答案：D

题目 14　2011 年第 20 题（体系结构）

从 ENIAC 到当前最先进的计算机，冯·诺依曼体系结构始终占有重要地位。冯·诺依曼体系结构的核心内容是（　　）。

A. 采用开关电路   B. 采用半导体器件

C. 采用存储程序和程序控制原理   D. 采用键盘输入

解析：冯·诺依曼计算机的三大思想是：采用二进制数据表示、采用存储程序和程序控制原理。

存储程序和程序控制原理的要点是将程序输入到计算机中，存储在内存储器中（存储程序）。运行时，控制器按地址顺序访问指令、分析指令、执行指令，遇到转移指令时则转移地址，再按地址顺序访问指令（程序控制）。

参考答案：C

题目 15　2010 年第 10 题（CPU）

主存储器的存取速度比中央处理器（CPU）的工作速度慢得多，从而使得后者的效率受到影响。而根据局部性原理，CPU 所访问的存储单元通常都趋于聚集在一个较小的连续区域中。于是，为了提高系统整体的执行效率，在 CPU 中引入了（　　）。

A. 寄存器   B. 高速缓存   C. 闪存   D. 外存

解析：寄存器是中央处理器的组成部分，可用来暂存指令、数据和地址。

高速缓存是为了大幅提高系统的执行效率，在 CPU 与主存储器之间用速度最快的

SRAM 作为 CPU 的数据快取区,利用局部性原理让数据访问的速度适应 CPU 的处理速度。

闪存是长寿命的非易失性(在断电情况下仍能保持所存储的数据信息)的存储器,通常用来保存设置信息。

存储器按用途可分为主存储器和辅助存储器,外存通常是磁性介质或光盘,能长期保存信息,并且不依赖于电,速度与 CPU 相比慢得多。

参考答案:B

题目 16　2009 年第 2 题(存储设备)

关于计算机内存,下面的说法中正确的是(　　)。

A. 随机存储器(RAM)的意思是当程序运行时,每次具体分配给程序的内存位置是随机的

B. 1MB 内存通常是指 1024×1024 字节大小的内存

C. 计算机内存严格说来包括主存(Memory)、高速缓存(Cache)和寄存器(Register)三个部分

D. 一般内存中的数据即使在断电的情况下也能保留 2 小时以上

解析:选项 B 中 1MB＝1024KB＝1024×1024B,即 1024×1024 字节。

选项 A 中 RAM 不是位置随机,随机存取指的是当存储器中的消息被读取或写入时,所需要的时间与这段信息所在的位置无关。

选项 C 中计算机内存包括只读存储器(ROM)和随机存储器(RAM)。

选项 D 中内存中的数据在断电的情况下会马上丢失。

参考答案:B

题目 17　2009 年第 3 题(总线)

关于 BIOS 下面说法中正确的是(　　)。

A. BIOS 是计算机基本输入/输出系统软件的简称

B. BIOS 包含键盘、鼠标、声卡、显卡、打印机等常用输入/输出设备的驱动程序

C. BIOS 一般由操作系统厂商开发

D. BIOS 能提供各种文件复制、删除以及目录维护等文件管理功能

解析:BIOS 是一组固化到计算机内主板上一个 ROM 芯片上的程序,它保存着计算机最重要的基本输入/输出的程序、开机后的自检程序和系统自启动程序,它可以从 CMOS 中读写系统设置的具体信息,其主要功能是为计算机提供最底层、最直接的硬件设置和控制。此外,BIOS 还向作业系统提供一些系统参数。

A 选项中,BIOS 的全称是计算机基本输入/输出系统(Basic Input Output System)。

B 选项中,BIOS 只存储一些系统启动的基本信息,这些设备的驱动程序是不存在的。

C 选项中,BIOS 是由芯片厂家生产的,而不是由操作系统厂商开发的。

D 选项中,这些功能都是由操作系统完成的。

参考答案:A

题目 18　2009 年第 4 题(CPU)

关于 CPU 下面的说法正确的是(　　)。

A. CPU 的全称为中央处理器（或中央处理单元）

B. CPU 可以直接运行汇编语言

C. 同样主频下，32 位的 CPU 比 16 位的 CPU 运行速度快一倍

D. CPU 最早是由 Intel 公司发明的

解析：A 选项中，CPU（Central Processing Unit）的全称为中央处理器。

B 选项中，CPU 只能执行机器指令，也就是二进制的代码，不能直接运行汇编语言。

C 选项中，位数只能说明处理的字长，所在的系统硬件指令不同，速度很难说谁快。

D 选项中，Intel 最早发明的是微处理器，在微处理器发明之前，CPU 是由电子管、晶体管实现的。

参考答案：A

1.2.3　知识点巩固

从历年考点角度分析，本章的考点主要分为输入输出设备、CPU、存储设备、体系结构、总线 5 个考点。具体的考点分值统计如表 1-7 所示。

表 1-7　历年知识点出现次数统计表

知识点	输入/输出设备	CPU	存储设备	体系结构	总线
出现个数	2	7	3	4	2
本节占比	11.11%	38.89%	16.67%	22.22%	11.11%

从历年考点的分值可以看出。CPU 考点分值最高，占本章分值的近一半，基本上每年都会至少有一题，其次是体系结构考点。自 2015 年以来，总线考点没有再出过题目。

根据以上考点，本书提供几道练习题供大家复习巩固。

1. 下列部件中，既可作为输入设备，又可以作为输出设备的是（　　）。（输入/输出设备）

　　A. 打印机　　　　B. 触摸屏　　　　C. 键盘　　　　D. 显示器

2. 在 CPU 中，用于跟踪指令地址的寄存器是（　　）。（CPU）

　　A. 地址寄存器（MAR）　　　　B. 数据寄存器（MDR）

　　C. 程序计数器（PC）　　　　D. 指令寄存器（IR）

3. 位于 CPU 与主存之间的高速缓冲存储器（Cache）用于存放部分主存数据的备份，主存地址与 Cache 地址之间的转换工作由（　　）完成。（CPU）

　　A. 硬件　　　　B. 软件　　　　C. 用户　　　　D. 程序员

4. 如果主存容量为 16MB，且按字节编址，则表示该主存地址至少应需要（　　）位。（存储器）

　　A. 16　　　　B. 20　　　　C. 24　　　　D. 32

5. 计算机的存储器采用多级方式是为了（　　）。（存储器）

　　A. 减少主机箱的体积

　　B. 解决容量、价格、速度三者之间的矛盾

　　C. 方便保存大量数据

　　D. 操作方便

　　6. 以下关于在 CPU 与主存之间增加高速缓冲存储器（Cache）的叙述中，错误的是（　　）。（CPU）

　　　　A. Cache 扩充了主存储器的容量

　　　　B. Cache 可以降低由于 CPU 与主存之间的速度差异而造成的系统性能影响

　　　　C. Cache 的有效性利用了对主存储器访问的局部性特征

　　　　D. Cache 通常保存着主存储器中部分内容的一份副本

　　7. 衡量计算机的主要性能指标除了字长、存取周期、运算速度外，通常还包括（　　）。（体系结构）

　　　　A. 外部设备的数量　　　　　　　　B. 计算机的制造成本

　　　　C. 计算机的体积　　　　　　　　　D. 主存储器的容量

　　8. 现代计算机采用以总线为中心的技术，取代了过去以 CPU 为中心的技术，以下不是其原因的是（　　）。（总线）

　　　　A. 便于采用模块结构，简化系统设计

　　　　B. 总线标准可以得到厂商的广泛支持，便于生产与之兼容的硬件板卡和软件，继而形成多个厂商的竞争态势

　　　　C. 模块结构方式便于系统的扩充和升级，便于故障诊断和维修

　　　　D. 有利于 CPU 快速访问内存数据

1.3　软　件　系　统

1.3.1　基本知识介绍

　　计算机软件是指计算机系统中的程序及其文档，也是用户与硬件之间的接口，用户主要通过软件与计算机进行交流，一般软件被分为系统软件和应用软件两大类。系统软件用来控制和协调计算机及外部设备，支持应用软件开发和运行的系统，主要功能是调度、监控和维护计算机系统。应用软件是用户可以使用的各种程序设计语言，以及用各种程序设计语言编制的应用程序的集合。

　　（1）计算机软件的分类

　　计算机软件的详细分类如图 1-5 所示。

　　（2）操作系统

　　操作系统主要有以下三个方面的作用。

　　① 为计算机中运行的程序管理和分配各种软硬件资源。

　　计算机中一般有多个程序在同时运行，这些程序在运行时需要使用系统中的各种资源，此时就需要操作系统承担资源的调度和分配的工作，以避免冲突，保证程序正常有序地运行。操作系统的主要功能包括处理器管理、存储管理、文件管理、I/O 设备管理等。

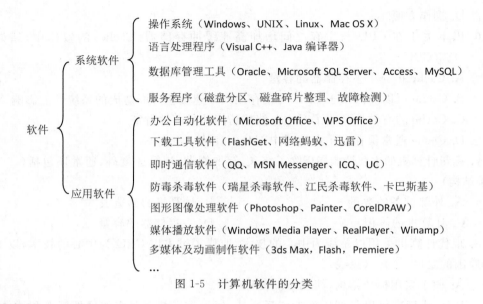

图 1-5　计算机软件的分类

② 为用户提供友善的人机界面。

操作系统提供了友善的图形用户界面，可供用户使用，免去了记忆复杂操作命令的负担。

③ 为应用程序的开发和运行提供一个高效率的平台。

操作系统屏蔽了几乎所有物理设备的技术细节，以规范、高效的方式向应用程序提供了有力的支持，从而为开发和运行其他系统软件及各种应用程序提供了一个平台。

操作系统的管理主要分为处理器管理、存储管理、文件管理和设备管理。

• 处理器管理。

处理器管理是操作系统的重要组成部分，它负责调度、管理和分配处理器并控制程序的执行。处理器管理中最重要的是进程管理，为了提高并发粒度和降低并发开销，现代操作系统引进了线程的概念，此时进程仍然是资源分配和保护的单位。

• 存储管理。

存储管理是操作系统的重要组成部分，主要负责管理内存资源。任何程序及数据必须占用内存空间后才能执行，因此，存储管理的优劣将直接影响系统的性能。主存储空间一般分为两部分：一部分是系统区，存放操作系统核心程序及标准子程序、例行程序等；另一部分是用户区，存放用户的程序和数据等，供当前正在执行的应用程序使用。存储管理主要是对主存储器中的用户区域进行管理，另外也包括对辅存储器的部分管理。

• 文件管理。

操作系统中负责管理和存储文件信息的软件机构称为文件管理系统，简称文件系统。文件系统由三部分组成：与文件管理有关的软件、被管理的文件以及实施文件管理所需的数据结构。从系统角度来看，文件系统是对文件存储空间进行组织和分配、负责文件的存储并对存入的文件进行保护和检索的系统。具体地说，它负责为用户建立文件，存入、读出、修改、转储文件，控制文件的存取，当用户不再使用时撤销文件等。

通常情况下,不同的操作系统有着不同的文件系统,不能互相兼容,大部分程序都基于文件系统进行操作,在不同种类的文件系统上不能工作。例如 Windows 常用的文件系统为 FAT32 或 NTFS,而 UNIX 则使用 NFS,两个文件系统如果不进行特殊处理,就不能相互工作。

- 设备管理。

现代计算机 I/O 设备种类繁多、功能各异,其管理已经成为操作系统中最复杂的部分。又由于 I/O 设备往往速度慢,所以 I/O 设备管理的主要任务就是尽量提高设备与设备、设备与 CPU 的并行性,使得系统效率得到提高。同时,要为用户使用外部设备屏蔽硬件细节,提供方便易用的接口。

1.3.2　历年真题解析

题目 1　2016 年第 1 题(应用软件)

以下不是 Microsoft 公司出品的软件是(　　)。

A. PowerPoint　　　　B. Word　　　　C. Excel　　　　D. Acrobat Reader

解析:Acrobat Reader 是美国 Adobe 公司开发的一款优秀的 PDF 文档阅读软件。PowerPoint、Word 和 Excel 都是美国 Microsoft 公司开发的 Office 办公软件的组件。

参考答案:D

题目 2　2015 年第 3 题(操作系统)

操作系统的作用是(　　)。

A. 把源程序译成目标程序　　　　　　B. 便于进行数据管理

C. 控制和管理系统资源　　　　　　　D. 实现硬件之间的连接

解析:操作系统是管理计算机硬件、软件资源,调度用户作业程序和处理各种中断,从而保证计算机各部分协调高效地工作的系统软件,它的功能是控制和管理计算机系统资源和程序的执行。

选项 A 是编译程序的功能,选项 B 是数据库管理系统的功能,选项 D 是接口的功能。

参考答案:D

题目 3　2015 年第 11 题(应用软件)

下面哪种软件不属于即时通信软件(　　)。

A. QQ　　　　　　B. MSN　　　　　　C. 微信　　　　　　D. P2P

解析:即时通信软件是一种基于互联网的即时交流软件,此类软件使得人们可以通过连接 Internet 的设备随时与另一个在线用户交谈,甚至可以通过视频看到对方的实时图像。QQ、MSN、微信都属于即时通信软件。

P2P(Peer to Peer,对等网络)是一种在对等者之间分配任务和工作负载的分布式应用架构,是对等计算模型在应用层形成的一种组网或网络形式。

参考答案:D

题目 4　2014 年第 5 题(操作系统)

下列对操作系统功能的描述最为完整的是(　　)。

A. 负责外设与主机之间的信息交换

B. 负责诊断机器的故障

C. 控制和管理计算机系统的各种硬件和软件资源的使用

D. 将源程序编译成目标程序

解析：操作系统（Operating System, OS）是电子计算机系统中负责支撑应用程序运行环境以及用户操作环境的系统软件，同时也是计算机系统的核心与基石，它的职责包括对硬件的直接监管、对各种计算资源（如内存、处理器时间等）的管理以及提供诸如作业管理之类的面向应用程序的服务等。

参考答案：C

题目 5　2013 年第 8 题（操作系统）

在 Windows 资源管理器中，右击一个文件后会出现一个名为"复制"的操作选项，它的意思是（　　）。

A. 用剪贴板中的文件替换该文件

B. 在该文件所在文件夹中，将该文件复制一份

C. 将该文件复制到剪贴板，并保留原文件

D. 将该文件复制到剪贴板，并删除原文件

解析：复制指文件原来的地方还有原文件，而粘贴到的地方也有该文件，让文件在相同或不同的地方再复制一个甚至多个。

另外，还有一个与"复制"功能非常相似的功能——剪切。剪切是把文件从一个地方转移到另一个地方，剪切后的文件就会从文件原来的地方被剪下来了，等待用户粘贴到目标位置。

参考答案：C

题目 6　2012 年第 5 题（操作系统）

（　　）不属于操作系统。

A. Windows　　　　B. DOS　　　　C. Photoshop　　　　D. NOI Linux

解析：Photoshop 是由 Adobe Systems 公司开发和发行的图像处理软件，不属于操作系统。

DOS 和 Windows 都是 Microsoft 公司开发的操作系统，NOI Linux 是一个专为 NOI/NOIP 定制的 Linux 操作系统版本。

参考答案：C

题目 7　2011 年第 10 题（操作系统）

有人认为，在个人计算机送修前，将文件放入回收站中就是已经将其删除了。这种想法是（　　）。

A. 正确的，将文件放入回收站将彻底删除，无法恢复

B. 不正确的，只有将回收站清空后，才意味着彻底删除、无法恢复

C. 不正确的，即使回收站清空，文件也只是被标记为删除，仍可能通过恢复软件找回

D. 不正确的，只要在硬盘上出现过的文件，永远不可能被彻底删除

解析：回收站是 Windows 操作系统中的一个系统文件夹，主要用来存放用户临时删

除的文档资料,存放在回收站的文件可以被恢复。用好和管理好回收站、打造富有个性功能的回收站可以更加方便人们日常的文档维护工作。

参考答案:C

题目 8　2010 年第 4 题(操作系统)

Linux 下可执行文件的默认扩展名为(　　)。

A. exe　　　　　　B. com　　　　　　C. dll　　　　　　D. 以上都不是

解析:Linux 与 Windows 不同,其不是根据扩展名区分文件类型的。事实上,Linux 下的文件不需要扩展名,一切皆文件,包含设备文件、目录文件、普通文件等。要想知道某个文件是否是可执行文件,一般需要通过 ls -l 命令查看文件属性中是否包含可执行权限(x)。

参考答案:D

题目 9　2009 年第 6 题(操作系统)

下列软件中不是计算机操作系统的是(　　)。

A. Windows　　　　B. Linux　　　　　C. OS/2　　　　　D. WPS

解析:WPS 是一款由金山公司开发的办公软件。Windows、Linux 和 OS/2 都属于操作系统,其中,OS/2 是由 Microsoft 和 IBM 公司共同创造,后来由 IBM 公司单独开发的一套操作系统。

参考答案:D

1.3.3　知识点巩固

从历年考点分析,本章的考点主要分为应用软件和操作系统。具体的考点出现次数统计如表 1-8 所示。

表 1-8　历年知识点出现次数统计表

知识点	应 用 软 件	操 作 系 统
出现次数	2	7
本节占比	22.22%	77.78%

从历年考点的出现次数可以看出,操作系统考点的占比最高,2016 年以前每年都会考查一题。

根据以上考点,本书提供几道练习题供大家复习巩固。

1. 在以下各项中,(　　)不是操作系统软件。(操作系统)

　　A. Android　　　　B. Linux　　　　　C. Windows 10　　　　D. Sybase

2. 若一个单处理器的计算机系统中同时存在 3 个并发进程,则同一时刻允许占用处理器的进程数(　　)。(操作系统)

　　A. 至少为 1 个　　　　　　　　　　B. 至少为 3 个

　　C. 最多为 1 个　　　　　　　　　　D. 最多为 3 个

3. 计算机启动时,可以通过存储在(　　)中的引导程序引导操作系统。(操作系统)

　　A. RAM　　　　　　B. ROM　　　　　　C. Cache　　　　　　D. CPU

4. 在 Windows 系统中，可以通过文件扩展名判别文件类型，（   ）是可执行文件的扩展名。（操作系统）

    A. XML   B. TXT   C. OBJ   D. EXE

5. 操作系统通过（   ）组织和管理外存中的信息。（操作系统）

    A. 字处理程序   B. 设备驱动程序

    C. 文件目录和目录项   D. 语言翻译程序

6. 以下属于金山公司出品的软件是（   ）。（应用软件）

    A. WPS Office   B. Word

    C. QQ   D. Photoshop

1.4　数据表示与计算

1.4.1　基本知识介绍

（1）计算机的存储单位

计算机存储数据的最小单位是位（b），一个二进制位要么是 0，要么是 1，只有这两种状态。

字节（B）是计算机数据处理的基本单位，1 字节为 8 位，即 1B=8b。一般情况下，一个 ASCII 码字符占用 1 字节，一个汉字国际码字符占用 2 字节。

字（word）通常由一个或若干个字节组成。字是计算机进行数据处理时一次存取、加工和传送的数据长度。由于字长是计算机一次所能处理信息的实际位数，所以它决定了计算机数据处理的速度，是衡量计算机性能的一个重要指标，字长越长，计算机的性能越好。

计算机中数据的换算都以字节为基本单位，以 $2^{10}=1024$ 为进率。常见的数据单位及其换算关系如表 1-9 所示。

表 1-9　常见计算机数据换算关系

单位	KB	MB	GB	TB	PB
换算关系	1KB=1024B	1MB=1024KB	1GB=1024MB	1TB=1024GB	1PB=1024TB
读作	千字节	兆字节	吉字节	太字节	拍字节

（2）计算机的进制

在计算机中通常使用的记数制有：十进制、二进制、八进制和十六进制。为了能够区别书写的数字是哪个进制的数，通常在数字后面加上一个字母，十进制数加 D 或者不加（默认为十进制），二进制数加 B，八进制数加 Q，十六进制数加 H。

各个进制之间的换算关系非常重要，表 1-10 列出了数字 0～15 的所有十进制、二进制、八进制和十六进制之间的换算关系。

表 1-10 几种常用进制之间的对照关系

十进制	二进制	八进制	十六进制	十进制	二进制	八进制	十六进制
0	0000	0	0	8	1000	10	8
1	0001	1	1	9	1001	11	9
2	0010	2	2	10	1010	12	A
3	0011	3	3	11	1011	13	B
4	0100	4	4	12	1100	14	C
5	0101	5	5	13	1101	15	D
6	0110	6	6	14	1110	16	E
7	0111	7	7	15	1111	17	F

（3）二进制运算

二进制数的运算包括算术运算和逻辑运算。

• 二进制数的算术运算

二进制数算术运算包括加法、减法、乘法和除法运算。

二进制数加法运算法则是：$0+0=0,0+1=1+0=1,1+1=10$（向高位进位）。

二进制数减法运算法则是：$0-0=1-1=0,1-0=1,0-1=1$（借 1 当 2）。

二进制数乘法运算法则是：$0\times0=0,0\times1=1\times0=0,1\times1=1$。

二进制数除法运算规则是：$0\div0=0,0\div1=0$（$1\div0$ 无意义），$1\div1=1$。

在计算机内部，二进制的加法是基本运算，利用加法可以实现二进制数的减法、乘法和除法运算。在计算机的运算过程中，应用了"补码"进行运算。

• 二进制数的逻辑运算

在逻辑运算中，用 1 或 0 表示"真"或"假"。逻辑运算主要包括：逻辑加（又称"或"运算，符号为 $\vee$）、逻辑乘（又称"与"运算，符号为 $\wedge$）、逻辑"非"（符号为 $\overline{X}$）和逻辑"异或"（符号为 $\oplus$）。各个逻辑运算的运算法则如表 1-11 所示。

表 1-11 逻辑运算规则表

A	B	A$\vee$B	A$\wedge$B	$\overline{A}$	$\overline{B}$	A$\oplus$B
0	0	0	0	1	1	0
0	1	1	0	1	0	1
1	0	1	0	0	1	1
1	1	1	1	0	0	0

当两个变量进行逻辑运算时，只在对应位之间按上述规律进行逻辑运算，不同位之间没有任何关系，也不存在算术运算中的进位或借位问题。

（4）数值数据的表示

• 机器数和真值

一个数在计算机中的表示形式称为机器数。机器数所对应的原来的数值称为真值。

机器数的最高位一般作为符号位，0 表示正数，1 表示负数。

整数机器数的表示法可用图说明，下面是一个用 8 位二进制表示的有符号整数，其代表的数为 -28。数符为 1 代表机器数为负数，即 -0011100，十进制为 -28。

1	0	0	1	1	1	0	0
数符	←			数值位			→

浮点机器数的表示法要稍微复杂一些，一个浮点数可以表示为 $N = M \times 2^E$，其中 M 为定点小数，E 为定点整数。一个浮点数需要表示出 M、E 以及它们的符号。

浮点数的表示方法有很多，表 1-12 是一种表示方法。

表 1-12　一种浮点数的表示方法

浮点数部分	数符	尾数	阶符	阶码
含义	M 的符号	M 的值	E 的符号	E 的值
-1.011×2^{111}	1	011	0	111

为了计算机运算的方便，机器数采用了不同的编码方法，称为码制。常见的码制有原码、反码、补码和移码。

- 原码

一个数 X 的原码表示为：符号位用 0 表示正，用 1 表示负；数值部分为 X 的绝对值的二进制形式，记 X 的原码为 $[X]_原$。例如当 $X = +1100001$ 时，$[X]_原 = 01100001$；当 $X = -1110101$ 时，$[X]_原 = 11110101$。0 在原码中有两种表示方式：00000000 和 10000000，即 +0 和 -0。

原码的特点是容易与真值转换，但做加减运算不太方便。

- 反码

一个数 X 的反码表示为：若 X 为正数，则其反码和原码相同；若 X 为负数，则在原码的基础上符号位保持不变，数值位各位取反，记 X 的反码为 $[X]_反$。例如当 $X = +1100001$ 时，$[X]_原 = 01100001$；当 $X = -1100001$ 时，$[X]_反 = 10011110$。0 在反码中也有两种表示形式：00000000 和 11111111。

反码弥补了原码加减运算的不足。例如：若 $X_1 = 97$，$X_2 = -97$，则 $X_1 + X_2 = 0$。利用二进制原码运算为：若 $[X_1]_原 = 01100001$，$[X_2]_原 = 11100001$，则 $[X_1]_原 + [X_1]_原$ 为

```
      01100001
  +   11100001
  1 │ 01000010
```

注：虚框内为溢出码。

将结果转化为十进制数 66，结果显然错误。

若利用反码进行运算，则 $[X_1]_反 = 01100001$，$[X_2]_反 = 10011110$，则 $[X_1]_反 + [X_2]_反$ 为

```
      01100001
  +   10011110
      11111111
```

该结果为负数,将此负数由反码转换为原码,其结果为 1000 0000,即−0。

虽然反码解决了加减运算的问题,但由于并没有解决 0 的两种表示方法的不足,现在已经较少使用。

- 补码

一个数 X 的补码表示为:当 X 为正数时,则 X 的补码与 X 的原码相同;当 X 为负数时,则 X 的补码的符号位与原码相同,其数值位取反加 1。记 X 的补码为[X]$_补$。例如 X =+1110001,[X]$_补$=01110001;X=−1110001,[X]$_补$=10001111。0 在补码中的表示是唯一的,即 00000000,而 10000000 表示−128 的补码。

补码不仅解决了加减运算的问题,而且 0 的表示也是唯一的。接着上述反码的例子,如果利用补码进行运算,若[X$_1$]$_补$=01100001,[X$_2$]$_补$=10011111,则[X$_1$]$_补$+[X$_2$]$_补$为

$$
\begin{array}{r}
01100001 \\
+\ \underline{10011111} \\
1\,00000000
\end{array}
$$

该结果为 0,并且没有+0 和−0 之分。

补码比原码、反码所能表示的范围略宽,1 字节(8 位)的有符号整数能表示的范围为−128~127,而原码和反码都只能表示−127~127,所以补码目前被广泛应用于计算机的数制表示中。

- 移码

一个数 X 的移码表示为:X 的数值部分与补码类似,但符号位与补码相反。记 X 的移码为[X]$_移$。例如[X]$_补$=01110001,[X]$_移$=11110001;[X]$_补$=10001111,[X]$_移$=00001111。0 在移码中的表示也是唯一的,即 10000000。

1.4.2　历年真题解析

题目 1　2018 年第 2 题(进制转换)

下列四个不同进制的数中,与其他三项数值不相等的是(　　)。

A.(269)$_{16}$　　　　B.(617)$_{10}$　　　　C.(1151)$_8$　　　　D.(1001101011)$_2$

解析:由于十六进制和八进制转换成二进制比较容易,所以本题将所有选项都统一转换为二进制。

$$
(269)_{16}=(1001101001)_2
$$
$$
(617)_{10}=(1001101001)_2
$$
$$
(1151)_8=(1001101001)_2
$$

十进制转二进制:除 2 取余法。

十六进制转二进制:把十六进制数的每一位展开成 4 位二进制数,位数不足的补 0,连起来后去掉前导 0。

八进制、四进制分别转成 3 位、2 位二进制的方法同十六进制。

参考答案:D

题目 2　2018 年第 3 题(存储单位)

1MB 等于(　　)。

A. 1000 字节　　　　　　　　　　　B. 1024 字节

C. 1000×1000 字节　　　　　　　　D. 1024×1024 字节

解析：1MB＝1024KB＝1024×1024B。

参考答案：D

题目3　2017 年第 2 题（存储单位）

计算机存储数据的基本单位是（　　）。

A. bit　　　　　B. Byte　　　　　C. GB　　　　　D. KB

解析：最基本的单位是 Byte（字节），最小的单位是 bit（位）。

参考答案：B

题目4　2017 年第 1 题（数值数据表示）

在 8 位二进制补码中，10101011 表示的数是十进制的（　　）。

A. 43　　　　　B. −85　　　　　C. −43　　　　　D. −84

解析：补码的最高位 1 表示负数，当 X 为负数时，则 X 的补码的符号位与原码相同，其数值位取反加 1 得[X]原＝11010101，X＝−85。

参考答案：B

题目5　2017 年第 15 题（进制转换）

十进制小数 13.375 对应的二进制数是（　　）。

A. 1101.011　　　B. 1011.011　　　C. 1101.101　　　D. 1010.01

解析：该数有整数和小数部分，整数和小数部分的转换方法不同，需要分别转换。

整数部分的转换方法　　　　　小数部分的转换方法

整数部分的转换方法：除 2 取余法。

小数部分的转换方法：乘 2 取整法。

参考答案：A

题目6　2016 年第 7 题（二进制运算）

二进制数 00101100 和 00010101 的和是（　　）。

A. 00101000　　　B. 01000001　　　C. 01000100　　　D. 00111000

解析：二进制数的加法运算法则是：0＋0＝0，0＋1＝1＋0＝1，1＋1＝10（向高位进位）。

参考答案：B

题目 7 2016 年第 8 题（进制转换）

与二进制小数 0.1 相等的八进制数是（ ）。

A. 0.8   B. 0.4   C. 0.2   D. 0.1

解析：二进制转八进制的方法是：以小数点为分界，整数部分向左每 3 位二进制转换为八进制（不足 3 位的在左补 0），小数部分向右每 3 位二进制转换为八进制（不足 3 位的在右补 0）。

参考答案：B

题目 8 2015 年第 1 题（存储单位）

1MB 等于（ ）。

A. 1000 字节   B. 1024 字节

C. 1000×1000 字节   D. 1024×1024 字节

解析：在计算机的二进制表示中，$1\text{KB}=2^{10}\text{B}=1024\text{B}$，$1\text{MB}=2^{20}\text{B}=1024\times1024\text{B}$。

参考答案：D

题目 9 2015 年第 6 题（二进制运算）

二进制数 00100100 和 00010100 的和是（ ）。

A. 00101000   B. 01011001   C. 01000100   D. 00111000

解析：二进制数加法运算法则是：$0+0=0$，$0+1=1+0=1$，$1+1=10$（向高位进位）。

```
      0 0 1 0 0 1 0 0
   +  0 0 0 1 0 1 0 0
   ─────────────────
      0 0 1 1 1 0 0 0
```

参考答案：D

题目 10 2015 年第 7 题（二进制运算）

与二进制小数 0.1 相等的十六进制数是（ ）。

A. 0.8   B. 0.4   C. 0.2   D. 0.1

解析：二进制转十六进制的方法是：以小数点为分界，整数部分向左每 4 位二进制转换为十六进制（不足四位的在左补 0），小数部分向右每 4 位二进制转换为十六进制（不足 4 位的在右补 0）。

```
      0    .    1000
      ↓    ↓     ↓
      0    .     8
```

参考答案：A

题目 11 2014 年第 2 题（存储单位）

1TB 代表的字节数量是（ ）。

A. 2 的 10 次方   B. 2 的 20 次方   C. 2 的 30 次方   D. 2 的 40 次方

解析：$1\text{TB}=2^{10}\text{GB}=2^{20}\text{MB}=2^{30}\text{KB}=2^{40}\text{B}$。

参考答案：D

题目 12   2014 年第 3 题（二进制运算）

二进制数 00100100 和 00010101 的和是（   ）。

A. 00101000   B. 001010100   C. 01000101   D. 00111001

解析：该题的计算方法与题目 9 类似，直接运算即可。

```
    0  0  1  0  0  1  0  0
+   0  0  0  1  0  1  0  1
-------------------------
    0  0  1  1  1  0  0  1
```

参考答案：D

题目 13   2014 年第 11 题（数值数据表示）

下列各无符号十进制整数中，能用 8 位二进制表示的数中最大的是（   ）。

A. 296   B. 133   C. 256   D. 199

解析：8 位二进制数的范围是 00000000～11111111，转换为十进制为 0～255。

参考答案：D

题目 14   2013 年第 2 题（进制转换）

二进制数 11.01 在十进制下是（   ）。

A. 3.25   B. 4.125   C. 6.25   D. 11.125

解析：二、八、十六进制数转换为十进制数，只需要将这些进制的数用计数制通用形式表示出来并计算出结果，即可得到相应的十进制数。

原式 $=1\times2^1+1\times2^0+1\times2^{-2}=2+1+0.25=3.25$。

参考答案：A

题目 15   2013 年第 6 题（进制转换）

在十六进制表示法中，字母 A 相当于十进制中的（   ）。

A. 9   B. 10   C. 15   D. 16

解析：十六进制与十进制的对应关系是 0～9 对应 0～9，A～F 对应 10～15。

参考答案：B

题目 16   2013 年第 18 题（数值数据表示）

把 64 位非零浮点数强制转换成 32 位浮点数后，不可能（   ）。

A. 大于原数   B. 小于原数

C. 等于原数   D. 与原数符号相反

解析：64 位非零浮点数强制转换成 32 位浮点数，两个数会有大小上的细微差别，但不会发生符号变化，因为有专门的符号位。

参考答案：D

题目 17   2012 年第 4 题（数值数据表示）

十六进制数 9A 在（   ）进制下是 232。

A. 四   B. 八   C. 十   D. 十二

解析：该题可以采用尝试法，即将十六进制数 9A 分别转换成四进制、八进制、十进制和十二进制，看哪种进制的最后结果是 232。

二进制是计算机表示的基础，首先将十六进制转换为二进制，后面就可以非常方便地再将其转换为四进制、八进制和十进制。

① 转换成四进制（2 位对 1 位）。

```
10      01      10      10
 ↓       ↓       ↓       ↓
 2       1       2       2
```

② 转换成八进制（3 位对 1 位）。

```
010     011     010
 ↓       ↓       ↓
 2       3       2
```

参考答案：B

题目 18　2011 年第 1 题（二进制运算）

在二进制下，1011001＋(　　　)＝1100110。

A. 1011　　　　　　B. 1101　　　　　　C. 1010　　　　　　D. 1111

解析：要计算括号的值，可以把加法运算转换成减法运算。

二进制数的减法运算法则是：$0-0=1-1=0,1-0=1,0-1=1$(借 1 当 2)。

```
   1 0 1 1 0 0 1
 - 1 1 0 0 1 1 0
 ─────────────────
   0 0 0 1 1 0 1
```

参考答案：B

题目 19　2011 年第 9 题（数值数据表示）

一个正整数在二进制下有 100 位，则它在十六进制下有(　　　)位。

A. 7　　　　　　　　　　　　　　　　B. 13

C. 25　　　　　　　　　　　　　　　D. 不能确定

解析：十六进制数转换成二进制数的转换原则是"1 位拆 4 位"，即把 1 位十六进制数写成对应的 4 位二进制数，然后按顺序连接即可。

参考答案：C

题目 20　2010 年第 1 题（数值数据表示）

2E＋03 表示(　　　)。

A. 2.03　　　　　　B. 5　　　　　　　C. 8　　　　　　　D. 2000

解析：根据浮点数的表示方法，2E＋03 表示 $2×10^3$，即 2000。

参考答案：D

题目 21　2010 年第 7 题（其他进制）

设 X、Y、Z 分别代表三进制下的 1 位数字，若等式 $XY+ZX=XYX$ 在三进制下成立，那么同样在三进制下，等式 $XY×ZX=($　　$)$ 也成立。

A. YXZ　　　　　B. ZXY　　　　　C. XYZ　　　　　D. XZY

解析：三进制下的三个数字分别为 0，1，2。由等式 $XY+ZX=XYX$ 两位数加两位数等于三位数可知和的第 1 位 X 由进位而来，所以可以推算出 X 的值为 1。

将 X 的值带入等式 $1Y+Z1=1Y1$，可以进一步推算出 Z 的值为 2，否则无法实现进位。最后确定 Y 的值为 0。

于是 $XY×ZX$ 其实就是 $10×21=210$。

参考答案：B

题目 22　2010 年第 11 题（数值数据表示）

一个字长为 8 位的整数的补码是 11111001，则它的原码是(　　)。

A. 00000111　　　B. 01111001　　　C. 11111001　　　D. 10000111

解析：一个正数的原码＝反码＝补码，一个负数的补码＝原码（除符号位外）取反加 1，本题 1111 1001 的首位是 1，则这个数是负数，则原码＝补码减 1 取反＝10000111。

参考答案：D

题目 23　2010 年第 13 题（进制转换）

一个自然数在十进制下有 n 位，则它在二进制下的位数与(　　)最接近。

A. $5n$　　　　　B. $n\log_2 10$　　　　　C. $10\log_2 n$　　　　　D. $10n\log_2 n$

解析：n 进制与二进制的位数换算关系一般为 $\log_2 n$，当 n 为 2 的整数次方时，其对应关系为整数，即八进制的 1 位对应二进制的 3 位，十六进制的 1 位对应二进制的 4 位。当 n 不为 2 的整数次方时，其对应关系只能约等于。

例如 53 的二进制数为 110101，可以计算出与 $n\log_2 10$ 最接近。

参考答案：B

题目 24　2009 年第 11 题（进制转换）

十进制小数 125.125 对应的八进制数是(　　)。

A. 100.1　　　　　B. 175.175　　　　　C. 175.1　　　　　D. 100.175

解析：十进制转八进制也分为整数部分和小数部分，整数部分采用除 8 取余，小数部分采用乘 8 取整。

```
8 | 125
  8 | 15    余 5
    8 | 1    余 7
       0    余 1
```

$0.125×8=1$。

参考答案：C

1.4.3　知识点巩固

从历年考点角度分析,本章的考点主要有 5 个:存储单位、进制转换、数值数据表示、二进制运算、其他进制。具体的考点分值统计如表 1-13 所示。

表 1-13　历年知识点出现次数统计表

知识点	存储单位	进制转换	数值数据表示	二进制运算	其他进制
出现个数	4	7	7	4	1
本节占比	17.39%	30.43%	30.43%	17.39%	4.35%

从历年考点的分值可以看出,进制转换和数值数据表示考点的分值最高,各占本章分值的近三分之一,基本上各考点每年至少有一题。其次是计算机的存储单位和二进制运算,这两个考点出现得也较频繁。2011 年以后,其他进制考点没有再出过题目。

根据以上考点,本书提供几道练习题供大家复习巩固。

1. 在 IEEE 754 浮点表示法中,阶码采用(　　)表示。(数值数据的表示)

　　A. 原码　　　　　　B. 反码　　　　　　C. 补码　　　　　　D. 移码

2. 某机器的字长为 8,符号位占 1 位,数据位占 7 位,采用补码表示时的最小整数为(　　)。(数值数据的表示)

　　A. -2^8　　　　　B. -2^7　　　　　C. -2^7+1　　　　D. -2^8+1

3. 十六进制数 CC 所对应的八进制数为(　　)。(进制转换)

　　A. 314　　　　　　B. 630　　　　　　C. 1414　　　　　　D. 3030

4. 将 1111101100.0001101B 转换成十六进制数为(　　)。(进制转换)

　　A. 3EC.1AH　　　B. FC0.1AH　　　C. FC0.15H　　　D. 3EC.15H

5. 一个 4 位二进制补码的表示范围是(　　)。(数值数据的表示)

　　A. 0~15　　　　　B. -8~7　　　　　C. -7~7　　　　　D. -7~8

6. 十进制数 -48 用补码表示为(　　)。(数值数据的表示)

　　A. 10110000　　　B. 11010000　　　C. 11110000　　　D. 11001111

7. 计算机内的数和浮点数的表示方法主要有(　　)。(数值数据的表示)

　　A. 指数和基数　　　　　　　　　　B. 尾数和小数

　　C. 阶码和尾数　　　　　　　　　　D. 整数和小数

8. 十六进制数 $(AB)_{16}$ 转换为等值的八进制数是(　　)。(进制转换)

　　A. 253　　　　　　B. 351　　　　　　C. 243　　　　　　D. 101

9. 下列数中最大的数是(　　)。(进制转换)

　　A. $(227)_8$　　　B. $(1FF)_{16}$　　　C. $(10100001)_2$　　　D. $(1789)_{10}$

10. 在二进制下,1010111 和 1101010 的和是(　　)。(二进制运算)

　　A. 1100000　　　B. 1000001　　　C. 10111111　　　D. 11000001

11. 在二进制下,1101011 和 1010111 的差是(　　)。(二进制运算)

　　A. 0111100　　　B. 1100010　　　C. 0010100　　　D. 0101000

12. 如果等式 12＋22＝100 成立，则该运算采用了（　　）进制。（其他进制）

A. 二　　　　　　B. 三　　　　　　C. 四　　　　　　D. 五

1.5　信息编码

1.5.1　基本知识介绍

信息的范畴很广泛，除了 1.4 节介绍的数值类型数据外，还有很多非数值型数据，主要有字符、汉字、图形、图像、声音、音频、视频等。这些类型的数据由于格式不同，其信息表示的方式也大相径庭。

1. 英文字符数据的表示

英文字符编码方案的国际标准为 ASCII 码（American Standard Code for Information Interchange，美国国家信息交换标准字符码）。ASCII 码利用 7 位二进制数表示，共有 128 个元素。1 字节（8 位）是计算机中的常用单位，ASCII 字符将字节中多余的最高位取 0。表 1-14 所示为 7 位 ASCII 字符编码表。

表 1-14　ASCII 字符编码表

d3d2d1d0	d6d5d4							
	000	001	010	011	100	101	110	111
0000	NUL	DEL	SP	0	@	P	、	P
0001	SOH	DC1	!	1	A	Q	a	q
0010	STX	DC2	”	2	B	R	b	r
0011	EXT	DC3	#	3	C	S	c	s
0100	EOT	DC4	$	4	D	T	d	t
0101	ENQ	NAK	%	5	E	U	e	u
0110	ACK	SYN	&	6	F	V	f	v
0111	BEL	ETB	,	7	G	W	g	w
1000	BS	CAN	(	8	H	X	h	x
1001	HT	EM	)	9	I	Y	i	y
1010	LF	SUB	*	:	J	Z	j	z
1011	VT	ESC	+	;	K	[	k	{
1100	FF	FS	<	L	\	l	⊥	
1101	CR	GS	-	=	M	]	m	}
1110	SD	RS	.	>	N	∧	n	~
1111	SI	US	/	?	O	_	o	DEL

2. 汉字的存储与编码

汉字是象形文字,常见汉字有 6000 多个,所以汉字的编码利用 2 字节表示。汉字的编码方式有很多,常见的有区位码、国标码和机内码。

区位码是我国制定的一种汉字交换的统一标准,它采用区号(范围为 1～94)和位号(范围为 1～94)表示汉字。例如"学"字的区位码为 4907D,即表示"学"字位于第 49 区的 07 个编码,转换成十六进制后为 3107H。

国标码是汉字信息交换的代码,也称交换码。国标码是将区位码的十进制区号和位号分别转换成十六进制数,然后分别加上 20H,即

$$国标码 = 十六进制的区位码 + 2020H$$

例如:"学"字的国标码为 3107H+2020H=5127H。

机内码是计算机系统内部标识汉字的编码。一个汉字由 2 字节组成,为了与 ASCII 码区别,最高位均为 1。国标码和机内码的换算为

$$机内码 = 十六进制的国际码 + 8080H$$

例如:"学"字的机内码为 5127H+8080H=D1A7H。

3. 声音数据的表示

对于计算机来说,处理和存储的只能是二进制数,所以在使用计算机处理和存储声音信号之前,必须使用模数转换(A/D)技术将模拟音频转换为二进制数,这样模拟音频就转换为数字音频了。转换过程包括采样、量化和编码三个步骤,图 1-6 显示了音频数字化的过程。模拟音频向数字音频的转换是在计算机的声卡中完成的。

(1)采样

采样是指将时间轴上连续的信号每隔一定的时间间隔抽取出一个信号的幅度样本,把连续的模拟量用一个个离散的点表示出来,使其成为时间上离散的脉冲序列。

每秒采样的次数称为采样频率,用 f 表示;样本之间的时间间隔称为采样周期,用 T 表示,$T=1/f$。例如:CD 的采样频率为 44.1kHz,表示每秒采样 44 100 次。常用的采样频率有 8kHz、11.025Hz、22.05kHz、15kHz、44.1kHz、48kHz 等。

(2)量化

量化是指将采样后离散信号的幅度用二进制数表示出来的过程。

每个采样点所能表示的二进制位数称为采样位数(也称量化位数)。采样位数反映了度量声音波形幅度的精度。例如,每个声音样本用 16 位(2 字节)表示,测得的声音样本值为 0～65 536,它的精度就是输入信号的 1/65 536。常用的采样位数为 8b/s、12b/s、16b/s、20b/s、24b/s 等。

采样频率、采样位数和声道数对声音的音质和占用的存储空间起着决定性作用。

人们希望音质越高越好,磁盘存储空间越少越好,这本身就是一个矛盾,必须在音质和磁盘存储空间之间取得平衡。关于声音采样的各个要素之间的关系可用下式表示:

$$数据率 = 采样频率 \times 采样位数 \times 声道数 / 8$$
$$数据量 = 数据率 \times 时间 = 采样频率 \times 采样位数 \times 声道数 \times 时间 / 8$$

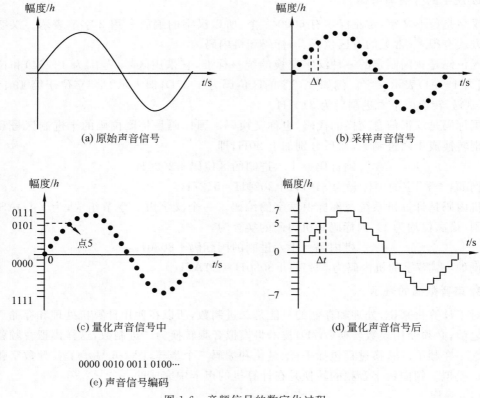

(a) 原始声音信号

(b) 采样声音信号

(c) 量化声音信号中

(d) 量化声音信号后

0000 0010 0011 0100…

(e) 声音信号编码

图 1-6　音频信号的数字化过程

（3）编码

采样和量化后的信号还不是数字信号，需要把它转换成数字编码脉冲，这一过程称为编码。最简单的编码方式是二进制编码，即将已经量化的信号幅值用二进制数表示，计算机采用的就是这种编码方式。

模拟音频经过采样、量化和编码后所形成的二进制序列就是数字音频信号，可以将其以文件的形式保存在计算机的存储设备中，这样的文件通常称为数字音频文件。

4. 图像数据的表示

图像数据的表示方法与声音相似，都需要先将图像数据数字化。

目前图像的数字化途径主要有两类：一类是利用扫描设备对各类图像资料进行扫描，通过扫描仪实现数字化；另一类是通过数码相机直接对景物进行拍摄，数码相机直接将拍摄到的景物数字化。不论哪种途径，数字化过程大体都分为采样、量化和编码三步。

（1）采样

图像是一种二维信号，需要变为一维信号后采样，先沿垂直方向按一定间隔从上往下顺序地沿水平方向直线扫描，取出各水平行上的一维扫描线，再对该一维扫描线信号按一定间隔采样以得到离散信号。经过采样后，一副图像的像素数目也称图像的分辨率，图像分辨率一般用水平方向的像素个数 M 乘以垂直方向的像素个数 N 表示，即 $M \times N$。

（2）量化

经过采样,模拟图像已在空间上离散化为像素,但所得的像素值(即颜色值或灰度值)仍是连续量,把采样后所得的这些连续量表示的像素值离散化为整数的过程称为量化。量化时所确定的离散取值个数称为量化级数,表示量化的亮度值(或色彩值)所需的二进制位数称为量化字长,也称图像深度。图 1-7 所采用的量化级数为 16,量化深度为 4。量化字长越长,越能真实反映图像的原有效果。

（3）编码

把离散的像素矩阵按一定方式编成二进制编码组,所得到的图像数据按某种图像格式记录在图像文件中的过程称为编码。

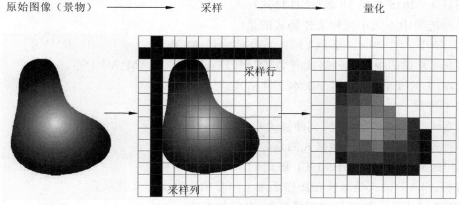

图 1-7　图像的数字化过程

影响图像质量的两个重要参数是图像分辨率和颜色深度,图像分辨率越高,颜色深度越深,则数字化后的图像效果就越逼真,图像数据量就越大。对于一幅图像,其分辨率为 $M \times N$,其颜色深度为 D,则图像的数据量可利用以下公式计算:

$$图像数据量 = M \times N \times D / 8(B)$$

例如,一幅 1024×768 的 32 位彩色图像,其文件大小为 $1024 \times 768 \times 32/8 = 3145728B = 3MB$。

1.5.2　历年真题解析

题目 1　2017 年第 4 题(图形图像)

分辨率为 800×600、16 位色的位图,存储图像信息所需的空间为(　　　)。

A. 937.5KB　　　　　B. 4218.75KB　　　　　C. 4320KB　　　　　D. 2880KB

解析:图像存储空间＝图像分辨率×图像位数/8＝$800 \times 600 \times 16/8$＝960 000B＝937.5KB。

参考答案:A

题目 2　2016 年第 2 题(编码基础)

如果将 256 种颜色用二进制编码表示,至少需要(　　　)位。

A. 6　　　　　　　　B. 7　　　　　　　　C. 8　　　　　　　　D. 9

解析：颜色种数 N 与颜色位数 x 之间的关系是 $2^x = N$，由此可以推出 $x = \log_2 N = \log_2 256 = 8$。

参考答案：C

题目3 2015年第4题（编码基础）

在计算机内部用来传送、存储、加工处理的数据或指令都是以（   ）形式进行的。

A. 二进制码   B. 八进制码   C. 十进制码   D. 智能拼音码

解析：计算机内部采用二进制表示数据，即用 0 和 1 的编码表示数据，其优点是电路简单、工作可靠并稳定、运算简单、逻辑性强。

参考答案：A

题目4 2015年第18题（文件格式）

下列选项中不属于视频文件格式的是（   ）。

A. TXT   B. AVI   C. MOV   D. RMVB

解析：常见的视频文件格式有 AVI、MPEG、MOV、WAM、MP3 等。

选项 A 的 TXT 格式属于文本文件格式。

参考答案：A

题目5 2014年第9题（文件格式）

下列选项中不属于图像格式的是（   ）。

A. JPEG 格式   B. TXT 格式   C. GIF 格式   D. PNG 格式

解析：TXT 格式是微软在操作系统上附带的一种文本文件格式。

JPEG 格式是一种常见的图像格式，其扩展名为 jpg 或 jpeg。

GIF 格式是一种基于 LZW 算法的连续色调的无损压缩图像格式。

PNG 格式是一种图像文件存储格式，其目的是试图替代 GIF 和 TIFF 文件格式。

参考答案：B

题目6 2012年第11题（图形图像）

矢量图（Vector Image）图形文件所占的存储空间比较小，并且无论如何放大、缩小或旋转等都不会失真，是因为它（   ）。

A. 通过记录大量像素块的色彩值表示图像

B. 用点、直线或者多边形等基于数学方程的几何图元表示图像

C. 每个像素点的颜色信息均用矢量表示

D. 把文件保存在互联网，采用在线浏览的方式查看图像

解析：矢量图根据几何特性绘制图形，矢量可以是一个点或一条线，矢量图只能靠软件生成，文件占用的内存空间很小。矢量图的特点是放大后图像不会失真，和分辨率无关，适用于图形设计、文字设计、标志设计、版式设计等。

选项 B 是矢量图的特征，选项 A 是位图的特征，选项 C 和 D 都是错误的干扰选项。

参考答案：B

题目7 2011年第2题（ASCII）

字符 0 的 ASCII 码为 48，则字符 9 的 ASCII 码为（   ）。

A. 39   B. 57

C. 120　　　　　　　　　　　　　　　D. 视具体的计算机而定

解析：在 ASCII 码表中，字符 0 到字符 9 的 ASCII 码值是连续的，所以可以根据 0 的 ASCII 码推出 9 的 ASCII 码。在已知 0 的 ASCII 码值为 48 的情况下，9 的 ASCII 码为 $48+9=57$。

参考答案：B

题目 8　2011 年第 3 题（图形图像）

一片容量为 8GB 的 SD 卡能存储大约（　　　）张大小为 2MB 的数码照片。

A. 1600　　　　　B. 2000　　　　　C. 4000　　　　　D. 16 000

解析：照片张数＝存储卡的容量/每张照片的大小＝ $8GB/2MB \approx 8 \times 1000MB/2MB$ ≈ 4000。

参考答案：C

题目 9　2011 年第 15 题（编码基础）

现有一段文言文，要通过二进制霍夫曼编码进行压缩。简单起见，假设这段文言文只由 4 个汉字"之""乎""者""也"组成，它们出现的次数分别为 700、600、300、200。那么，"也"字的编码长度是（　　　）。

A. 1　　　　　　B. 2　　　　　　C. 3　　　　　　D. 4

解析：霍夫曼编码（Huffman Coding）是可变字长编码的一种，由霍夫曼于 1952 年提出，该方法完全依据字符出现的概率构造异字头的平均长度最短的码字，有时称之为最佳编码。

霍夫曼编码的算法步骤如下。

① 初始化。将信号源的符号按照出现概率递减的顺序排列。

② 计算。将两个最小出现概率进行合并相加，得到的结果作为新符号的出现概率。

③ 重复进行步骤①和②直到概率相加等于 1 为止。

④ 分配码字。对所有出现的符号分配码字，概率大的符号用编码 0 表示，概率小的符号用编码 1 表示（当然也可以反过来）。

⑤ 记录编码。记录概率为 1 处到当前信号源符号之间的 0、1 序列，从而得到每个符号的编码。

本题霍夫曼编码的具体过程如下所示。

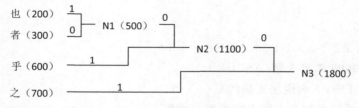

利用霍夫曼编码最后得到的"也"字的码长为 $(011)_2 = 3$。

参考答案：C

题目 10　2010 年第 1 题（编码基础）

LZW 编码是一种自适应词典编码。在编码的过程中，开始时只有一部分基础构造元素的编码词典,如果在编码的过程中遇到一个新的词条,则该词条及一个新的编码会被追加到词典中,并用于后续信息的编码。

举例说明,考虑一个待编码的信息串:xyx yy yy xyx。初始词典只有 3 个条目,第 1 个为 x,编码为 1;第 2 个为 y,编码为 2;第 3 个为空格,编码为 3;于是串 xyx 的编码为 1-2-1(其中"-"为编码分隔符),加上后面的一个空格就是 1-2-1-3。但由于有了一个空格,因此知道前面的 xyx 是一个单词,而由于该单词没有在词典中,就可以自适应地把这个词条添加到词典中,编码为 4,然后按照新的词典对后续信息进行编码,依此类推。于是,最后得到编码:1-2-1-3-2-2-3-5-3-4。

现在已知初始词典的 3 个条目如上所述,则信息串 yyxy xx yyxy xyx xx xyx 的编码是_____。

解析:该题主要考查 LZW 编码的原理,只要考生认真阅读题干,了解清楚其原理,就可以将编码序列写出来。

该题编码的具体过程如下。

```
Y——2 ⎫
Y——2 ⎬ 4
X——1 │
Y——2 ⎭
空格——3
X——1 ⎫ 5
X——1 ⎭
空格——3
YYXY——4
空格——3
X——1 ⎫
Y——2 ⎬ 6
X——1 ⎭
空格——3
XX——5
空格——3
XYX——6
```

参考答案:2-2-1-2-3-1-1-3-4-3-1-2-1-3-5-3-6。

题目 11 2009 年第 5 题(ASCII)

关于 ASCII 码,下面说法正确的是(   )。

A. ASCII 码就是键盘上所有键的唯一编码

B. 一个 ASCII 码使用 1 字节的内存空间就能够存放

C. 最新扩展的 ASCII 编码方案包含了汉字和其他欧洲语言的编码

D. ASCII 码是英国人主持制定并推广使用的

解析:ASCII 码是一种 7 位编码,但它在存放时必须占全 1 字节,即占用 8 位。

选项 A，ASCII 码和键盘没有对应关系。

选项 C，扩展的 ASCII 码占用 2 字节，汉字编码不是扩展 ASCII 码的内容。

选项 D，ASCII 码是美国标准信息交换码，由美国国家标准委员会制定。

参考答案：B

题目 12　2009 年第 10 题（ASCII）

已知大写字母 A 的 ASCII 编码为 65（十进制），则大写字母 J 的十进制 ASCII 编码为（　　）。

A. 71　　　　　　　B. 72　　　　　　　C. 73　　　　　　　D. 以上都不是

解析：该题利用了 ASCII 码表中字母是按字母顺序存放的原理，通过计算即可得出答案。首先计算出 A 与 J 相隔 9 位，所以 J 的编码就是在 A 的基础上加 9，即 74。

参考答案：D

1.5.3　知识点巩固

从历年考点进行分析，本章的考点主要为图形图像、编码基础、文件格式、ASCII 码。具体的考点分值统计如表 1-15 所示。

表 1-15　历年知识点出现次数统计表

知识点	图形图像	编码基础	文件格式	ASCII 码
出现个数	2	4	2	3
本节占比	18.18%	36.36%	18.18%	27.27%

从历年考点的分值可以看出，编码基础考点分值最高，占本章分值的三分之一左右。2012 年以后，ASCII 考点没有再出过题目。

根据以上考点，本书提供几道练习题供大家复习巩固。

1. 在 32×32 点阵的"字库"中，汉字"北"与"京"的字模占用的字节数之和是（　　）。（汉字的存储和编码）

A. 512　　　　　　B. 256　　　　　　C. 384　　　　　　D. 128

2. 以下文件格式中，属于声音文件的是（　　）。（文件格式）

A. PDF　　　　　　B. WAV　　　　　　C. AVI　　　　　　D. DOC

3. 要表示 256 级灰度图像，表示每个像素点的数据最少需要（　　）位二进制位。（编码基础）

A. 4　　　　　　　B. 8　　　　　　　C. 16　　　　　　D. 256

4. 某数码相机使用 1280×1024 分辨率拍摄 24 位真彩色照片，相机使用 1GB 存储容量的 SD 卡，若采用无压缩的数据存储格式，则最多可以存储（　　）张照片。（图形图像）

A. 31　　　　　　　B. 127　　　　　　C. 254　　　　　　D. 762

5. 以下文件格式中属于视频文件的是（　　）。（文件格式）

A. RTF　　　　　　B. WAV　　　　　　C. MPG　　　　　　D. JPG

6. 英文大写字母 D 的 ASCII 码值为 44H，英文大写字母 F 的 ASCII 码值的十进制

数为（　　）。（ASCII）

    A. 46　　　　　　B. 68　　　　　　C. 70　　　　　　D. 15

7. 以下图像文件格式中支持图层信息的是（　　）。（文件格式）

    A. JPEG　　　　　B. BMP　　　　　C. DIB　　　　　D. PSD

8. 美工使用矢量图格式为一本物理课本绘制插图的主要原因是（　　）。（图形图像）

    A. 矢量图可以任意缩放而分辨率不影响视觉表达

    B. 矢量图可以跨平台使用

    C. 矢量图色彩比较丰富

    D. 矢量图更适合在网页上直接浏览观看

9. 以下媒体文件格式中，（　　）是视频文件格式。（文件格式）

    A. WAV　　　　　B. BMP　　　　　C. MP3　　　　　D. MOV

10. 选择采样频率为 44.1kHz、样本精度为 16 位的声音数字化参数，录制 1s 的双声道未经压缩的音频信号需要的存储空间为（　　）千字节（KB）。（声音数据表示）

    A. 1411.2　　　　B. 705.6　　　　C. 176.4　　　　D. 88.2

1.6　网　络　基　础

1.6.1　基本知识介绍

计算机网络是一个复杂的系统，通常采用层次结构实现，将网络按层的方式组织。分层的好处是：每一层实现一个相对独立的功能，因此可以将一个复杂问题分解为若干个较容易处理的小问题。计算机网络的各层及其协议的集合称为网络的体系结构。

1. 网络体系结构

（1）开放系统互连参考模型（OSI/RM）

为了使得不同体系结构的计算机互连，国际标准化组织 ISO 在 1977 年提出了著名的开放系统互连参考模型 OSI/RM（Open Systems Interconnection Reference Model），简称 OSI。"开放"是指只要遵循 OSI 标准，一个系统就可以和位于世界上任何地方也遵循同一标准的任何系统进行通信。"系统"是指在现实的系统中与互连有关的各部分。

OSI 参考模型共分为七层，分层原则是：根据不同层次的抽象分层；每层应当实现一个定义明确的功能；每层功能的选择应该有助于制定网络协议的国际标准；各层边界的选择应尽量减少跨过接口的通信量；层数应足够多，以避免不同的功能混杂在同一层中，但也不能太多，否则体系结构会过于庞大。

OSI 参考模型各层的功能如下。

1～3 层主要负责通信，称为通信子网层。5～7 层属于资源子网，称为资源子网层，传输层起着衔接上下 3 层的作用。

- 物理层：提供建立、维护和拆除物理链路所需的机械、电子、功能和规程的特性；提供有关在传输介质上传输非结构的位流及物理链路故障检测指示。

- 数据链路层：为网络层实体提供点到点无差错帧传输功能，并进行流控制。
- 网络层：为传输层实体提供端到端的交互网络数据传送功能。使得传输层摆脱路由选择、交换方式、拥挤控制等网络传输细节；可以为传输层实体建立、维持和拆除一条或多条通信路径；对网络传输中发生的不可恢复的差错予以报告。
- 传输层：为会话层实体提供透明、可靠的数据传输服务，保证端到端的数据完整性；选择网络层能提供最适宜的服务；提供建立、维护和拆除传输连接的功能。
- 会话层：为彼此合作的表示层实体提供建立、维护和结束会话连接的功能；完成通信进程的逻辑名字与物理名字之间的对应；提供会话管理服务。
- 表示层：为应用层进程提供能解释所交换信息含义的一组服务，如代码转换、格式转换、文本压缩、文本加密与解密等。
- 应用层：提供 OSI 用户服务，例如事务处理程序、电子邮件和网络管理程序等。

图 1-8 描述了应用 OSI 模型时如何传输数据的例子。发送进程要传送数据给接收进程，它要把数据交给应用层，应用程序在数据前面加上应用报头，即 AH（也可以是空的），再把结果交给表示层。表示层可以通过多种方式对此加以交换，也可以在前面加一个报头，然后把结果交给会话层。表示层不知道也不应该知道应用层传送给它的数据中哪一部分是 AH，哪一部分是真正的用户数据。这一过程一直重复至物理层，然后被实际传输给接收机。在接收机中，当信息向上传递时，各种报头被一层一层地剥去。最后，数据到达接收进程。

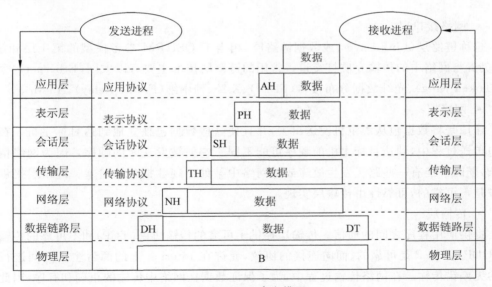

图 1-8　OSI 参考模型

（2）TCP/IP

由于 OSI 协议的实现复杂，运行效率低，很少有厂商推出符合 OSI 标准的商用产品。目前互联网上广泛使用的是 TCP/IP。TCP/IP（Transmission Control Protocol/Internet Protocol，传输控制协议/互联网络协议）是 Internet 上不同子网间的主机进行数据交换所遵守的网络通信协议。TCP/IP 一般泛指所有与 Internet 有关的一系列网络协议的总称，其中 TCP 和 IP 是其中最重要的两个协议。TCP/IP 体系结构主要由四层构成，分别为网络接口层、网络层、传输层和应用层。

TCP/IP 采用的四层体系结构与 OSI 参考模型采用的七个层体系结构是相对应的，它们的结构对比如图 1-9 所示。

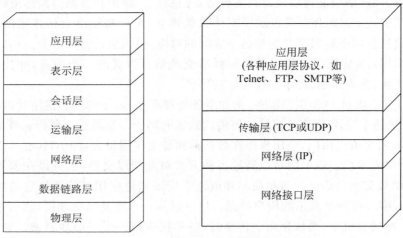

图 1-9 TCP/IP 与 OSI 体系结构对比图

- 网络接口层

也称链路层（Link Layer）或数据链路层，相当于 OSI/RM 参考模型的第 1 层和第 2 层，负责与网络中的传输介质打交道。常用的链路层技术主要有以太网（Ethernet）、令牌环（Token Ring）、光纤数据分布接口（FDDI）、X.25、帧中继（Frame Relay）、ATM 等。

- 网络层

作用是将数据包从源主机发送出去，并且使这些数据包独立地到达目标主机。在数据包传送过程中，到达目标主机的顺序可能不同于它们被发送时的顺序。因为网络情况复杂，随时可能有一些路径发生故障或是网络中某处出现数据包的堵塞。网络层提供的服务是不可靠的，可靠性由传输层实现。

- 传输层

提供应用程序之间的通信。传输层提供了可靠的传输协议（TCP）和不可靠的传输协议（UDP）。TCP 是可靠的、面向连接的协议，允许在 Internet 上的两台主机之间进行信息的无差错传输。在网络传输过程中，为了保证数据在网络中传输的正确和有序，因此使用"连接"的概念，一个 TCP 连接是指：在传输数据前，先要传送三次握手信号，以使双方为数据的传送做好准备。UDP 是用户数据报协议，使用此协议时，源主机有数据就发送出去，不管发送的数据包是否到达目标主机或数据包是否出错，收到数据包的主机都不会通知发送方是否正确收到数据，因此 UDP 是一种不可靠的传输协议。

- 应用层

直接为用户的应用进程提供服务。如支持万维网应用的 HTTP，支持电子邮件的

SMTP,支持文件传送的 FTP 等。

（3）TCP/IP 的核心协议

TCP/IP 的核心协议主要有 TCP、UDP、IP、ICMP、IGMP 和 ARP,这些核心协议主要工作在网络层和传输层,与网络接口层和应用层的主要协议总结如表 1-16 所示。

表 1-16　TCP/IP 的核心协议表

层次名称	执行的协议	
应用层	HTTP, HTTPS, FTP, POP3, SMTP, SSH,Telnet,DNS,MIME,…	BOOTP, NTP, RIP, DNS, SNMP, DHCP, ARP,NFS,TFTP,RPC,…
传输层	TCP	UDP
网络层	IP,ICMP,IGMP,ARP	
网络接口层	Ethernet,Token Ring, FDDI,X.25,Frame Relay,ATM,…	

① IP

IP 层接收由网络接口层发来的数据包,并把该数据包发送到更高层——TCP 或 UDP 层;相反,IP 层也把从 TCP 或 UDP 层接收来的数据包传送到更低层——网络接口层。IP 数据包是不可靠的,因为 IP 并没有做任何事情以确认数据包是否是按顺序发送的或者有没有被破坏,IP 数据包中含有发送它的主机地址(源地址)和接收它的主机地址(目的地址)。

高层的 TCP 和 UDP 服务在接收数据包时通常假设包中的源地址是有效的。也可以这样说,IP 地址形成了许多服务的认证基础,这些服务相信数据包是从一个有效的主机发送来的。IP 确认包含一个选项,称为 IP source routing,可以用来指定一条源地址和目的地址之间的直接路径。对于一些 TCP 和 UDP 的服务来说,使用了该选项的 IP 包好像是从路径上的最后一个系统传递过来的,而不是来自于它的真实地点。这个选项是为了测试而存在的,说明了它可以被用来欺骗系统以进行平常是被禁止的连接。那么,许多依靠 IP 源地址进行确认的服务将产生问题并且会被非法入侵。

② ICMP

ICMP 与 IP 位于同一层,它被用来传送 IP 的控制信息,它主要用来提供有关通向目的地址的路径信息。ICMP 的 Redirect 信息用来通知主机通向其他系统的更准确的路径,而 Unreachable 信息则指出路径有问题。另外,如果路径不可用,则 ICMP 可以使 TCP 连接终止。PING 是最常用的基于 ICMP 的服务。

③ IGMP

IGMP(Internet Group Management Protocol,Internet 组管理协议)是 Internet 协议家族中的一个组播协议,该协议运行在主机和组播路由器之间。IGMP 共有三个版本,即 IGMPv1、IGMPv2 和 IGMPv3。

④ ARP

ARP(Address Resolution Protocol,地址解析协议)是根据 IP 地址获取物理地址的一个 TCP/IP。主机发送信息时会将包含目标 IP 地址的 ARP 请求广播到网络上的所有主机，并接收返回消息，以此确定目标的物理地址；收到返回消息后将该 IP 地址和物理地址存入本机 ARP 缓存中并保留一定时间，下次请求时直接查询 ARP 缓存以节约资源。地址解析协议是建立在网络中各个主机互相信任的基础上的，网络中的主机可以自主发送 ARP 应答消息，其他主机收到应答报文时不会检测该报文的真实性就会将其记入本机的 ARP 缓存，由此攻击者就可以向某一主机发送伪 ARP 应答报文，使其发送的信息无法到达预期的主机或到达错误的主机，这样就构成了一个 ARP 欺骗。ARP 命令可用于查询本机 ARP 缓存中 IP 地址和 MAC 地址的对应关系、添加或删除静态对应关系等。相关协议有 RARP、代理 ARP。NDP 用于在 IPv6 中代替地址解析协议。

⑤ TCP

TCP 是面向连接的通信协议，通过三次握手建立连接，通信完成时需要拆除连接，由于 TCP 是面向连接的，所以只能用于端到端的通信。

TCP 提供的是一种可靠的数据流服务，采用带重传的肯定确认技术实现传输的可靠性。TCP 还采用一种称为滑动窗口的方式进行流量控制，所谓窗口实际表示接收能力，用来限制发送方的发送速度。

如果 IP 数据包中有了已经封好的 TCP 数据包，那么 IP 将把它们向上传送到 TCP 层。TCP 将包排序并进行错误检查，同时实现虚电路之间的连接。TCP 数据包中包括序号和确认，所以未按照顺序收到的包可以被排序，而损坏的包可以被重传。

TCP 将它的信息传送到更高层的应用程序，例如 Telnet 的服务程序和客户程序。应用程序轮流将信息送回 TCP 层，TCP 层便将它们向下传送到 IP 层、设备驱动程序和物理介质，最后到达接收方。

面向连接的服务（如 Telnet、FTP、rlogin、X Window 和 SMTP）需要高度的可靠性，所以它们使用了 TCP。DNS 在某些情况下使用 TCP（发送和接收域名数据库），但使用 UDP 传送有关单个主机的信息。

⑥ UDP

UDP 是面向无连接的通信协议，UDP 数据包括目的端口号和源端口号信息，由于通信不需要连接，所以可以实现广播发送。

UDP 在通信时不需要接收方确认，属于不可靠的传输，可能会出现丢包现象，实际应用中要求程序员编程验证。

UDP 与 TCP 位于同一层，但它不管数据包的顺序、错误或重发。因此，UDP 不被应用于那些使用虚电路的面向连接的服务，UDP 主要用于那些面向查询、应答的服务，例如 NFS。相对于 FTP 或 Telnet，这些服务需要交换的信息量较小。使用 UDP 的服务包括 NTP（网络时间协议）和 DNS（DNS 也使用 TCP）。

欺骗 UDP 包比欺骗 TCP 包更容易，因为 UDP 没有建立初始化连接（也可以称为握手，因为在两个系统之间没有虚电路），也就是说，与 UDP 相关的服务面临着更大的危险。

Internet 又称因特网，是世界上规模最大的互联网络，是地理位置不同的各种网络在物理上连接起来所形成的全球信息网。Internet 已经发展成为影响最广、增长最快、市场潜力最大的产业之一，而且仍在以超乎人们想象的速度增长。

2. IP 地址

为了实现 Internet 上各主机之间的通信,每台主机都必须有一个唯一的网络地址,这就是 IP 地址。IP 地址由 32 位二进制数组成,格式如图 1-10 所示。根据网络地址和主机地址长度的不同,IP 地址可分为 5 类:A 类、B 类、C 类、D 类和 E 类。

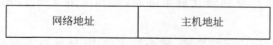

网络地址	主机地址

图 1-10　IP 地址的结构

A 类地址由 1 字节的网络地址和 3 字节的主机地址组成,网络地址的最高位必须是 0。A 类地址的第 1 个字段的范围是 1～126。A 类地址在理论上可连接 $2^{24}-2=16\ 777\ 214$ 台主机,A 类网络适用于大型网络。

B 类地址的前两个字节为网络号,首位为 10,后 16 位表示主机地址。B 类地址的第 1 个字段的范围是 128～191。B 类地址在理论上可连接 $2^{16}-2=65\ 534$ 台主机,B 类地址适用于节点比较多的网络。

C 类地址的前三个字节为网络号码,首位为 110,最后一个字节表示主机地址。C 类地址的第 1 个字段的范围是 192～223,每个网络最多只能包含 $2^{8}-2=254$ 台主机,适用于小规模的局域网络。

D 类地址的最高 4 位为 1110,用于组播,例如修改路由器。E 类地址的最高 4 位为 1111,地址用于实验保留。

在 A、B、C 类地址中,理论上能够连接的主机数为什么要减去 2 呢? 这是因为在 IP 地址中,有两个地址是作为特殊用途的,不能用于主机地址,但主机号全为 0 时代表整个网络,全为 1 时代表广播地址。

IP 地址采用 32 位二进制位表示,不便于记忆,为了提高可读性,将 32 位以 8 位为一个单位划分为 4 段,再将 8 位二进制数转换为等效的十进制数,例如:210.52.207.2,IP 地址的每段所能表示的十进制数最大不超过 255。

子网掩码是一种用来指明一个 IP 地址的哪些位标识的是主机所在的子网以及哪些位标识的是主机的位掩码。子网掩码不能单独存在,它必须结合 IP 地址一起使用。子网掩码的作用就是将某个 IP 地址划分成网络地址和主机地址两部分。子网掩码由 1 和 0 组成,且 1 和 0 分别连续。子网掩码的长度也是 32 位,左边是网络位,用二进制数 1 表示,1 的数目等于网络位的长度;右边是主机位,用二进制数 0 表示,0 的数目等于主机位的长度。

利用 IP 地址和子网掩码可以计算出该网络的网络号和主机号。网络号的计算方法为 IP 地址和子网掩码进行逻辑与运算,主机号的计算方法为 IP 地址减去网络号。

首先将 IP 地址和子网掩码转化成二进制形式,再进行计算如下。

IP 地址 210.28.176.228 转换成二进制为 11010010 00011100 10110000 11100100。

子网掩码 255.255.255.192.0 转化成二进制为 11111111 11111111 1111111 11000000。

IP 地址和子网掩码的逻辑与运算为

	11010010 00011100 10110000 11100100	IP 地址
AND	11111111 11111111 1111111 11000000	子网掩码
	11010010 00011100 10110000 11000000	网络号

主机号为＝IP 地址－网络号＝00000000 00000000 00000000 00100100。

再将网络号和主机号分别转化成十进制，得到网络号为 210.28.176.192，主机号为 0.0.0.36。

随着世界各国互联网应用的发展，越来越多的 IP 地址被不断分配给最终用户，长此以往，IP 地址近乎枯竭。在这样的情况下，IPv6 应运而生，IPv6 是 Internet Protocol Version 6 的缩写，它是 IETF（Internet Engineering Task Force，互联网工程任务小组）设计的用于替代现行版本 IP 协议（IPv4）的下一代 IP 协议。IPv6 具有比 IPv4 大得多的地址空间，IPv6 使用了 128 位地址，地址空间支持 2^{128} 个地址。以地球总人口 70 亿计算，每个人平均可分得 4.86×10^{28} 个地址。IPv6 地址采用冒号十六进制表示，将 128 位二进制位以 16 位为一组进行划分，分成 8 组，每组采用 4 位十六进制数表示，如下的地址表示形式则是一个合法的 IPv6 地址：

2001:0db8:85a3:08d3:1319:8a2e:0370:7344

为了保证从 IPv4 向 IPv6 的平稳过渡，可以在 IPv6 地址的低 32 位中存放以前的 IPv4 地址，同时高 96 位置 0。

3. 域名

IP 地址用数字表示，使用时难以记忆和书写，因此在 IP 地址的基础上又发展出了一种符号化的地址方案，用来代替数字型的 IP 地址，这就是域名。

域名由多个分量组成，分量之间用点号隔开，格式为：＊.三级域名.二级域名.顶级域名（例如，mail.yctc.edu.cn，其中 cn 是顶级域名，表示中国，edu 是二级域名，表示教育机构）。各个分量代表不同级别的域名，级别最低的域名写在最左边，级别最高的顶级域名写在最右边，完整的域名不超过 255 个字符。但域名并不代表计算机所在的物理地点，它只是一个逻辑概念，使用域名有助于记忆。

域名的划分是在顶级域名的基础上注册二级域名，二级域名下还可注册三级域名，等等。现在顶级域名有以下三大类。

（1）国家顶级域名。国家顶级域名采用 ISO 3166 的规定定制各个国家的顶级域名。如 cn 表示中国，us 表示美国，jp 表示日本等。

（2）国际顶级域名。采用 int，国际性的组织可在 int 下注册。

（3）通用顶级域名。常见的通用顶级域名有 com 表示公司，net 表示网络服务机构，org 表示非营利性组织，edu 表示教育机构（美国专用），gov 表示政府部门（美国专用），mil 表示军事部门（美国专用），aero 表示航空运输企业等。

在国家顶级域名下注册的二级域名由该国家自行确定，我国将二级域名划分为类别域名和行政区域名两大类。其中类别域名有 6 个：ac 表示科研机构，com 表示工、商、金融等企业，edu 表示教育机构，gov 表示政府部门，net 表示互联网络、接入网络的网络信息中心和运行中心，org 表示各种非营利性组织。行政区域名有 34 个，适用于各省、自治区、直辖市。

一般一个单位可以申请注册一个三级域名，一旦拥有一个域名，单位可以自行决定是否需要进一步划分子域，并且不需要向上级报告子域的划分情况。

用户通过域名访问 Internet 上某个主机时，其实是访问其 IP 地址，那么系统如何识别哪个域名对应哪个 IP 地址呢？这个域名到 IP 地址的转换是由域名服务器(DNS)完成的。通过建立 DNS 数据库，域名服务器记录主机名称与 IP 地址的对应关系，并为所有访问 Internet 的客户机提供域名解析服务。

4. HTML

HTML 即超文本标记语言(Hypertext Markup Language)，是用于描述网页文档的一种标记语言。HTML 是组织多媒体文档的重要语言，它不仅可以用来编写 Web 网页，而且也越来越多地制作光盘上的多媒体节目。HTML 可用来编排文档、创建列表、建立链接、插入声音和影视片断。

万维网(WWW)是一个信息资源网络，它之所以能够使这些信息资源为广大用户所利用，主要依靠下面的三条基本技术。

① 指定网上信息资源地址的统一命名方法：URL(Uniform Resource Locator)。

② 存取资源的协议：超文本传送协议(HTTP)。

③ 在资源之间很容易浏览的超文本链接技术：源于 HyperText 的 HyperLink。

一个 HTML 文档通常由文档头(head)、文档名称(title)、表格(table)、段落(paragraph)和列表(list)等成分构成，它们是文本文档的基本构件，并且使用 HTML 规定的标签(tag)标识这些文素。

HTML 标签由三部分组成：左尖括号"<"、标签名称和右尖括号">"。标签通常是成对出现的，左尖括号表示开始的"开始标签(start tag)"，右尖括号表示结束的"结束标签(end tag)"标签。例如，<H1>与</H1>分别表示一级标题的开始标签和结束标签，H1 是一级标签的名称。除了在结束标签名称前面加一个斜杠符号"/"之外，开始标签名称和结束标签的名称都是相同的。

某些文素还可以包含属性(attribute)。属性是指背景颜色、字体属性(大小、颜色、正体、斜体等)、对齐方式等，它是包含在开始标签中的附加信息。例如，<P ALIGN＝CENTER>表示这段文字是居中对齐的。

每个 HTML 文档都是由标签<HTML>开始，而以标签</HTML>结束。每个 HTML 文档由两个部分组成：文档头(head)和正文(body)，并分别用<HEAD> … </HEAD>和<BODY> … </BODY>进行标记。文档头标签<HEAD> … </HEAD>之间所包含的是文档的名称(title)。

图 1-10(a)所示为利用记事本编写的一个简单的 HTML 示例代码，将其保存后，利用 IE 浏览器打开后的效果如图 1-10(b)所示。

HTML 涉及的标签很多，下面列举主要的标签，如表 1-17 所示。

(a) 利用记事本编写的 HTML 示例代码　　　　(a) IE 浏览器效果图

图 1-11　HTML 编辑及显示图

表 1-17　HTML 语言常用标签表

标　　签	描　　述	标　　签	描　　述
\<HTML\>\</HTML\>	文件的开始和结束	\<SMALL\>\</SMALL\>	小字号
\<HEAD\>\</HEAD\>	文件的头部	\<VAR\>\</VAR\>	声明变量标签
\<TITLE\>\</TITLE\>	文件的标题，在\<HEAD\>头文件中	\<FONT\>\</FONT\>	字体标签
\<BODY\>\</BODY\>	文件的主体	\<BR\>	换行
\<META\>	元信息标签，在\<HEAD\>头文件中	\<P\>\</P\>	段落
\<H1\>\</H1\> ... \<H6\>\</H6\>	一级标题 ... 六级标题	\<ADRESS\>\</ADRESS\>	Email 地址等，主要用于英文
\<B\>\</B\>	粗体	\<PRE\>\</PRE\>	预格式化
\<I\>\</I\>	斜体	\<CENTER\>\</CENTER\>	居中
\<U\>\</U\>	下画线	\<LINK\>\</LINK\>	超级链接
\<S\>\</S\>	删除线	\<HR\>	插入水平线
\<STRIKE\>\</STRIKE\>	删除线	\<PLAINTEXT\>	固定宽度字体（不执行标记符号）
\<SUP\>\</SUP\>	上标	\<IMG\>	插入图片
\<SUB\>\</SUB\>	下标	\<TABLE\>	插入表格
\<BIG\>\</BIG\>	大字号	\<script\>	插入脚本

1.6.2　历年真题解析

题目 1　2018 年第 4 题（域名系统）

广域网的英文缩写是（　　）。

A. LAN　　　　　　　B. WAN　　　　　　　C. MAN　　　　　　　D. LNA

解析：广域网（Wide Area Network，WAN）通常跨接很大的物理范围，所覆盖的范围从几十千米到几千千米，它能连接多个城市或国家，或横跨几个洲并能提供远距离通信，形成国际性的远程网络。

局域网（Local Area Network，LAN）是指在某一区域内由多台计算机互联而成的计算机组。范围一般是方圆几千米以内。局域网可以实现文件管理、应用软件共享、打印机共享、工作组内的日程安排、电子邮件和传真通信服务等功能。

城域网（Metropolitan Area Network，MAN）是指在一个城市范围内所建立的计算机通信网，属于宽带局域网。

LNA（低噪声放大器）是噪声系数很低的放大器。一般用作各类无线电接收机的高频或中频前置放大器（如手机、计算机或者平板电脑中的 Wi-Fi），以及高灵敏度电子探测设备的放大电路。

参考答案：B

题目 2　2017 年第 3 题（网络协议）

下列协议中与电子邮件无关的是（　　）。

A. POP3　　　　　　B. SMTP　　　　　　C. WTO　　　　　　D. IMAP

解析：POP3（Post Office Protocol-Version 3，邮局协议版本 3）主要用于支持使用客户端远程管理服务器上的电子邮件。

SMTP（Simple Mail Transfer Protocol，简单邮件传输协议）是在 Internet 传输 E-mail 的事实标准，也是一个相对简单的基于文本的协议。

WTO（World Trade Organization ，世界贸易组织）是当代最重要的国际经济组织之一。

IMAP（Internet Mail Access Protocol Internet，邮件访问协议）的主要作用是邮件客户端（如 Outlook Express）可以通过该协议从邮件服务器上获取邮件的信息、下载邮件等。

参考答案：C

题目 3　2016 年第 3 题（无线通信）

以下不属于无线通信技术的是（　　）。

A. 蓝牙　　　　　　B. Wi-Fi　　　　　　C. GPRS　　　　　　D. 以太网

解析：蓝牙（Bluetooth）是一种无线技术标准，可实现固定设备、移动设备和楼宇个人域网之间的短距离数据交换。

Wi-Fi 是一种允许电子设备连接到一个无线局域网（WLAN）的技术，连接到的无线局域网通常是有密码保护的，但也可以是开放的，允许任何在 WLAN 范围内的设备连接。

GPRS（General Packet Radio Service）是通用分组无线服务技术的简称，它是 GSM 移动电话用户可用的一种移动数据业务，属于第二代移动通信中的数据传输技术。

以太网（Ethernet）指基带局域网规范，是当今现有局域网采用的最通用的通信协议标准。

参考答案：D

题目4　2015年第9题（网络安全）

计算机病毒是（　　　）。

A. 通过计算机传播的危害人体健康的一种病毒

B. 人为制造的能够侵入计算机系统并给计算机带来故障的程序或指令集合

C. 一种由于计算机元器件老化而产生的对生态环境有害的物质

D. 利用计算机的海量、高速运算能力而研制出来的用于疾病预防的新型病毒

解析：计算机病毒（Computer Virus）是编制者在计算机程序中插入的破坏计算机功能或者数据的代码，能影响计算机的使用，是能自我复制的一组计算机指令或者程序代码。

参考答案：B

题目5　2015年第10题（网络协议）

FTP可以用于（　　　）。

A. 远程传输文件　　　B. 发送电子邮件　　　C. 浏览网页　　　　D. 网上聊天

解析：FTP（File Transfer Protocol，文件传输协议）的作用是允许用户从一台远端的计算机上将文件复制到自己的计算机上，或是将自己的计算机上的文件复制到远端的计算机上。

参考答案：A

题目6　2014年第8题（网络协议）

以下属于电子邮件收发协议的是（　　　）。

A. SMTP　　　　　B. UDP　　　　　C. P2P　　　　　D. FTP

解析：SMTP（Simple Mail Transfer Protocol，简单邮件传输协议）是一组用于由源地址到目的地址传送邮件的规则，由它控制信件的中转方式。

UDP是OSI（Open System Interconnection，开放式系统互联）参考模型中的一种无连接的传输层协议，提供面向事务的简单但不可靠的信息传送服务。

P2P是一种在对等者（Peer）之间分配任务和工作负载的分布式应用架构，是对等计算模型在应用层形成的一种组网或网络形式。

FTP用于Internet上的控制文件的双向传输。同时，它也是一个应用程序（Application）。基于不同的操作系统有不同的FTP应用程序，而所有这些应用程序都遵守同一种协议以传输文件。

参考答案：C

题目7　2014年第12题（IP地址）

下列几个32位IP地址中，书写错误的是（　　　）。

A. 162.105.115.27　　　　　　　　B. 192.168.0.1

C. 256.256.129.1　　　　　　　　D. 10.0.0.1

解析：32位IP地址被分割为4个8位二进制数（也就是4字节）。通常用点分十进制表示成（a.b.c.d）的形式，其中，a，b，c，d若转化为十进制整数，应该在0～255之间。

参考答案：C

题目8　2013年第13题（IP地址）

IPv4使用32位地址，随着其不断被分配，地址资源日趋枯竭。因此，它正逐渐被使用（　　　）位地址的IPv6所取代。

A. 40 B. 48 C. 64 D. 128

解析：IPv4 有 32 位地址长度，理论上能编址 1600 万个网络、40 亿台主机。IPv6 指的是网络协议版本 6。一个 IPv6 的 IP 地址由 8 个地址节组成，每节包含 16 个地址位，以 4 个十六进制数书写，节与节之间用冒号分隔，其书写格式为 x：x：x：x：x：x：x：x，其中每一个 x 代表 4 位十六进制数。

参考答案：D

题目 9　2013 年第 16 题（网络应用）

通常在搜索引擎中，对某个关键词加上双引号表示（　　　）。

A. 排除关键词，不显示任何包含该关键词的结果

B. 将关键词分解，在搜索结果中必须包含其中的一部分

C. 精确搜索，只显示包含整个关键词的结果

D. 站内搜索，只显示关键词所指向网站的内容

解析：加引号的目的是为了保持检索词的完整性。例如在检索"北京大学"的时候用引号将"北京大学"限定起来，这样检索的结果当中就不会出现"北京""大学"两个词分开的情况了。

参考答案：C

题目 10　2013 年第 17 题（域名系统）

中国的国家顶级域名是（　　　）。

A. cn B. ch C. chn D. china

解析：cn 是 Internet 网络域名，属于国家顶级域名，表示中国国家域名，它由我国国际互联网络信息中心（Inter NIC）正式注册并运行。

ch 是 Internet 域名管理机构 ICANN 为瑞士（Switzerland）分配的顶级域名（ccTLD），作为其 Internet 顶级域名。

没有选项 C 与选项 D 的写法。

参考答案：A

题目 11　2012 年第 10 题（网络协议）

无论是 TCP/IP 模型还是 OSI 模型，都可以视为网络的分层模型，每个网络协议都会被归入某一层中。如果用现实生活中的例子比喻这些"层"，以下最恰当的是（　　　）。

A. 中国公司的经理与波兰公司的经理交互商业文件

第4层	中国公司经理		波兰公司经理
	↑ ↓		↑ ↓
第3层	中国公司经理秘书		波兰公司经理秘书
	↑ ↓		↑ ↓
第2层	中国公司翻译		波兰公司翻译
	↑ ↓		↑ ↓
第1层	中国邮递员	← →	波兰邮递员

B. 军队发布命令

第4层	司令			
	↓			
第3层	军长1		军长2	
	↓		↓	
第2层	师长1	师长2	师长3	师长4
	↓	↓	↓	↓
第1层	团长1 团长2 团长3 团长4	团长5 团长6	团长7 团长8	

C. 国际会议中，每个人都与他国地位对等的人直接进行会谈

第4层	英国女王	←→	瑞典国王
第3层	英国首相	←→	瑞典首相
第2层	英国外交大臣	←→	瑞典外交大臣
第1层	英国驻瑞典大使	←→	瑞典驻英国大使

D. 体育比赛中，每一级比赛的优胜者晋级上一级比赛

第4层	奥运会
	↑
第3层	全运会
	↑
第2层	省运会
	↑
第1层	市运会

解析：选项 A、B、D 都只体现了其中一层之间的沟通。不同层级中应有不同的沟通方式或协议。

参考答案：C

题目 12　2012 年第 13 题（网络应用）

（　　）是用于显示网页服务器或者文件系统的 HTML 文件的内容，并让用户与这些文件交互的一种软件。

A. 资源管理器　　　B. 浏览器　　　C. 电子邮件　　　D. 编译器

解析：文件资源管理器是一项系统服务，负责管理数据库、持续消息队列或事务性文件系统中的持久性或持续性数据。旧版本的 Windows 系统把文件资源管理器称为资源

管理器。

浏览器是指可以显示网页服务器或者文件系统的 HTML 文件内容,并让用户与这些文件交互的一种软件,用来显示在万维网或局域网等的文字、图像及其他信息。

电子邮件是一种用电子手段提供信息交换的通信方式,是互联网应用最广的服务。电子邮件可以有文字、图像、声音等多种形式。

编译器是指将一种语言(通常为高级语言)翻译为另一种语言(通常为低级语言)的程序。一个现代编译器的主要工作流程为:源代码 → 预处理器 → 编译器 → 目标代码 → 链接器 → 可执行程序。

参考答案:B

题目 13　2012 年第 14 题(网络协议)

(　　)是目前互联网上常用的 E-mail 服务协议。

A. HTTP　　　　　　　B. FTP　　　　　　　C. POP3　　　　　　　D. Telnet

解析:HTTP(HyperText Transfer Protocol)即超文本传输协议,是互联网上应用最为广泛的一种网络协议,所有的 WWW 文件都必须遵守这个标准。

FTP(File Transfer Protocol)即文件传输协议,用于 Internet 上的控制文件的双向传输,同时它也是一个应用程序(Application)。基于不同的操作系统有不同的 FTP 应用程序,而所有这些应用程序都遵守同一种协议以传输文件。

POP3(Post Office Protocol - Version 3)即邮局协议版本 3,是 TCP/IP 协议族中的一员,由 RFC1939 定义。POP3 主要用于支持使用客户端远程管理服务器上的电子邮件。

Telnet 协议是 TCP/IP 协议族中的一员,是 Internet 远程登录服务的标准协议和主要方式,它为用户提供了在本地计算机上完成远程主机工作的能力。

参考答案:C

题目 14　2012 年第 17 题(无线通信)

蓝牙和 Wi-Fi 都是(　　)设备。

A. 无线广域网　　　　　　　　　　B. 无线城域网

C. 无线局域网　　　　　　　　　　D. 无线路由器

解析:蓝牙(Bluetooth)是一种无线技术标准,可实现固定设备、移动设备和楼宇个人域网之间的短距离数据交换。

Wi-Fi 是一种允许电子设备连接到一个无线局域网(WLAN)的技术,连接到的无线局域网通常是有密码保护的,但也可以是开放的,允许任何在 WLAN 范围内的设备连接。

参考答案:C

题目 15　2010 年第 14 题(网络应用)

在下列 HTML 语句中,可以正确产生一个指向 NOI 官方网站的超链接的是(　　)。

A. ＜a url＝"http://www.noi.cn"＞欢迎访问 NOI 网站＜/a＞

B. ＜a href＝"http://www.noi.cn"＞欢迎访问 NOI 网站＜/a＞

C. ＜a＞http：//www.noi.cn＜/a＞

D. ＜a name＝"http：//www.noi.cn"＞欢迎访问 NOI 网站＜/a＞

解析：Href 超文本引用，＜a＞标签的 href 属性用于指定超链接目标的 URL。name 属性用于指定锚(anchor)的名称。name 属性可以创建文档内的书签。

参考答案：B

题目 16　2009 年第 7 题（网络协议）

关于互联网，下面的说法中正确的是（　　　）。

A. 新一代互联网使用的 IPv6 标准是 IPv5 标准的升级与补充

B. 互联网的入网主机如果有了域名就不再需要 IP 地址了

C. 互联网的基础协议为 TCP/IP

D. 互联网上所有可下载的软件及数据资源都是可以合法、免费使用的

解析：选项 A 中，IPv6 与 IPv5 一点关系也没有，IPv6 是 IPv4 的升级。如果说 IPv4 实现的是人机对话，IPv6 则扩展到了任意事物之间的对话，它不仅可以为人类服务，还将服务于众多硬件设备，如家用电器、传感器、汽车等，它是深入社会每个角落的真正的宽带网，而且它所带来的经济效益将非常巨大。

选项 B 中，IP 地址通常指定的是服务器，也就是主机，建立网站需要域名和主机。域名就是上网单位的名称，是一个通过计算机连接网络的单位在该网络中的地址。域名是上网单位和个人在网络上的重要标识，起着识别的作用，便于他人识别和检索某一企业、组织或个人的信息资源，从而更好地实现网络上的资源共享。

选项 C 中，TCP/IP（Transmission Control Protocol/Internet Protocol）是互联网的核心协议，它是一个协议族，包含多种协议。

选项 D 中，互联网中的优质内容可能都需要付费，但也不会全面禁止免费的资源。

参考答案：C

题目 17　2009 年第 8 题（网络应用）

关于 HTML，下面说法正确的是（　　　）。

A. HTML 实现了文本、图形、声音甚至视频信息的统一编码

B. HTML 的全称为超文本标记语言

C. 网络上广泛使用的 Flash 动画都是由 HTML 编写的

D. HTML 也是一种高级程序设计语言

解析：HTML（HyperText Markup Language，超文本标记语言）可以被应用程序解释，但不具备高级程序设计语言的特征。

Flash 动画由其软件开发，交互功能由 ActionScript 脚本语言开发。

参考答案：B

1.6.3　知识点巩固

从历年考点角度分析，本章的考点主要有 6 个：域名系统、网络协议、无线通信、网络安全、IP 地址、网络应用。具体的考点分值统计如表 1-18 所示。

表 1-18　历年知识点出现次数统计表

知识点	域名系统	网络协议	无线通信	网络安全	IP 地址	网络应用
出现个数	2	6	2	1	2	4
本节占比	11.76％	35.29％	11.76％	5.88％	11.76％	23.53％

从历年考点的分值可以看出,网络协议考点分值最高,占本章分值的三分之一左右。其次是网络应用出现的次数较高。2014 年以后,网络应用考点没有再出过题目。

根据以上考点,本书提供几道练习题供大家复习巩固。

1. ARP 的作用是(　　)。(网络协议)

　　A. 实现 MAC 地址与主机名之间的映射

　　B. 实现 lP 地址与 MAC 地址之间的变换

　　C. 实现 IP 地址与端口号之间的映射

　　D. 实现应用进程与物理地址之间的变换

2. URL 为 http：// www.noi.cn 时,其中的 http 表示(　　)。(网络应用)

　　A. 域名　　　　　　　　　　　　　　B. 所使用的协议

　　C. 访问的主机　　　　　　　　　　　D. 请求查看的文档名

3. (　　)服务的主要功能是实现文件的上传和下载。(网络协议)

　　A. Gopher　　　　B. FTP　　　　C. Telnet　　　　D. E-mail

4. 下列 Internet 应用中对实时性要求最高的是(　　)。(网络应用)

　　A. 电子邮件　　　B. Web 浏览器　　C. FTP 文件传输　　D. IP 电话

5. 在 HTML 文件中,(　　)标记在页面中可以显示 work 为斜体字。(网络应用)

　　A. <pre>work</pre>　　　　　　　　B. <u>work</u>

　　C. <i>work</i>　　　　　　　　　　　D. work

6. 电子邮件地址 linxin@mail.ceiaec.org 中的 linxin、@ 和 mail.ceiaec.org 分别表示用户信箱的(　　)。(网络应用)

　　A. 账号、邮件接收服务器域名和分隔符

　　B. 账号、分隔符和邮件接收器域名

　　C. 邮件接收服务器域名、分隔符和账号

　　D. 邮件接收服务器域名、账号和分隔符

7. 下面 4 个主机地址中属于网络 220.115.200.0/21 的地址是(　　)。(IP 地址)

　　A. 220.115.198.0　　　　　　　　　B. 220.115.206.0

　　C. 220.115.217.0　　　　　　　　　D. 220.115.224.0

8. IP 地址 192.168.1.0 代表了(　　)。(IP 地址)

　　A. 一个 C 类网络号　　　　　　　　B. 一个 C 类网络中的主机

　　C. 一个 B 类网络中的广播　　　　　D. 一个 B 类网络号

9. 在 Internet 域名中,edu 通常表示(　　)。(域名系统)

　　A. 商业组织　　　B. 教育机构　　　C. 政府部门　　　D. 军事部门

10. 根据统计显示,80％的网络攻击源于内部网络,因此必须加强对内部网络的安全

控制。下面的措施中，无助于提高局域网安全性的措施是（　　　）。（网络安全）

　　A. 使用防病毒软件　　　　　　　　　B. 使用日志审计系统

　　C. 使用入侵检测系统　　　　　　　　D. 使用防火墙内部攻击

1.7　NOIP 常识

1.7.1　基本知识介绍

1. 概况

NOIP（National Olympiad in Informatics in Provinces，全国青少年信息学奥林匹克联赛）开办于 1995 年，每年举办一届，截至 2018 年已经举办了 24 届，由中国计算机学会统一组织。NOIP 在同一时间、不同地点以各省市为单位由特派员组织。全国统一大纲、统一试卷。

复赛可使用 C、C++、Pascal 语言，2022 年后将不可使用 Pascal、C 语言，只能使用 C++。

2. 宗旨和背景

　　NOIP 的宗旨是向青少年普及计算机科学知识；给学校的信息技术教育课程提供动力和新的思路；给那些有才华的学生提供相互交流和学习的机会；通过竞赛和相关的活动培养和选拔优秀计算机人才。

　　1984 年邓小平提出：计算机的普及要从娃娃做起。中国计算机学会于 1984 年创办全国青少年计算机程序设计竞赛（简称 NOI），当年参加竞赛的有 8000 多人。这一新的活动形式受到了党和政府的关怀，得到社会各界的关注与支持。中央领导王震同志出席了首届竞赛颁奖大会，并对此项活动给予了充分肯定。从此每年一次的 NOI 活动吸引了越来越多的青少年投身其中。十几年来，竞赛活动培养和发现了大批计算机爱好者，选拔出了许多优秀的计算机后备人才。当年的许多选手已成为计算机专业的硕士、博士，有的已经走上了计算机科研岗位。

　　为了在更高层次上推动普及，培养更多的计算机技术优秀人才。竞赛及相关活动遵循开放性原则，任何有条件和兴趣的学校和个人都可以在业余时间自愿参加。

3. 系列活动

　　NOI 系列活动包括全国青少年信息学奥林匹克竞赛和全国青少年信息学奥林匹克网上同步赛、全国青少年信息学奥林匹克联赛、冬令营、选拔赛和出国参加 IOI。

　　· NOI（全国青少年计算机程序设计竞赛）

　　NOI 是国内最高水平的大赛，自 1984 年至今，在国内包括中国香港、澳门地区组织竞赛活动。每年经各省选拔产生 5 名选手（其中一名是女选手），由中国计算机学会在计算机普及较好的城市组织比赛。这一竞赛记录个人成绩，同时记录团体总分。

　　NOI 期间同步举办夏令营和 NOI 网上同步赛，给那些程序设计爱好者和高手提供机会。为了增加竞赛的竞争性、对抗性、趣味性以及观赏性，NOI 组织进行团体对抗赛，团体对抗赛实质上是程序对抗赛,其成绩纳入总分。

- NOIP(全国青少年信息学奥林匹克联赛)

初、高中或其他中等专业学校的学生均可报名参加该联赛。联赛分初赛和复赛两个阶段。初赛考查通用和实用的计算机科学知识,以笔试为主。复赛为程序设计,须在计算机上调试完成。参加初赛者须达到一定分数线后才有资格参加复赛。联赛分普及组和提高组两个组别,难度不同,分别面向初中和高中阶段的学生。

全国青少年信息学奥林匹克冬令营(简称冬令营)自 1995 年起举办。每年在寒假期间开展为期一周的培训活动。冬令营共 8 天,包括授课、讲座、讨论、测试等。参加冬令营的营员分正式营员和非正式营员。获得 NOI 前 20 名的选手和指导教师为正式营员,非正式营员限量且自愿报名参加。在冬令营授课的老师均是著名大学的资深教授及已获得国际金牌的学生的指导教师。

- APIO(亚洲与太平洋地区信息学奥林匹克竞赛)

APIO(Asia Pacific Informatics Olympiad)于 2007 年创建,该竞赛为区域性的网上准同步赛,是亚洲和太平洋地区每年举办一次的国际性赛事,旨在给青少年提供更多的比赛机会,推动亚太地区的信息学奥林匹克的发展。APIO 于每年 5 月举行,由不同的国家轮流主办。每个参赛团的参赛选手上限为 100 名,其中成绩排在前 6 名的选手作为代表该参赛团的正式选手统计成绩。APIO 中国赛区由中国计算机学会组织参赛,获奖比例将参照 IOI。

选拔赛是指选拔参加国际信息学奥林匹克中国代表队的竞赛(简称选拔赛)。IOI 的选手是从获 NOI 前 20 名选手中选拔出来的,获得前 4 名的优胜者将代表中国参加国际竞赛。选拔科目包括:NOI 成绩、冬令营成绩、论文和答辩、平时作业、选拔赛成绩、口试。上述项目加权产生最后成绩。

- IOI(出国参加国际信息学奥林匹克竞赛)

IOI(International Olympiad in Informatics)由中国计算机学会组织代表队,代表中国参加每年一次的 IOI。中国是 IOI 创始国之一。IOI2000 由中国主办,CCF 承办。出国参赛将得到中国科协和国家自然科学基金委的资助。

自 1989 年开始,我国在 NOI(网上同步赛于 1999 年开始)、NOIP、冬令营、选拔赛的基础上,组织参加国际信息学奥林匹克(IOI)竞赛,十几年中选拔 75 人次参加了 IOI,累计获得金牌 46 块、银牌 17 块、铜牌 12 块。这些选手不仅在国际大赛中有较好的表现,而且在现代信息学科上也大展才华。中国已成为世界公认的信息学奥林匹克竞赛强国,参赛选手、领队、教练曾受到党和国家领导人及著名科学家的亲切接见和赞扬。

4. 比赛须知

凡初、高中阶段的选手和同等年龄段中等专业学校的在校生均可以报名参加 NOIP 赛事。选手以学籍学校为单位在指导教师处报名,由指导教师汇总本校报名情况并提交给 NOI 省特派员,由省特派员在报名截止日期前统一提交至 CCF。所在学校无指导教师的选手可联系本省特派员报名,由特派员统一报名。

NOIP 初赛为笔试。竞赛期间,任何人不得将试卷带出考场。初赛开始 15 分钟后,选手不得进入考场,作缺考处理;竞赛结束 30 分钟前,选手不得退出考场(上厕所除外)。

选手进入考场时，只允许携带笔、橡皮等非电子文具入场。禁止携带任何电子产品或机器设备入场，无存储功能的手表除外；手机（关机）、U盘或移动硬盘、键盘、鼠标、闹钟、计算器、书籍、草稿纸及背包等物品必须存放在考场外。如有违规带入的，一经发现，NOI各省特派员可直接取消违规选手的参赛资格。

在NOIP复赛考试正式开始前，禁止选手操作机器、使用鼠标或键盘等设备。在竞赛过程中，考点各考场统一提供草稿纸（A4打印纸）。草稿纸不足时，选手可举手向监考示意并索要。监考全程必须认真承担职责，不得中途离场或分散精力。竞赛期间，如出现系统宕机、崩溃或硬件故障的情况，选手需立即举手向监考求助；如经监考组技术人员确认非选手责任，选手可获得加时补偿。竞赛期间，如有选手相互讨论、使用网络、利用各种方式复制或传递信息等违反考场纪律的，涉事选手均可被立刻取消参赛资格，并从次年起禁赛3年。竞赛期间，选手在去洗手间前须举手向监考示意，由志愿者带领前往。同时段每次只能有一人去洗手间。

竞赛结束后，选手应立即停止答题，不要关闭计算机，迅速且有序地离开考场（加时选手除外）。选手离开后禁止在考场外逗留或返回考场。如有选手违反，成绩记为零分。加时选手在加时结束后应遵循相关规定迅速离场。

在复赛申诉期，选手应根据要求在NOI系统内提交申诉。选手申诉经由教师审核和处理后提交至CCF处理。在NOIP复赛的获奖证书申请阶段，应根据要求以学校为单位由一名指导教师统一向CCF提交证书申请。凡不符合申请要求的，CCF有权不予受理。

在NOIP中，如发现泄题、作弊或竞赛工作人员有违纪行为的，在证据真实有效的前提下，任何人均可向CCF实名投诉（noi@ccf.org.cn）。

1.7.2 历年真题解析

该部分知识都可以从前面的基本知识介绍中找到，所以该部分内容没有解析。

题目1 2018年第5题（联赛知识）

中国计算机协会于（ ）年创办全国青少年计算机程序设计竞赛。

A. 1983　　　　　　B. 1984　　　　　　C. 1985　　　　　　D. 1986

题目2 2017年第7题（联赛知识）

NOI的中文意思是（ ）。

A. 中国信息学联赛　　　　　　　　B. 全国青少年信息学奥林匹克竞赛

C. 中国青少年信息学奥林匹克竞赛　　D. 中国计算机协会

题目3 2017年第18题（联赛知识）

从（ ）年开始，NOIP竞赛将不再支持Pascal语言。

A. 2020　　　　　　B. 2021　　　　　　C. 2022　　　　　　D. 2023

题目4 2016年第20题（比赛须知）

参加NOI比赛，以下不能带入考场的是（ ）。

A. 钢笔　　　　　B. 适量的衣服　　　　C. U盘　　　　D. 铅笔

题目5 2015年第20题（比赛须知）

在NOI系列赛事中，参赛选手必须使用由承办单位统一提供的设备。下列物品中不允许选手自带的是( )。

    A. 鼠标   B. 笔   C. 身份证   D. 准考证

题目 6 2013 年第 20 题（比赛须知）

CCF NOIP 复赛全国统一评测时使用的系统软件是( )。

    A. NOI Windows   B. NOI Linux   C. NOI Mac OS   D. NOI DOS

题目 7 2010 年第 20 题（联赛知识）

全国青少年信息学奥林匹克系列活动的主办单位是( )。

    A. 教育部   B. 科技部   C. 共青团中央   D. 中国计算机学会

题目 8 2009 年第 19 题（联赛知识）

全国信息学奥林匹克的官方网站为参与信息学竞赛的老师和同学提供了相关的信息和资源，请问全国信息学奥林匹克官方网站的网址是( )。

    A. http：//www.noi.com/   B. http：//www.noi.org/

    C. http：//www.noi.cn/   D. http：//www.xinxixue.com/

题目 9 2009 年第 20 题（比赛须知）

在参加 NOI 系列竞赛过程中，下面不被严格禁止的行为是( )。

    A. 携带书写工具、手表和不具有通信功能的电子词典进入赛场

    B. 在联机测试中通过手工计算出可能的答案并在程序中直接输出答案以获取分数

    C. 通过互联网搜索取得解题思路

    D. 在提交的程序中启动多个进程以提高程序的执行效率

1.7.3 知识点巩固

从历年考点的角度分析，本章的考点主要分为联赛知识和比赛须知。具体的考点分值统计如表 1-19 所示。

表 1-19 历年知识点出现次数统计表

知识点	联赛知识	比赛须知
出现个数	5	4
本节占比	55.56%	44.44%

从历年考点的分值可以看出，联赛知识和比赛须知这两个考点的分值基本各占一半。2015 年以后，基本上每年都会出现至少一题。

根据以上考点，本书提供几道练习题供大家复习巩固。

1. 下列不属于 NOIP 推荐使用的语言环境的是( )。（比赛须知）

    A. Dev-C++   B. Visual C++   C. Free Pascal   D. Lazarus

2. 下列哪些活动不属于青少年信息学奥林匹克竞赛的活动( )。（联赛知识）

    A. NOI   B. NOIP   C. APIO   D. NBA

3. NOIP 复赛考试中出现以下( )情况的，成绩计为零分。（比赛须知）

    A. 比赛途中，比赛用计算机突然故障，造成程序没有保存的

B. 选手离开考场后，又重新返回考场的

C. 使用 U 盘作弊，被现场发现的

D. 在草稿纸上乱写乱画的

4. 以下（　　）不属于 NOIP 的宗旨。（联赛知识）

A. 向那些在中学阶段学习的青少年普及计算机科学知识

B. 给学校的信息技术教育课程提供动力和新的思路

C. 给那些有才华的学生提供出国深造的机会

D. 通过竞赛和相关的活动培养和选拔优秀的计算机人才

5. 由中国主办的 IOI 活动是在（　　）年。（联赛知识）

A. 1998　　　　　B. 2000　　　　　C. 2006　　　　　D. 2008

第 2 章 程序设计基础

程序设计是给出解决特定问题程序的过程,是软件构造活动中的重要组成部分。程序设计往往以某种程序设计语言为工具,设计出这种语言环境下的程序。程序设计过程应当包括分析、设计、编码、测试、排错等不同阶段。任何设计活动都是在各种约束条件和相互矛盾的需求之间寻求一种平衡,程序设计也不例外。

- 计算机语言与算法。计算机语言是人与计算机之间传递信息的媒介,种类非常多,总的来说可以分为机器语言、汇编语言、高级语言三大类。计算机算法是以一步接一步的方式详细描述计算机如何将输入转化为所要求的输出的过程,或者说算法是对计算机上执行的计算过程的具体描述。
- C++ 语言基础。C++ 是 C 语言的继承,它既可以进行 C 语言的过程化程序设计,又可以进行以抽象数据类型为特点的基于对象的程序设计,还可以进行以继承和多态为特点的面向对象的程序设计。C++ 既擅长面向对象程序设计,还可以进行基于过程的程序设计,因此 C++ 就适应的问题规模而论,大小由之。C++ 不仅拥有计算机高效运行的实用性特征,同时还致力于提高大规模程序的编程质量与程序设计语言的问题描述能力。

在过去的 10 年中,该部分考试的分值如表 2-1 所示。

表 2-1 2009—2018 年程序设计基础知识考试题目统计表

年份	2009	2010	2011	2012	2013	2014	2015	2016	2017	2018
分值	1.5	3	4.5	3	6	7.5	1.5	4.5	1.5	6

分值的历史趋势变化如图 2-1 所示。

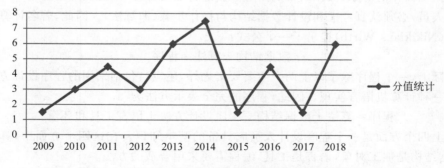

图 2-1 2009—2018 年程序设计基础分值统计历史趋势

从该图可以看出，该部分的考试分值变化相对较大，一般考查 1～5 道题，分值 1.5～7.5 分。但该部分的内容相对比较简单，知识点变化不大，所以也容易得分。另外，该部分属于编程的基础知识部分，其出题不太固定。

2.1 计算机语言与算法

2.1.1 基本知识介绍

自然语言是人类传递信息、交流思想和情感的工具，程序设计语言则是人与计算机联系的工具。刚开始学习计算机语言时，很多同学都觉得很困难，其实编写计算机程序与平时写作文非常相似，其对比如图 2-2 所示。

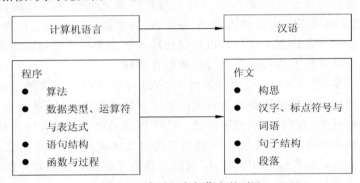

图 2-2　编写程序与作文的对比

1. 语言及其编程方法

一个程序应包括以下两方面的内容。

① 对数据的描述。在程序中要指定数据的类型和数据的组织形式，即数据结构（data structure）。

② 对操作的描述。即操作步骤，也就是算法（algorithm）。

数据是操作的对象，操作的目的是对数据进行加工处理，以得到期望的结果。作为程序设计人员，必须认真考虑和设计数据结构与操作步骤（即算法）。因此，著名计算机科学家沃思（Nikiklaus Wirth）提出了一个公式：

数据结构＋算法＝程序

实际上，一个程序除了以上两个主要要素之外，还应当包括采用的程序设计方法以及利用哪一种计算机语言实现。因此，程序的完全表示方法为

程序＝算法＋数据结构＋程序设计方法＋语言工具和环境

以上四个方面是一个程序设计人员应具备的基本知识。在这四个方面中，算法是灵魂，数据结构是加工对象，语言是工具，编程需要采用合适的方法。

2. 算法

算法是为了解决一个问题而采取的方法和步骤。同一个问题可以有不同的解题方法

和步骤。方法有优劣之分,有些方法只需很少的步骤,而有些方法则需要较多的步骤。一般来说,希望采用简单和运算步骤少的方法。因此,为了有效地解题,不仅需要保证算法正确,还要考虑算法的质量,选择合适的算法。

计算机算法可分为两大类:数值算法和非数值算法。数值运算的目的是求数值解,非数值运算涉及的范围很广,例如事务管理、预测分析等。

一个算法应该具有以下特征。

- 有穷性。一个算法应包含有限的操作步骤,而不能是无限的。
- 确定性。算法中的每一个步骤都应当是确定的,而不应当是含糊的、模棱两可的。
- 有零个或多个输入。输入是指在执行算法时需要从外界取得必要的信息。一个算法也可以没有输入。
- 有一个或多个输出。算法的目的是求解,"解"就是输出。没有输出的算法是没有意义的。
- 有效性。算法中的每一个步骤都应当能有效执行,并得到确定的结果。

算法有多种表示方法,常用的有自然语言、流程图、N-S 流程图、伪代码、PAD 图等。

- 自然语言。自然语言表示通俗易懂,但文字冗长,容易出现歧义。自然语言表示的含义往往不太严格,要根据上下文才能判断其正确含义。此外,用自然语言描述包含分支和循环的算法很不方便。
- 流程图。流程图是指用一些图框表示各种操作。用图形表示算法直观形象,易于理解。美国国家标准化协会(American National Standard Institute,ANSI)规定了一些常用的流程图符号,如图 2-3 所示。

图 2-3　常用的流程图符号

3. 常见的计算机语言

截至 2018 年 6 月,计算机编程语言排行榜中排在前 5 位的语言如表 2-2 所示。

表 2-2　2018 年 6 月计算机编程语言使用排行榜

2018 年 6 月名次	计算机语言名称	市场所占比率	比 2017 年同期增减
1	Java	15.368%	+0.88%
2	C	14.936%	+8.09%
3	C++	8.337%	+2.61%
4	Python	5.761%	+1.43%
5	C#	4.314%	+0.78%

（1）Java 语言

Java 是由 Sun Microsystems 公司于 1995 年 5 月推出的一种面向对象的程序设计语言。Java 具有卓越的通用性、高效性、平台移植性和安全性，广泛应用于 PC、数据中心、游戏控制台、科学超级计算机、移动电话和互联网，拥有全球最大的开发者专业社群。

Java 由四部分组成：Java 编程语言、Java 类文件格式、Java 虚拟机（Java Virtual Machine，JVM）和 Java 应用程序接口（Application Programming Interface，API）。Java API 为 Java 应用提供了一个独立于操作系统的标准接口，可分为基本部分和扩展部分。在硬件或操作系统平台上安装一个 Java 平台后，Java 应用程序即可运行。Java 平台已经嵌入了几乎所有的操作系统，这样 Java 程序只编译一次可在各种系统中运行。

Java 不同于一般的编译执行计算机语言和解释执行计算机语言，它首先将源代码编译成二进制字节码（byte code），然后依赖各种不同平台上的虚拟机解释执行字节码，从而实现了"一次编译，到处执行"的跨平台特性。不过，每次执行编译后的字节码都需要消耗一定的时间，这也在一定程度上降低了 Java 程序的运行效率。

（2）C 语言

C 语言是一种生命力很强的语言，从 20 世纪 70 年代初诞生到现在已经有 40 多年了。C 语言具有很多优点，比如语言简洁、紧凑；使用方便、灵活；运算符丰富；能进行位(b)操作等。

C 语言程序是由函数构成的。一个 C 源程序至少包含一个 main 函数，以及若干个其他函数。函数是 C 语言程序的基本单位，被调用的函数可以是系统提供的库函数，也可以是用户根据需要而自己编制设计的函数。

C 语言程序总是从 main 函数开始执行，不管 main 函数在整个程序中的位置。

用高级语言编写的程序称为源程序（source program）。计算机只能识别和执行由 0 与 1 组成的二进制指令，不能识别和执行用高级语言编写的指令。为了使计算机能执行高级语言源程序，必须先用一种称为编译程序的软件把源程序翻译成二进制形式的目标程序，然后将该目标程序与系统的函数库和其他目标程序连接起来，形成可执行的目标程序。具体执行过程和生成的文件如图 2-4 所示。

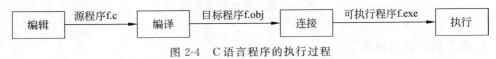

图 2-4　C 语言程序的执行过程

（3）C++ 语言

1979 年，Bjame Sgoustrup 来到 Bell 实验室开始从事将 C 改良为带类的 C（C with classes）的工作。1983 年该语言被正式命名为 C++。自从 C++ 被发明以来，它经历了 3 次重要的修订。第一次修订是在 1985 年，第二次修订是在 1990 年，而第三次修订发生在 C++ 的标准化过程中。

C++ 是 C 语言的继承，它既可以进行 C 语言的过程化程序设计，又可以进行以抽象数据类型为特点的基于对象的程序设计，还可以进行以继承和多态为特点的面向对象的程序设计。C++ 在擅长面向对象程序设计的同时，还可以进行基于过程的程序设计，因此 C++ 就适应的问题规模而论,大小由之。

（4）Python

Python 的创始人为 Guido van Rossum,1989 年圣诞节,Guido 为了打发圣诞节的无趣,决心开发一个新的脚本解释程序,作为 ABC 语言的一种继承。之所以选择 Python（大蟒蛇的意思）作为该编程语言的名字,是因为他是 Monty Python 喜剧团体的爱好者。2004 年以后,Python 的使用率呈线性增长。2011 年 1 月,Python 被 TIOBE 编程语言排行榜评为 2010 年年度语言。

Python 是一种动态的、面向对象的脚本语言,最初被用于编写自动化脚本（shell）,随着版本的不断更新和语言新功能的添加,Python 越来越多地被用于独立的大型项目的开发。

（5）C♯

C♯ 是 Microsoft 公司在 2000 年 6 月发布的一种面向对象的编程语言,主要由安德斯·海尔斯伯格（Anders Hejlsberg）主持开发,是第一个面向组件的编程语言。

C♯ 是运行于.NET Framework 之上的高级程序设计语言。C♯ 看起来与 Java 有着惊人的相似之处,它包括单一继承、接口、与 Java 几乎同样的语法和编译成中间代码再运行的过程。但是 C♯ 与 Java 又有着明显的不同,它借鉴了 Delphi 的特点,与 COM（组件对象模型）直接集成,而且它是 Microsoft 公司 .NET Windows 网络框架的主角。

（6）汇编语言

汇编语言（Assembly Language）是面向机器的程序设计语言。使用汇编语言编写的程序,机器不能直接识别,要由一种程序将汇编语言翻译成机器语言,这种起翻译作用的程序称为汇编程序,汇编程序是系统软件中的语言处理系统软件。汇编程序把汇编语言翻译成机器语言的过程称为汇编。

汇编语言的优点:

- 是面向机器的低级语言,通常是为特定的计算机或系列计算机专门设计的;
- 保持了机器语言的优点,具有直接和简捷的特点;
- 可有效地访问、控制计算机的各种硬件设备,如磁盘、存储器、CPU、I/O 端口等;
- 目标代码简短,占用内存少,执行速度快,是高效的程序设计语言;
- 经常与高级语言配合使用,应用十分广泛。

汇编语言的缺点:

- 是一种层次非常低的语言,它仅仅高于直接手工编写二进制的机器指令码;
- 编写的代码非常难懂,不易维护;
- 很容易产生 Bug,难于调试;
- 只能针对特定的体系结构和处理器进行优化;
- 开发效率很低,时间长且单调。

（7）机器语言

机器语言（machine language）是一种指令集的体系,这种指令集称为机器码（machine code）,是 CPU 可直接解读的数据。

虽然大多数的语言既可被编译（compiled）,又可被解释（interpreted）,但大多数语言只在一种情况下能够良好运行。在一些编程系统中，程序要经过几个阶段的编译，一般而言，后阶段的编译往往更接近机器语言。

指令系统是计算机硬件的语言系统，也称机器语言，它是软件和硬件的主要界面，从系统结构的角度看，它是系统程序员看到的计算机的主要属性。

4. 编译和解释

计算机不能直接接收和执行用高级语言编写的源程序，源程序在输入计算机时需要通过"翻译程序"翻译成机器语言形式的目标程序，计算机才能识别和执行。这种"翻译"通常有两种方式，即编译方式和解释方式。

编译程序将高级语言（如 C++）源程序作为输入进行翻译转换，产生机器语言的目标程序，然后再让计算机执行这个目标程序，最终得到计算结果。

解释程序将源语言（如 BASIC）编写的源程序作为输入，解释一句后就提交计算机执行一句，并不形成目标程序。但解释程序的执行速度很慢，例如若源程序中出现循环，则解释程序也会重复地解释并提交执行这一组语句，这就会造成很大的浪费。

编译程序与解释程序的最大区别在于前者生成目标代码，而后者不生成；此外，前者产生的目标代码的执行速度比解释程序的执行速度要快；后者人机交互好，适合初学者使用。

2.1.2 历年真题解析

题目 1　2018 年第 9 题（算法）

给定一个含 N 个不相同数字的数组，在最坏的情况下，找出其中最大或最小的数，至少需要 $N-1$ 次操作。则在最坏的情况下，在该数组中同时找最大与最小的数至少需要（　　）次操作（$\lceil\ \rceil$ 表示向上取整，$\lfloor\ \rfloor$ 表示向下取整）。

A. $\lceil 3N/2 \rceil - 2$ 　　　　B. $\lfloor 3N/2 \rfloor - 2$ 　　　　C. $2N-2$ 　　　　D. $2N-4$

解析：给定一个含 N 个不相同数字的数组，同时找出最大与最小的数的算法如下。

```
if(a[0]>a[1])
{
    max=a[1];
    min=a[0];
}
else
{
    max=a[0];
    min=a[1];
}
for(i=2;i<N-1;i=i+2)
{
    if(a[i]>a[i+1])
    {
        if(a[i]>max)
```

```
        max=a[i];
        If(a[i+1]<min)
            min=a[i+1];
    }
    else
    {
        if(a[i+1]>max)
            max=a[i];
        If(a[i]<min)
            min=a[i+1];
    }
}
```

假设数组为 $a[N]$，设置两个变量 max 和 min，用来存放数组中的最大值和最小值。该程序主要分为两个部分。第一部分为：比较 $a[0]$ 和 $a[1]$，如果 $a[0]<a[1]$，就将 $a[0]$ 赋给 min，将 $a[1]$ 赋给 max；否则将 $a[1]$ 赋给 min，将 $a[0]$ 赋给 max。第二部分为：每次取两个数进行比较，将比较结果中较大的数再和 max 对比，将较小的数再和 min 对比，直到结束。

设总的数据量是 N，则总的比较次数是 $3N/2-2$。

注：-2 是对第 1 次取数，只需要比较一次就可以将大的数赋给 max，将小的数赋给 min，不需要再比较后面的数了。每次取 2 个数，共需 $N/2$ 次，每次比较 3 次，共需比较 $3\times N/2$ 次。考虑到 N 可能是奇数，完成除 2 操作后可能变成小数，又因为题中表明至少需要几次操作，则可得出向上取整。

参考答案：A

题目 2　2018 年第 10 题（算法）

下面的故事与（　　　）算法有异曲同工之妙。

从前有座山，山里有座庙，庙里有个老和尚在给小和尚讲故事："从前有座山，山里有座庙，庙里有个老和尚在给小和尚讲故事：'从前有座山，山里有座庙，庙里有个老和尚在给小和尚讲故事……'"

A. 枚举　　　　　　B. 递归　　　　　　C. 贪心　　　　　　D. 分治

解析：在进行归纳推理时，如果逐个考查了某类事件的所有可能情况，因此得出一般结论，那么这个结论就是可靠的，这种归纳方法称为枚举法。枚举法利用了计算机运算速度快、精确度高的特点，因此枚举法是通过牺牲时间换取答案的全面性的。

程序调用自身的编程技巧称为递归（recursion）。递归作为一种算法在程序设计语言中被广泛应用。一个过程或函数在其定义或说明中有直接或间接调用自身的一种方法，它通常把一个大型、复杂的问题层层转化为一个与原问题相似的规模较小的问题，递归策略只需少量的程序就可以描述解题过程所需要的多次重复计算，大幅减少了程序的代码量。递归的能力在于用有限的语句定义对象的无限集合。一般来说，递归需要边界条件、递归前进段和递归返回段。当边界条件不满足时，递归前进；当边界条件满足时，递归返回。

贪心算法（又称贪婪算法）是指不从整体最优上加以考虑，它所做出的操作是在某种意义上的局部最优解。贪心算法采用从顶向下、以迭代的方法做出相继选择，每做一次贪心选择就将所求问题简化为一个规模更小的子问题。对于一个具体问题，要确定它是否具有贪心选择的性质，就必须证明每一步所做的贪心选择最终能得到问题的最优解。

　　分治算法的基本思想是将一个规模为 N 的问题分解为 K 个规模较小的子问题，对于这类问题，往往先把它分解成几个子问题，找到求出这几个子问题的解法后，再找到合适的方法，把它们组合成整个问题的解法。如果这些子问题还比较大且难以解决，可以再把它们分成几个更小的子问题，依此类推，直至可以直接求出解为止。

　　参考答案：B

题目 3　2017 年第 6 题（计算机语言）

下列不属于面向对象程序设计语言的是（　　）。

A. C　　　　　　　B. C++　　　　　　C. Java　　　　　　D. C#

解析：当前主流的面向对象程序设计语言有 Java、C++、C#、Python 等；

面向过程的程序设计语言有 C、Pascal、BASIC、FORTRAN 等；

除了面向对象和面向过程的语言，还有汇编语言。

　　参考答案：A

题目 4　2016 年第 14 题（算法）

给定含有 n 个不同的数的数组 $L=<x_1,x_2,\cdots,x_n>$。如果 L 中存在 $x_i(1<i<n)$ 使得 $x_1<x_2<\cdots<x_{i-1}<x_i>x_{i+1}\cdots>x_n$，则称 L 是单峰的，并称 x_i 是 L 的峰顶。现在已知 L 是单峰的，请把 $a-c$ 三行代码补全到算法中，使得算法正确找到 L 的峰顶。

a. Search(k+1, n)　　　　b. Search(1, k−1)　　　　c. return L[k]

Search(1, n)

① k←[n/2]

② if L[k] > L[k−1] and L[k] > L[k+1]

③ then _____

④ else if L[k] > L[k−1] and L[k] < L[k+1]

⑤ then _____

⑥ else _____

正确的填空顺序是（　　）。

A. c, a, b　　　　　B. c, b, a　　　　　C. a, b, c　　　　　D. b, a, c

解析：该题通过观察三个选项可知采用了递归调用的思想，又结合 $k=n/2$，可知程序采用二分法进行数据查找。

对于第 1 个空，如果满足 L[k] > L[k−1] and L[k] > L[k+1]，则说明 L[k]就是 L 中的最大值，则找到峰顶，此时应该返回 L[k]。

对于第 2 个空，如果满足 L[k] > L[k−1] and L[k] < L[k+1]，则说明 L[k]在 L 数据的前半段，应该向后半段进行查找，即查找 Search(k+1, n)。

对于第 3 个空，原理与第 2 个空相似，选择剩下的选项 b。

　　参考答案：A

题目 5　2015 年第 19 题（算法复杂度）

设某算法的计算时间表示为递推关系式 $T(n)=T(n-1)+n$（n 为正整数）及 $T(0)=1$，则该算法的时间复杂度为（　　）。

A. $O(\log n)$　　　　　B. $O(n\log n)$　　　　　C. $O(n)$　　　　　D. $O(n^2)$

解析：该递推关系式可以逐层展开为下式。

```
T(n) = T(n-1) + n
     = T(n-2) + (n-1) + n
     = T(n-3) + (n-2) + (n-1) + n
     ...
     = T(0) + 1 + 2 + ... + (n-2) + (n-1) + n
     = 1 + 1 + 2 + ... + (n-2) + (n-1) + n
     = 1 + (n+1) × n/2
```

所以时间复杂度为 $O(n^2)$。

参考答案：D

题目 6　2014 年第 1 题（计算机语言）

以下面向对象的高级语言是（　　）。

A. 汇编语言　　　　B. C++　　　　　　C. FORTRAN　　　D. BASIC

解析：汇编语言（Assembly Language）是一种用于电子计算机、微处理器、微控制器或其他可编程器件的低级语言，也称符号语言。

Fortran（Formula Translation）是一种面向过程的编程语言。

BASIC（Beginner's All-purpose Symbolic Instruction Code）是一种直译式程序设计语言。

参考答案：B

题目 7　2013 年第 15 题（算法）

下面是根据欧几里得算法编写的函数，它所计算的是 a 和 b 的（　　）。

```
int euclid(int a, int b)
{
    if (b == 0)
        return a;
    else
        return euclid(b, a % b);
}
```

A. 最大公共质因子　　B. 最小公共质因子　　C. 最大公约数　　D. 最小公倍数

解析：欧几里得算法是用来求解两个正整数最大公约数的算法，由古希腊数学家欧几里得在其著作 *The Elements* 中最早描述了这种算法，所以被命名为欧几里得算法。定理：两个整数的最大公约数等于其中较小的那个数和两数相除余数的最大公约数。最大公约数（Greatest Common Divisor）的缩写为 GCD。

参考答案：C

题目 8　2012 年第 15 题（算法）

（　　）就是把一个复杂的问题分成两个或更多的类似的子问题,再把子问题分解成更小的子问题,直到最后的子问题可以简单地直接求解,而原问题的解就是子问题解的并集。

A. 动态规划　　　　B. 贪心　　　　　　C. 分治　　　　　D. 搜索

解析:动态规划程序设计是求解最优化问题的一种途径和方法,不是一种特殊算法。不像搜索或数值计算那样具有一个标准的数学表达式和明确清晰的解题方法。动态规划程序设计往往是针对一种最优化问题,由于各种问题的性质不同,确定最优解的条件也互不相同,因此动态规划的设计方法对不同的问题有各具特色的解题方法,而不存在一种万能的动态规划算法可以解决各类最优化问题。

贪心算法(又称贪婪算法)是指不从整体最优上加以考虑,它所做出的操作是在某种意义上的局部最优解。贪心算法采用从顶向下、以迭代的方法做出相继选择,每做一次贪心选择就将所求问题简化为一个规模更小的子问题。对于一个具体问题,要确定它是否具有贪心选择的性质,就必须证明每一步所做的贪心选择最终能得到问题的最优解。

分治算法的基本思想是将一个规模为 N 的问题分解为 K 个规模较小的子问题,对于这类问题,往往先把它分解成几个子问题,找到求解这几个子问题的解法后,再找到合适的方法,把它们组合成整个问题的解法。如果这些子问题还比较大且难以解决,可以再把它们分成几个更小的子问题,依此类推,直至可以直接求出解为止。

搜索算法是利用计算机的高性能有目的地穷举一个问题解空间的部分或所有的可能情况,从而求出问题的解的一种方法。在大规模实验环境中,通常通过在搜索前根据条件降低搜索规模;根据问题的约束条件进行剪枝;利用搜索过程中的中间解,避免重复计算这几种方法进行优化。

参考答案:C

题目 9　2012 年第 18 题（算法）

在程序运行过程中,如果递归调用的层数过多,会因为(　　)引发错误。

A. 系统分配的栈空间溢出　　　　　　　B. 系统分配的堆空间溢出
C. 系统分配的队列空间溢出　　　　　　D. 系统分配的链表空间溢出

解析:在程序运行过程中,递归调用的内部执行过程如下:

① 运动开始时,首先为递归调用建立一个工作栈,其结构包括值参、局部变量和返回地址;

② 每次执行递归调用之前,把递归函数的值参和局部变量的当前值以及调用后的返回地址压栈;

③ 每次递归调用结束后,将栈顶元素出栈,使相应的值参和局部变量恢复为调用前的值,然后转向返回地址指定的位置继续执行。

如果递归调用的层数过多,则会因为系统分配的栈空间溢出引发错误。

参考答案:A

题目 10　2011 年第 12 题（算法）

在使用高级语言编写程序时,一般提到的"空间复杂度"中的"空间"是指(　　)。

A. 程序运行时理论上所占的内存空间

B. 程序运行时理论上所占的数组空间

C. 程序运行时理论上所占的硬盘空间

D. 程序源文件理论上所占的硬盘空间

解析：算法的复杂度主要包括算法的时间复杂度和算法的空间复杂度。算法的时间复杂度是指执行算法所需要的计算工作量；算法的空间复杂度是指执行算法所需要的内存空间。

参考答案：A

题目 11　2011 年第 13 题（时间复杂度）

在含有 n 个元素的双向链表中查询是否存在关键字为 k 的元素，最快情况下运行的时间复杂度是（　　）。

A. $O(1)$　　　　　　B. $O(\log n)$　　　　　　C. $O(n)$　　　　　　D. $O(n\log n)$

解析：对于链表查询，时间复杂度一般认为是 $O(n)$，因为其查询必须从一个节点链接到另一个节点逐个查询。不论是单向链表还是双向链表，遍历的原理都是一样的。

参考答案：C

题目 12　2011 年第 16 题（计算机语言）

关于汇编语言，下列说法错误的是（　　）

A. 是一种与具体硬件相关的程序设计语言

B. 在编写复杂程序时，相对于高级语言而言代码量较大，且不易调试

C. 可以直接访问寄存器、内存单元以及 I/O 端口

D. 随着高级语言的诞生，如今已完全被淘汰，不再使用

解析：现在的机器还达不到没有编译器就直接执行高级语言的本领，语言发展主要提高了抽象层次和开发效率，并不是为了消灭这些底层的语言，所以汇编语言肯定还会大有用途的，不会被淘汰。

参考答案：D

题目 13　2011 年第 17 题（算法）

（　　）是一种选优搜索法，按选优条件向前搜索以达到目标。当搜索到某一步时，若发现原先选择并不优或达不到目标，就退回一步重新选择。

A. 回溯法　　　　　　B. 枚举法　　　　　　C. 动态规划　　　　　　D. 贪心算法

解析：回溯法（探索与回溯法）是一种选优搜索法，又称试探法，按选优条件向前搜索以达到目标。但当探索到某一步时，若发现原先选择并不优或达不到目标，就退回一步重新选择，这种走不通就退回再走的技术称为回溯法，而满足回溯条件的某个状态的点称为回溯点。

在进行归纳推理时，如果逐个考查了某类事件的所有可能情况，因此得出一般结论，那么这个结论就是可靠的，这种归纳方法称为枚举法。枚举法利用了计算机运算速度快、精确度高的特点，因此枚举法是通过牺牲时间换取答案的全面性的。

关于动态规划和贪心算法请参考题目 2。

参考答案：A

题目 14　2010 年第 8 题（计算机语言）

Pascal 语言、C 语言和 C++ 语言都属于（　　）。

A. 面向对象语言　　　B. 脚本语言　　　　　C. 解释性语言　　　　D. 编译性语言

解析：Pascal 语言是一种结构式程序设计语言，最初是为系统地教授程序设计而发明的，其语法严谨，特点是简明化和结构化，适合教学、科学计算等。

C 语言是国际上应用最广泛的计算机中级语言，具有语言简洁紧凑、使用方便灵活及运算符丰富等特点，其语法限制不严格，程序设计自由度大，程序可移植性好。

C++ 是 C 语言的继承，它既可以进行 C 语言的过程化程序设计，又可以进行以抽象数据类型为特点的基于对象的程序设计，还可以进行以继承和多态为特点的面向对象的程序设计。

参考答案：D

题目 15　2009 年第 9 题（计算机语言）

关于程序设计语言，下面正确的说法是（　　）。

A. 加了注释的程序一般会比同样的没有加注释的程序的运行速度慢

B. 高级语言开发的程序不能使用在低层次的硬件系统如自控机床或低端手机上

C. 高级语言相对于低级语言更容易实现跨平台的移植

D. 以上说法都不对

解析：高级语言是从人类的逻辑思维角度出发的计算机语言，抽象程度大大提高，需要编译成特定机器上的目标代码才能执行，一条高级语言的语句往往需要若干条机器指令完成。高级语言独立于机器的特性是通过编译器为不同机器生成不同的目标代码（或机器指令）实现的。

选项 A，注释会在编译的时候被忽视的，不影响程序的运行速度。

选项 B，高级语言可以使用底层硬件，编译后生成目标代码，可以在硬件系统上执行。

参考答案：C

2.1.3　知识点巩固

从历年考点角度分析，本章的考点主要分为算法、计算机语言、时间复杂度 3 个考点。具体的考点分值统计如表 2-3 所示。

表 2-3　历年知识点出现次数统计表

知识点	算法	计算机语言	时间复杂度
出现个数	9	5	1
本节占比	60%	33.33%	6.67%

从历年考点的分值可以看出算法考点分值最高，占本章分值的一大半。其次又以计算机语言考点出现的次数最多。算法和计算机语言这两个考点有时会间隔出现。2012 年以后，时间复杂度考点没有再出过题目。

根据以上考点，本书提供几道练习题供大家复习巩固。

1. 在下列程序设计语言中,(　　　)称为通用的脚本语言。(计算机语言)

　　A. Visual Basic　　　　B. Python　　　　　C. Java　　　　　　　D. C#

2. 将 23 块饼干分给甲、乙、丙、丁 4 个孩子,每个孩子最多可得到的饼干数依次为 9、8、7、6 个,找出所有不同分法的算法是采用列举方式,列举每个孩子所有可能得到的饼干数,对 4 人所得饼干数总和是否为 23 进行判断,找出符合要求的各种分法,此算法属于(　　　)。(算法)

　　A. 解析算法　　　　　B. 枚举算法　　　　C. 速归算法　　　　　D. 排序算法

2.2　C++ 语言基础

2.2.1　基本知识介绍

1. 常量与变量

(1) 常量

在程序运行期间值不能被改变的量称为常量。

常量的类型如表 2-4 所示。

表 2-4　常量类型表

类　型	示例 1	示例 2	定　义　方　式
数值型常量	100	3.1415926	const int pi＝3.14159;
字符型常量	'a'	"string"	const char cha＝'a';
符号常量	max	pi	#define pi 3.14159

(2) 变量

在程序运行期间值可以发生改变的量称为变量。

变量的命名规则:C++ 规定标识符只能由字母、数字和下画线组成,且只能由字母和下画线开头,大小写敏感。不能使用关键字和保留字对变量进行命名。

2. 运算符

(1) 算术运算符

符号	＋	－	*	/	％	＋＋	－－
含义	加	减	乘	除	整除求余	自加	自减

注:i＋＋为先使用后运算,＋＋i 为先运算后使用。

(2) 关系运算符

符号	＞	＜	＝＝	＞＝	＜＝	!＝
含义	大于	小于	等于	大于或等于	小于或等于	不等于

（3）逻辑运算符

符号	&&.	||	!
含义	逻辑与	逻辑或	逻辑非
运算规则	运算符前后都为真 结果才为真	运算符前后有一为真, 结果就为真	真的非为假,假的非为真

（4）位运算符

符号	<<	>>	&	|	^	~
含义	按位左移	按位右移	按位与	按位或	按位异或	按位取反

（5）赋值运算符（＝）

意义：将赋值运算符右边的值（包含表达式最后的运算结果）赋值给赋值运算符左边的变量。

```
A=1;
```

赋值操作的右结合性：被赋值的每个操作数都具有相同的数据类型,那么 C++ 允许将多个赋值操作写在一个表达式中。

```
a=b=c=1;
```

赋值操作具有低优先级。

（6）条件运算符（?:）

语句形式：

条件语句?语句 1:语句 2

当条件语句为真时,执行语句 1 并返回最终值,当条件语句为假时,执行语句 2 并返回最终值。

（7）复合赋值运算符

符号	+=	-=	*=	/=	%=
含义	加法赋值	减法赋值	乘法赋值	除法赋值	模运算赋值
符号	<<=	>>=	&=	^=	|=
含义	左移赋值	右移赋值	位逻辑与赋值	位逻辑或赋值	位逻辑异或赋值

使用复合赋值操作时,左操作数只计算了一次;而使用相似的长表达式时,该操作数则计算了两次,第一次作为右操作数,第二次作为左操作数。

```
a +=1;          //直接对 a 的内存中的值+1
a =a+1;         //先取出 a 中的值,然后+1,最后把得出的值放回
```

（8）其他运算符

逗号运算符：,

指针运算符：*

引用运算符和取地址运算符：&

求字节数运算符：sizeof

强制类型转换运算符：(类型)或 类型()

成员运算符：.

域运算符：::

指向成员的运算符：->

下标运算符：[ ]

函数运算符：( )

3. 程序和语句

常用的控制语句如下。

- if(){…}else{…}(判断语句)。
- for(){…}(循环语句)。
- while(){…}(循环语句)。
- do{…}while(循环语句)。
- continue;(结束本次循环语句)。
- break(中止语句,中止 switch 或循环语句)。
- switch(多分支选择语句)。
- goto(转向语句)。
- return(从函数返回语句)。

2.2.2 历年真题解析

题目 1 2018 年第 14 题(程序)

为了统计一个非负整数的二进制形式中 1 的个数,代码如下:

```
int CountBit(int x)
{
    int ret = 0;
    while(x)
    {
        ret++;
        _____;
    }
    return ret;
}
```

则空格内要填入的语句是(　　)

A. x>>=1

B. x&=x-1

C. x|=x>>1

D. x<<=1

解析:判断该题的典型方法就是案例法,即设 x=9,返回的 ret 值应该是 2,依次计算出选项 A、B 的值分别是 4、2,选项 C 和 D 是干扰项,无意义。

仍以 x＝9 为例，分析程序的执行过程。

步骤	ret	x(二进制)	x－1	x&＝x－1
1	1	1001	1000	1000
2	2	1000	0111	0

从以上步骤可以看出，统计 1 的个数有两种情况，一种情况是 x 的尾部为 1，则 x－1 只将尾部的值由 1 变为 0；另一种情况是尾部为 0，此时 x－1 需要借位，所以使得 x 右边的第一个 1 发生了变化。这两种情况都可以通过 x&＝x－1 操作统计 1 的个数。

参考答案：B

题目 2　2016 年第 12 题（运算符）

若有如下程序段，其中 s、a、b、c 均已定义为整型变量，且 a、c 均已赋值（c＞0）。

```
s =a;
for (b =1; b <=c; b++)
s =s +1;
```

则与上述程序段修改 s 值的功能等价的赋值语句是（　　）。

　　A. s＝a+b;　　　　B. s＝a+c;　　　　C. s＝s+c;　　　　D. s＝b+c;

解析：a 是常量值，作为 s 的初值，每次循环加 1，共加了 c 次，得 s＝a+c。选项 C 具有迷惑性，因为开始赋值了 s＝a；但是 s＝s+c 是不对的，因为 s 是个变量，假设初始值等于 a，经过循环后就不再是 a 了，此时的 s＝s+c 就不等于 a+c 了。

参考答案：B

题目 3　2016 年第 13 题（程序）

有以下程序：

```cpp
#include <iostream>
using namespace std;
int main() {
    int k =4, n =0;
    while (n <k) {
        n++;
    if (n %3 !=0)
        continue;
    k--;
    }
    cout <<k <<", " <<n <<endl;
    return 0;
}
```

程序运行后的输出结果是（　　）。

　　A. 2,2　　　　　　B. 2,3　　　　　　C. 3,2　　　　　　D. 3,3

解析：该程序使用"模拟法"，具体分析如下：

```
            k   n
            4   0
                1
                2
            3   3
```

参考答案：D

题目 4　2014 年第 13 题（程序）

要求以下程序的功能是计算：$s=1+1/2+1/3+\cdots+1/10$。

```cpp
#include <iostream>
using namespace std;
int main() {
    int n;
    float s;
    s = 1.0;
    for (n = 10; n > 1; n--)
    s = s + 1 / n;
    cout << s << endl;
    return 0;
}
```

程序运行后输出结果错误,导致错误结果的程序行是(　　)。

A. s=1.0;

B. for(n=10;n>1;n--)

C. s=s+1/n;

D. cout<<s<<endl;

解析：该题主要考查程序设计中的除法运算,如果除法运算的两个数都是整数,则默认为整除运算,该题选项 C 中 1/n 的计算结果按整除运算的话,则一直为 0,所以应将其改为 s＝s＋1.0/n,将其一个操作数变成浮点数,则除法运算就变成了浮点除法。

参考答案：C

题目 5　2014 年第 14 题（运算符）

设变量 x 为 float 型且已赋值,则以下语句中能将 x 中的数值保留到小数点后两位,并将第 3 位四舍五入的是(　　)。

A. x = (x * 100) +0.5 / 100.0;

B. x = (x * 100 +0.5) / 100.0;

C. x = (int) (x * 100 +0.5) / 100.0;

D. x = (x / 100 +0.5) * 100.0;

解析：选项 A 中乘以 100 后没有除 100,值放大了 100 倍,无论怎样舍也不会变回去;

选项 B 中并不能保留小数点后面两位,但是可以将小数点第 3 位四舍五入;

选项 C 和 B 的差别就在于强制转换类型 i,(int)(x＊100＋0.5) 把 float 型数据(x＊100＋0.5)强转成 int,x＊100 的目的是将小数点后两位变为整数,加 0.5 就是为了四舍五入,因为强制转换的时候会将小数部分去掉,如果原来大于 0.5,那么就会进 1,整数部分就会加 1,然后再除以 100.0,小数点后两位变回四舍五入后的值。

选项 D 中 x/100＋0.5 不能实现第 3 个小数四舍五入的功能。

参考答案：C

题目 6　2014 年第 15 题（程序）

有以下程序：

```
#include <iostream>
using namespace std;
int main() {
    int s, a, n; s =0; a =1;
    cin >>n;
    do {
        s +=1;
        a -=2;
    } while (a !=n);
    cout <<s <<endl;
    return 0;
}
```

若要使程序的输出值为 2,则应该从键盘为 n 输入的值是(　　)。

A. －1　　　　　　　B. －3　　　　　　　C. －5　　　　　　　D. 0

解析：本题较为简单,根据题意 s＝2,得 do…while 将执行两次,执行两次后 a＝－3;且当 a＝n 时将跳出循环,得出 n＝－3。

参考答案：B

题目 7　2014 年第 19 题（运算符）

若有如下程序段,其中 s、a、b、c 均已定义为整型变量,且 a、c 均已赋值,c＞0。

```
s =a;
for (b =1; b <=c; b++)
    s +=1;
```

则与上述程序段功能等价的赋值语句是(　　)。

A. s＝a＋b　　　　　B. s＝a＋c　　　　　C. s＝s＋c　　　　　D. s＝b＋c

解析：同 2016 年第 12 题。

参考答案：B

题目 8　2013 年第 1 题（运算符）

一个 32 位整型变量占用(　　)字节。

A. 4　　　　　　　　B. 8　　　　　　　　C. 32　　　　　　　D. 128

解析：1 字节为 8 位,所以应是 4 字节,故选 A。

参考答案：A

题目 9　2013 年第 19 题（语句）

下列程序中,正确计算 1,2,…,100 这 100 个自然数之和 sum(初始值为 0)的是(　　)。

A.	i = 1;
	do {
	　　sum += i;
	　　i++;
	} while (i <= 100);
		B.	i = 1;
			do {
			　　sum += i;
			　　i++;
			} while (i > 100);

C.	i = 1;
	while (i < 100) {
	　　sum += i;
	　　i++;
	}
		D.	i = 1;
			while (i >= 100) {
			　　sum += i;
			　　i++;
			}

解析：选项 B 和选项 D 的错误都在于 while 中的条件语句，while 中满足条件为 1 时执行，为 0 则跳出循环，而选项 B 和选项 D 在第一次执行时就已经不满足条件了，所以跳出循环，无法执行题中的要求。选项 C 只能执行到 99，当 i＝100 时不符合 while 条件，将跳出循环。

参考答案：A

2.2.3　知识点巩固

从历年考点角度分析，本章的考点主要分为程序、运算符和语句 3 个考点，具体的考点分值统计如表 2-5 所示。

表 2-5　历年知识点出现次数统计表

知识点	程序	运算符	语句
出现个数	4	4	1
本节占比	44.44%	44.44%	11.11%

从历年考点的分值可以看出，程序和运算符考点出现的次数较多。2014 年后，语句考点没有再出过题目。

根据以上考点，本书提供几道练习题供大家复习巩固。

1. 若 a 被定义为整型变量，下列（　　）操作与 a/2 的操作功能相同。（运算符）

　　A. a％2　　　　　　　　　　　　　　　B. a＞＞1

　　C. a&＝1　　　　　　　　　　　　　　D. a|＝2

2. 设有定义"int x＝2；"，下列表达式中值不为 6 的是（　　）。（运算符）

　　A. x * ＝x＋1　　　　　　　　　　　　B. x＋＋，2 * x

　　C. x * ＝(1＋x)　　　　　　　　　　　D. 2 * x，x＋＝2

3. 下列程序中，计算 1,3,5,7,…,99 的和，结果存放在 sum 变量中，不能得出正确结果的是（　　）。（语句）

A. `int sum=0;`
   `for(int i=1;i<=99;i=i+2)`
   　`sum+=i;`

B. `int sum=0,i=1;`
   `do{`
   　`sum+=i;`
   　`i=i+2;`
   `}while(i<=99);`

C. `int sum=0,i=1,n=50;`
   `sum=(i+(2*n-1))*n/2;`

D. `int sum=0,i=1;`
   `while(i>=99){`
   　`sum+=i;`
   　`i=i+2;`
   `}`

4. 判断某一年份是否为闰年的表达式是（　　）。（语句）

　A. `year%4==0 || year%100!=0 && year%400==0`
　B. `year%4==0 && year%100!=0 || year%400==0`
　C. `year%400==0 && year%100!=0|| year%4==0`
　D. `year%100!=0 || year%400==0 && year%4==0`

5. 有下列程序：

```cpp
#include <iostream>
using namespace std;
int main()
{
    int x;
    cin>>x;
    if(x<=3);
    else
    if(x!=8)
        cout<<x;
}
```

程序运行时，输入的值在（　　）范围才会有输出结果。（语句）

　A. 不等于 10 的整数
　B. 大于 3 且不等 10 的整数
　C. 大于 3 或等于 10 的整数
　D. 小于 3 的整数

6. 有下列程序：

```cpp
#include <iostream>
using namespace std;
int main()
{
    int a=1,b=2,c=3,d=0;
    if(a==1&&b++==2)
        if(b!=2||c--!=3)
```

```
                cout<<a<<b<<c;
        else
                cout<<a<<b<<c;
    else
        cout<<a<<b<<c;
    return 0;
}
```

程序运行后的输出结果是(　　　)。(语句)

    A. 123　　　　　　　　B. 132　　　　　　　　C. 133　　　　　　　　D. 321

第 3 章　基本数据结构

数据结构是指相互之间存在一种或多种特定关系的数据元素集合,是带有结构的数据元素的集合,它指数据元素之间的相互关系,即数据的组织形式。根据数据元素间关系的不同特性,通常有下列 4 类基本的数据结构。

- 集合结构。结构中的数据元素间除了同属于一个集合的关系外,无任何其他关系。
- 线性结构。结构中的数据元素间存在着一对一的线性关系。
- 树状结构。结构中的数据元素间存在着一对多的层次关系。
- 图状结构或网状结构。结构中的数据元素间存在着多对多的任意关系。

数据结构的形式定义为:数据结构是一个二元组 Data_Structure＝(D,R),其中 D 是数据元素的有限集,R 是 D 上关系的有限集。

上述数据结构定义的是对操作对象的一种数学描述,结构中定义的"关系"描述的是数据元素之间的逻辑关系,因此称为数据的逻辑结构。存储结构(又称物理结构)是逻辑结构在计算机中的存储映像,是逻辑结构在计算机中的实现,它包括数据元素的表示和关系的表示。逻辑结构与存储结构的关系为:存储结构是逻辑关系的映像与元素本身映像。逻辑结构是抽象,存储结构是实现,两者综合起来建立了数据元素之间的结构关系。

数据元素之间的关系在计算机中有两种不同的表示方法:顺序存储结构和链式存储结构。

在过去的 10 年中,该部分考试的分值如表 3-1 所示。

表 3-1　2009—2018 年基本数据结构知识考试题目统计表

年份	2009	2010	2011	2012	2013	2014	2015	2016	2017	2018
分值	10.5	12	7.5	6	10.5	9.5	14	11	7.5	8

分值的历史趋势变化如图 3-1 所示。

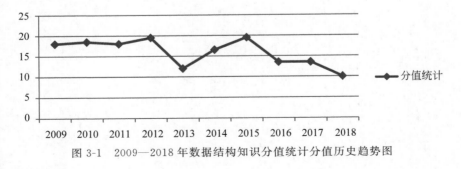

图 3-1　2009—2018 年数据结构知识分值统计分值历史趋势图

从该图可以看出,该部分的考试分值近年来略有下降,一般考查 3～5 道题,分值为 7～8 分。但该部分的内容相对比较简单,知识点变化不大,所以容易得分。

3.1　线　性　表

3.1.1　基本知识介绍

线性表(Linear List)是由 $n(n \geqslant 0)$ 个类型相同的数据元素 $a_1, a_2, \cdots, a_n$ 组成的有限序列,记为 $(a_1, a_2, \cdots a_{i-1}, a_i, a_{i+1}, \cdots, a_n)$。这里的数据元素 $a_i(1 \leqslant i \leqslant n)$ 只是一个抽象的符号,其具体含义在不同情况下也不同,它既可以是原子类型,也可以是结构类型,但同一线性表中的数据元素必须属于同一数据对象。此外,线性表中相邻数据元素之间存在着序偶关系,即对于非空的线性表,表中 a_{i-1} 领先于 a_i,称 a_{i-1} 是 a_i 的直接前驱,而称 a_i 是 a_{i-1} 的直接后继。除了第一个元素 a_1 外,每个元素 a_i 有且仅有一个被称为其直接前驱的节点 a_{i-1},除了最后一个元素 a_n 外,每个元素 a_i 有且仅有一个被称为其直接后继的节点 a_{i+1}。线性表中元素的个数 n 被定义为线性表的长度,$n=0$ 时称为空表。

线性表的特点可概括如下。

- 同一性:线性表由同类数据元素组成,每一个 a_i 必须属于同一数据对象。
- 有穷性:线性表由有限个数据元素组成,表长度就是表中数据元素的个数。
- 有序性:线性表中相邻数据元素之间存在着序偶关系 $<a_i, a_{i+1}>$。

由此可以看出,线性表是一种最简单的数据结构,因为数据元素之间是由"一前驱一后继"的直观有序的关系确定的;线性表也是一种最常见的数据结构,因为矩阵、数组、字符串、栈、队列等都符合线性条件。

线性表根据数据存储的不同分为顺序表和链表。

顺序表指用一组地址连续的存储单元依次存储线性表的数据元素,称为线性表的顺序存储结构或顺序映像(sequential mapping),它以"物理位置相邻"表示线性表中数据元素之间的逻辑关系,可随机存取表中任一元素。图 3-2 表示一个具体的顺序表的例子。

图 3-2　顺序表的例子

在使用链表结构表示数据元素 a_i 时,除了存储 a_i 本身的信息之外,还需要一个存储指示其后继元素的存储位置,这两个部分组成了 a_i 的存储映像,通常称为节点(node)。

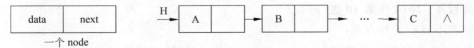

图 3-3　链表的例子

其中，data 域为数据域，用来存储节点的值；next 域为指针域，用来存储节点的直接后继的存储地址（位置）。n 个节点组成一个链表，即线性表$(a_1, a_2, \cdots, a_n)$的链式存储结构，其抽象表示如图 3-3 所示。

3.1.2　历年真题解析

题目 1　2016 年第 10 题（顺序表）

以下关于字符串的判定语句中正确的是（　　）。

A. 字符串是一种特殊的线性表　　　　　B. 串的长度必须大于零

C. 字符串不可以用数组表示　　　　　　D. 空格字符组成的串就是空串

解析：字符串（String）是由数字、字母、下画线组成的一串字符。一般记为 s＝a1，a2，…an(n＞＝0)，它是编程语言中表示文本的数据类型。在程序设计中，字符串（string）为符号或数值的一个连续序列。

本题考查字符串的特点，首先字符串是一种特殊的线性表，串的长度可以为 0，既可以用数组存储，也可以用链表存储。空串是没有任何字符的串，与空格字符组成的串有本质的区别。

参考答案：A

题目 2　2015 年第 13 题（链表）

链表不具备的特点是（　　）。

A. 可随机访问任何一个元素

B. 插入、删除操作不需要移动元素

C. 无须事先估计存储空间的大小

D. 所需存储空间与存储元素个数呈正比

解析：链表中的元素在内存中不是顺序存储的，而是通过存在元素中的指针联系到一起的。如果要访问链表中一个元素，则需要从第一个元素开始，一直找到需要的元素位置。但是增加和删除一个元素对于链表数据结构就非常简单了，只要修改元素中的指针就可以了。如果应用需要经常插入和删除元素，则利用链表的效率非常高。

本题中 A 是数组的特点，不是链表的特点，其他选项都是链表的特点。

参考答案：A

题目 3　2015 年第 14 题（链表）

线性表若采用链表存储结构，则要求内存中可用存储单元地址（　　）。

A. 必须连续　　　　　　　　　　　　　B. 部分地址必须连续

C. 一定不连续　　　　　　　　　　　　D. 连续不连续均可

解析：链表利用指针域确定下一个元素的位置，所以存储单元地址连续不连续均可。

参考答案：D

题目 4　2014 年第 10 题（链表）

链表不具有的特点是（　　）。

A. 不必事先估计存储空间　　　　　　　B. 可随机访问任一元素

C. 插入和删除不需要移动元素　　　　　D. 所需空间与线性表长度呈正比

解析：参考题目 1 的解析。

参考答案：B

题目 5　2013 年第 5 题（哈希表）

将(2,6,10,17)分别存储到某个地址区间为 0~10 的哈希表中,如果哈希函数 $h(x)=$
(　　),将不会产生冲突,其中 $a \bmod b$ 表示 a 除以 b 的余数。

A. $x \bmod 11$

B. $x^2 \bmod 11$

C. $2x \bmod 11$

D. $\lfloor \sqrt{2} \rfloor \bmod 11$,其中 $\lfloor \sqrt{2} \rfloor$ 表示 $\sqrt{x}$ 向下取整

解析：哈希表是根据关键码值(Key value)而直接进行访问的,它通过把关键码值映射到表中的一个位置访问记录,以加快查找的速度,这个映射函数称为哈希函数。

本题中,利用哈希函数 $h(x)$ 取得哈希地址,各选项计算的答案分别如下。

A. (2,6,10,6)有冲突,其中 $17 \bmod 11 = 6$

B. (4,3,1,3)有冲突,其中 $17^2 \bmod 11 = 3$

C. (4,1,9,1)有冲突,其中 $2 \times 17 \bmod 11 = 1$

D. (1,2,3,4)无冲突,其中 $\lfloor \sqrt{17} \rfloor \bmod 11 = 4$

参考答案：D

题目 6　2010 年第 16 题（链表）

双向链表中有两个指针域 llink 和 rlink,分别指向该节点的前驱及后继。设 p 指向链表中的一个节点,它的左右节点均非空。现要求删除节点 p,则下面语句序列中错误的是(　　)。

A. p->rlink->llink=p->rlink;

　　p->llink->rlink=p->llink; delete p;

B. p->llink->rlink=p->rlink;

　　p->rlink->llink=p->llink; delete p;

C. p->rlink->llink=p->llink;

　　p->rlink->llink->rlink=p->rlink; delete p;

D. p->llink->rlink=p->rlink;

　　p->llink->rlink->llink=p->llink; delete p;

解析：本题双向链表的示意图如图 3-4 所示。

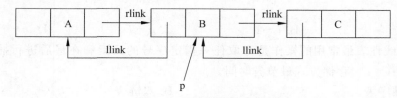

图 3-4　双向链表示意图

根据双向链表示意图,将各选项模拟一遍可以发现选项 A 不能实现,其他选项都能

够实现。

参考答案：A

题目 7　2009 年第 16 题（顺序表）

有一个由 4000 个整数构成的顺序表，假设表中的元素已经按升序排列，若采用二分查找法定位一个元素，则最多需要（　　）比较就能确定是否存在所要查找的元素。

　　A. 11 次　　　　　　　　B. 12 次　　　　　　　　C. 13 次　　　　　　　　D. 14 次

解析：二分查找也称折半查找（Binary Search），每次查找都去除一半数据，是一种高效的查找方法，但该算法有两个先决条件：①必须采用顺序存储结构；②必须按关键字大小有序排列。

二分查找每次将表中间位置记录的关键字与查找关键字比较，如果两者相等，则查找成功；否则利用中间位置记录将表分成前、后两个子表，如果中间位置记录的关键字大于查找关键字，则进一步查找前一子表，否则进一步查找后一子表。重复以上过程，直到找到满足条件的记录使查找成功或子表不存在为止，此时查找不成功。

二分查找的最大比较次数是 $\log_2(n)$ 取整数，该题即 $\log_2(400)=12$。

参考答案：B

3.1.3　知识点巩固

从历年考点角度分析，本节的考点主要分为顺序表、链表、哈希表三个知识点。具体的出题数目如表 3-2 所示。

表 3-2　历年知识点出现次数统计表

知识点	顺序表	链表	哈希表
出现个数	2	4	1
本节占比	28.57%	57.14%	14.29%

从历年知识点的出现次数可以看出，链表知识点所占分值最高，一方面是因为链表知识点有一定难度，所考知识点较多；另一方面是因为链表知识点在程序设计题目中出现的次数较少。其他两个知识点的考查比较随机。

根据以上知识点，本书提供几道习题供大家复习巩固。

1. 在一个长度为 n 的顺序表中删除第 i 个元素（$1 \leqslant i \leqslant n$）时，需要向前移动（　　）个元素。

　　A. n　　　　　　　　B. $i-1$　　　　　　　　C. $n-i$　　　　　　　　D. $n-i+1$

2. 若某线性表最常用的操作是存取任一指定序号的元素和在最后进行插入与删除运算，则利用（　　）存储方式最节省时间。

　　A. 顺序表　　　　　　　　　　　　　　B. 双链表

　　C. 带头节点的双循环链表　　　　　　　D. 单循环链表

3. 设线性表中一共有 $2n$ 个元素，则下列（　　）选项的操作适合用链表存储。

　　A. 删除所有值为 x 的元素

　　B. 在最后一个元素的后面插入一个新元素

　　C. 顺序输出前 k 个元素

　　D. 交换第 i 个元素和第 $2n-i-1$ 个元素的值（$i=0,1,\cdots,n-1$）

4. 在双链表中向 p 所指的节点之前插入一个节点 q 的操作为（　　）。

　　A. p->prior=q;q->next=p;p->prior->next=q;q->prior=p->prior;

　　B. q->prior=p->prior;p->prior->next=q;q->next=p;p->prior=q->next;

　　C. q->next=p;p->next=q;q->prior->next=p;q->next=p;

　　D. p->prior->next=q;q->next=p;q->prior=p->prior;p->prior=q;

5. 以下数据结构中,（　　）平均获取任意一个指定数据的速度最快。

　　A. 二叉排序树　　　　　B. 队列　　　　　　　C. 栈　　　　　　　D. 哈希表

6. 对于线性表(7,34,55,25,64,46,19,10)进行散列存储时,使用 H(K)=（　　）作为散列函数最合适。

　　A. K%9　　　　　　　B. K%10　　　　　　C. K%11　　　　　　D. K%12

3.2　栈 和 队 列

3.2.1　基本知识介绍

　　栈(Stack)是限定在表的一端进行插入和删除运算的线性表,通常将插入、删除的一端称为栈顶(top),将另一端称为栈底(bottom)。不含元素的空表称为空栈。

　　假设栈 $S=(a_1,a_2,\cdots,a_n)$,若栈中元素按 $a_1,a_2,\cdots,a_n$ 的次序进栈,其中 a_1 为栈底元素,a_n 为栈顶元素,而退栈的次序却是 $a_n,a_{n-1},\cdots,$ a_1。也就是说,栈的修改是按后进先出的原则进行的。因此,栈又称后进先出(Last In First Out)的线性表,简称 LIFO 表,如图 3-5 所示。栈在现实生活中也有很多例子,比如作业的批改和发放就是入栈与出栈的操作。

图 3-5　栈示意图

　　队列(Queue)也是一种受限的线性表,它只允许在表的一端进行元素的插入,而在另一端进行元素的删除。允许插入的一端称为队尾(rear),允许删除的一端称为队头(front)。

　　在队列中,通常把元素的插入称为入队,把元素的删除称为出队。队列概念与现实生活中的排队相似,新来的成员总是排在队尾,排在队列最前面的成员总是最先离开队列,即先进先出,因此又称队列为先进先出(First In First Out, FIFO)表。

　　假设队列 $q=(a_1,a_2,\cdots,a_n)$,在空队列情况下,依次加入元素 $a_1,a_2,\cdots,a_n$ 之后,a_1 就是队头元素,a_n 则是队尾元素。退出队列也是按此顺序进行的,也就是说,只有在 $a_1,a_2,\cdots,$ a_{n-1} 都出队之后,a_n 才能出队。队列的示意图如图 3-6 所示。

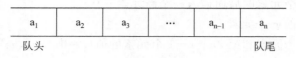

队头   队尾

图 3-6 队列示意图

3.2.2 历年真题解析

题目 1 2018 年第 15 题（栈）

下图所使用的数据结构是（　　　　）。

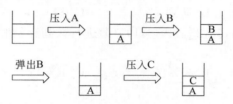

A. 哈希表　　　　　　　B. 栈　　　　　　　C. 队列　　　　　　　D. 二叉树

解析：该题比较简单，根据压入和弹出数据的特点：先进后出，这是栈的典型特点，所以可知该数据结构为栈。

参考答案：B

题目 2 2017 年第 12 题（栈）

表达式 a＊(b＋c)＊d 的后缀形式是（　　　　）。

A. abcd＊＋＊　　　　B. abc＋＊d＊　　　　C. a＊bc＋＊d　　　　D. b＋c＊a＊d

解析：四则运算表达式一共有前缀表达式、中缀表达式和后缀表达式三种形式，用于表达式求值。

中缀表达式就是常见的运算表达式，如(3＋4)＊5－6。本题中的表达式也属于中缀表达式。

前缀表达式又称波兰式，前缀表达式的运算符位于操作数之前，如：－＊＋3 4 5 6。

后缀表达式又称逆波兰式，与前缀表达式相似，只是运算符位于操作数之后，如：3 4 ＋5＊6－。

中缀表达式对于计算机自动计算表达式的结果不太方便，转换成前缀表达式和后缀表达式后非常方便计算，所以表达式转换是常见操作。转换方法主要有两种：一是手工转换，二是计算机转换。

（1）手工转换

以后缀表达式为例，本题的转换步骤如下。

步骤 1：按照运算符的优先级对所有运算单位加括号。

$$((a＊(b＋c))＊d)$$

步骤 2：把运算符号移动到对应的括号后面。

$$((a(b\ c)＋)＊d)＊$$

步骤 3：把括号去掉，即可得到后缀表达式。

$$a\ b\ c + * \ d\ *$$

前缀表达式的转换方法与后缀转换的方法类似,不同的是步骤 2 需要将运算符号移动到对应括号的前面。

(2)计算机转换

仍以后缀表达式为例,本题的转换步骤如下。

步骤 1:初始化两个栈,运算符栈 s_1 和存储中间结果的栈 s_2。

步骤 2:从左至右扫描中缀表达式。

① 当遇到操作数时,将其压入 s_2。

② 当遇到运算符时,比较其与 s_1 栈顶运算符的优先级。

- 如果 s_1 为空或栈顶运算符为左括号,则直接将此运算符入栈。
- 否则,若优先级比栈顶运算符的高,也将运算符压入 s_1(注意转换为前缀表达式时是优先级较高或相同,而这里则不包括相同的情况)。
- 否则,将 s_1 栈顶的运算符弹出并压入 s_2,再次与 s_1 中新的栈顶运算符相比较。

③ 当遇到括号时。

- 如果是左括号,则直接压入 s_1。
- 如果是右括号,则依次弹出 s_1 栈顶的运算符并压入 s_2,直到遇到左括号为止,此时将这一对括号丢弃。

步骤 3:重复步骤 2,直到表达式的最右端。

步骤 4:将 s_1 中剩余的运算符依次弹出并压入 s_2。

步骤 5:依次弹出 s_2 中的元素并输出,结果的逆序即为中缀表达式对应的后缀表达式。

例如:$a * (b + c) * d$ 的具体转换过程如表 3-3 所示。

表 3-3　题目 1 后缀表达式示意表

扫描到的元素	s_2(栈底-> 栈顶)	s_1(栈底-> 栈顶)	说　明
a	a	空	数字,直接入栈
*	a	*	s_1 为空,运算符直接入栈
(	a	* (	左括号,直接入栈
b	a b	* (	数字
+	a b	* (+	s_1 栈顶为左括号,运算符直接入栈
c	a b c	* (+	数字
)	a b c +	*	右括号,弹出运算符直至遇到左括号,并舍弃一对括号
*	a b c + *	*	s_1 栈顶为 * 括号,将 s_1 栈顶运算符弹出并压入 s_2,再次比较,栈顶元素为空,压入 s_1
d	a b c + * d	*	数字
到达最右端	a b c + * d *	空	s_1 中剩余的运算符

前缀表达式的计算方法与后缀表达式类似，具体步骤如下。

步骤 1：初始化运算符栈 s_1 和存储中间结果的栈 s_2。

步骤 2：从右至左扫描中缀表达式。

① 当遇到操作数时，将其压入 s_2。

② 当遇到运算符时，比较其与 s_1 栈顶运算符的优先级。

- 如果 s_1 为空或栈顶运算符为右括号，则直接将此运算符入栈。
- 否则，若优先级比栈顶运算符的高或相等，也将运算符压入 s_1。
- 否则，将 s_1 栈顶的运算符弹出并压入 s_2，再次转到步骤 4 与 s_1 中新的栈顶运算符相比较。

③ 当遇到括号时

- 如果是右括号，则直接压入 s_1。
- 如果是左括号，则依次弹出 s_1 栈顶的运算符并压入 s_2，直到遇到右括号为止，此时将这一对括号丢弃。

步骤 3：重复步骤 2，直到表达式的最左端。

步骤 4：将 s_1 中剩余的运算符依次弹出并压入 s_2。

步骤 5：依次弹出 s_2 中的元素并输出，结果即为中缀表达式对应的前缀表达式。

例如：$a*(b+c)*d$ 的具体转换过程如表 3-4 所示。

表 3-4 题目 1 前缀表达式示意表

扫描到的元素	s_2（栈底->栈顶）	s_1（栈底->栈顶）	说　　　明
d	d	空	数字，直接入栈
*	d	*	s_1 为空，运算符直接入栈
)	d	*)	右括号直接入栈
c	d c	*)	数字直接入栈
+	d c	*) +	s_1 栈顶是右括号，直接入栈
b	d c b	*) +	数字直接入栈
(	d c b+	*	左括号，弹出运算符直至遇到右括号
*	d c b+	* *	与栈顶运算符优先级相等，压入 s_1
a	d c b+a	* *	优先级与-相同，入栈
到达最左端	d c b+a * *	空	s_1 剩余运算符

参考答案：B

题目 3　2017 年第 13 题（栈）

向一个栈顶指针为 hs 的链式栈中插入一个指针 s 指向的节点时，应执行（　　）。

A. hs->next＝s;

B. s->next＝hs;hs＝s;

C. s->next＝hs->next;hs->next＝s;

D. s->next＝hs;hs＝hs->next;

解析：向栈顶指针为 hs 的链式栈中插入指针 s 指向的节点的示意图如图 3-7 所示。

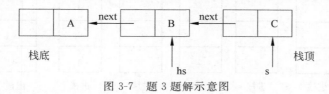

图 3-7　题 3 题解示意图

参考答案：B

题目 4　2017 年第 16 题（栈）

对于入栈顺序为 a,b,c,d,e,f,g 的序列,下列（　　）不可能是合法的出栈序列。

A. a,b,c,d,e,f,g
B. a,d,c,b,e,g,f

C. a,d,b,c,g,f,e
D. g,f,e,d,c,b,a

解析：栈的特点是先进后出,根据栈的特点依次模拟各选项。

对于选项 A:

栈操作	a入	a出	b入	b出	c入	c出	d入	d出	e入	e出	f入	f出	g入	g出
栈数据	a	空	b	空	c	空	d	空	e	空	f	空	g	空

对于选项 B:

栈操作	a入	a出	b入	c入	d入	d出	c出	b出	e入	e出	f入	g入	g出	f出
栈数据	a	空	b	bc	bcd	bc	b	空	e	空	f	fg	f	空

对于选项 C:

栈操作	a入	a出	b入	c入	d入	d出	此时栈顶元素为 c,必须 c 出栈后,b 才能出栈,所以选项 C 无法实现 b 出栈。
栈数据	a	空	b	bc	bcd	bc	

对于选项 D:

栈操作	a入	b入	c入	d入	e入	f入	g入	g出	f出	...	a出
栈数据	a	ab	abc	abcd	abcde	abcdef	abcdefg	abcdef	abcde	...	空

参考答案：C

题目 5　2015 年第 15 题（栈）

如图 3-8 所示,有一空栈 S,对下列待进栈的数据元素序列 a,b,c,d,e,f 依次进行进栈、进栈、出栈、进栈、进栈、出栈的操作,则此操作完成后,栈 S 的栈顶元素为（　　）。

A. f
B. c
C. a
D. b

解析：对数据进行模拟,即可得出答案。

参考答案：B

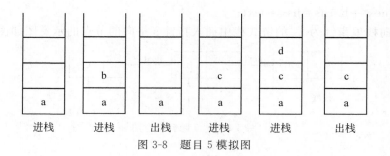

图 3-8　题目 5 模拟图

题目 6　2013 年第 7 题（栈）

下图所使用的数据结构是（　　）。

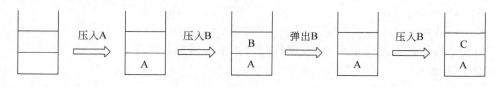

A. 哈希表　　　　　B. 栈　　　　　C. 队列　　　　　D. 二叉树

解析：根据数据结构先进后出的特点，可以确定该数据结构为栈。

参考答案：B

题目 7　2012 年第 2 题（队列）

（　　）是一种先进先出的线性表。

A. 栈　　　　　　　　　　　　　　B. 队列

C. 哈希表（散列表）　　　　　　　D. 二叉树

解析：先进先出是队列的典型特点。

参考答案：B

题目 8　2012 年第 12 题（栈）

如果一个栈初始时为空，且当前栈中的元素从栈底到栈顶依次为 a，b，c（如图 3-9 所示），另有元素 d 已经出栈，则可能的入栈顺序是（　　）。

A. a，d，c，b　　　　　　　　B. b，a，c，d

C. a，c，b，d　　　　　　　　D. d，a，b，c

解析：该题的解题思路与题目 3 和题目 4 相似，可以利用模拟的方法。

参考答案：D

题目 9　2011 年第 11 题（队列）

广度优先搜索时，需要用到的数据结构是（　　）。

A. 链表　　　　　　　　　　　　B. 队列

C. 栈　　　　　　　　　　　　　D. 散列表

解析：广度优先搜索算法（又称宽度优先搜索，BFS）是很多重要的图的算法的原型。Dijkstra 单源最短路径算法和 Prim 最小生成树算法都采用了与广度优先搜索类似的思想。从算法的观点,所有因为展开节点而得到的子节点都会被加入一个先进先出的队列中。

参考答案:B

题目 10　2010 年第 9 题(栈)

前缀表达式+3 * 2+5 12 的值是(　　)。

A. 23　　　　　　B. 25　　　　　　C. 37　　　　　　D. 65

解析:前缀表达式的计算机求值过程如下。

从右至左扫描表达式,当遇到数字时,将数字压入堆栈,遇到运算符时,弹出栈顶的两个数,用运算符对它们做相应的计算(栈顶元素 op 次顶元素),并将结果入栈;重复上述过程直到表达式最左端,最后运算得出的值即为表达式的结果。

例如:+3 * 2+5 12。

步骤 1:从右至左扫描,将 12、5 压入堆栈。

步骤 2:遇到+运算符,弹出 5 和 12,计算出 12+5 的值,得 17,再将 17 入栈。

步骤 3:将 2 压入堆栈。

步骤 4:遇到 * 运算符,弹出 2 和 17,计算出 17×2 的值,得 34,再将 34 入栈。

步骤 5:将 3 入栈。

步骤 6:最后是+运算符,弹出 3 和 34,计算出 34+3 的值,即 37,由此得出最终结果。

参考答案:C

题目 11　2010 年第 15 题(栈)

元素 R1、R2、R3、R4、R5 入栈的顺序为 R1、R2、R3、R4、R5。如果第 1 个出栈的是 R3,那么第 5 个出栈的不可能是(　　)。

A. R1　　　　　　B. R2　　　　　　C. R4　　　　　　D. R5

解析:根据已知条件可知,当 R3 出栈时,栈中从栈底到栈顶的元素为 R1,R2。第 5 个出栈,即最后一个出栈元素肯定不是 R2,因为根据栈的特点,必须 R2 出栈后 R1 才能出栈,所以 R2 不可能是最后一个出栈。

参考答案:B

题目 12　2009 年第 12 题(栈)

有 6 个元素 FEDCBA 从左至右依次顺序进栈,在进栈过程中会有元素被弹出栈。下列不可能是合法的出栈序列的是(　　)。

A. EDCFAB　　　B. DECABF　　　C. CDFEBA　　　D. BCDAEF

解析:该题方法与题目 3 方法一样,采用模拟法即可。

参考答案:C

题目 13　2009 年第 13 题(栈)

表达式 a * (b+c)−d 的后缀表达式是(　　)。

A. abcd * +−　　　B. abc+ * d−　　　C. abc * +d−　　　D. −+ * abcd

解析:参考题目 1 解析。

参考答案:B

3.2.3　知识点巩固

从历年考点角度分析，本节的考点主要为栈和队列这两个知识点。具体的出题数目比较如表 3-5 所示。

表 3-5　历年知识点出现次数统计表

知识点	栈	队　列
出现个数	11	2
本节占比	84.62%	15.38%

从历年知识点的出现次数可以看出，栈知识点所占分值较高。栈的应用比较广泛，所以可考查的知识点也比较多。队列知识点相对较少。

根据以上知识点，本书提供几道习题供大家复习巩固。

1. 栈和队列都是特殊的线性表，其共同点是（　　）。（栈和队列）

　　A. 只允许在端点处插入和删除元素　　　　B. 都是先进后出

　　C. 都是先进先出　　　　　　　　　　　　D. 都可以用链表存储

2. 栈的插入和删除操作在（　　）进行。（栈）

　　A. 栈顶　　　　　　B. 栈底　　　　　　C. 任意位置　　　　D. 指定位置

3. 假如一个栈的压入序列为 123，则不可能是栈的输出序列的是（　　）。（栈）

　　A. 2 3 1　　　　　B. 3 2 1　　　　　C. 3 1 2　　　　　D. 1 2 3

4. 对图进行深度优先搜索时，需要用到的数据结构是（　　）。（栈）

　　A. 链表　　　　　　B. 队列　　　　　　C. 栈　　　　　　D. 散列表

5. 链栈执行 pop 操作，并将出栈的元素存在 x 中应该执行（　　）。（栈）

　　A. x＝top;top＝top->next;　　　　　　B. x＝top->data;

　　C. top＝top->next;x＝top->data;　　　D. x＝top->data;top＝top->next;

6. 设栈 S 和队列 Q 的初始状态为空，元素 e1,e2,e3,e4,e5,e6 依次通过栈 S，一个元素出栈后立即进入队列 Q，若 6 个元素出栈的序列是 e2,e4,e3,e6,e5,e1，则栈 S 的容量最多应该是（　　）。（栈）

　　A. 6　　　　　　　B. 4　　　　　　　C. 3　　　　　　　D. 2

7. 若已知一个栈的入栈顺序是 1,2,3,4，其出栈序列为 P1,P2,P3,P4，则 P2,P4 不可能是（　　）。（栈）

　　A. 2,4　　　　　　B. 2,1　　　　　　C. 4,3　　　　　　D. 3,4

8. 循环队列存储在数组 A[0…n]，则入队时的操作为（　　）。（队列）

　　A. rear＝rear＋1;　　　　　　　　　　B. rear＝(rear＋1)mod(n−1);

　　C. rear＝(rear＋1)modn;　　　　　　　D. rear＝(rear＋1)mod(n＋1);

9. 若用数组 A[0..5] 实现循环队列，且当前 rear 和 front 的值分别为 1 和 5，当从队列中删除一个元素并再加入两个元素后，rear 和 front 的值分别为（　　）。（队列）

　　A. 3 和 4　　　　　　B. 3 和 0　　　　　　C. 5 和 0　　　　　　D. 5 和 1

10. 前缀表达式 ＊＋2 3 4 的计算结果是(　　　)。(栈)
　　A. 24　　　　　　　　B. 20　　　　　　　　C. 18　　　　　　　　D. 14
11. 算术表达式 a＋b＊(c＋d/e) 转为后缀表达式后为(　　　)。(栈)
　　A. ab＋cde/＊　　　B. abcde/＋＊＋　　　C. abcde/＊＋＋　　　D. abcde＊/＋＋

3.3　树

3.3.1　基本知识介绍

　　树是一类重要的非线性数据结构,树中节点之间具有明确的层次关系,并且节点之间有分支,它非常类似于真正的树。树状结构在客观世界中大量存在,如行政组织机构和人类社会的家谱等都可用树状结构形象地表示。

　　树是 $n(n \geqslant 0)$ 个节点的有限集 T。T 要么是空集(空树),要么是非空集。对于一棵非空树:有且仅有一个特定的称为根(Root)的节点;其余的节点可分为 $m(m > 0)$ 个互不相交的有限集 $T_1, T_2, \cdots, T_m$,其中每个集合本身又是一棵树,并称为根的子树。例如,图 3-10(a)表示的是一个有 9 个节点的树,其中 A 是根节点,其余的节点分成 3 棵互不相交的子集:$T_1 = \{B, E, F, G\}$,$T_2 = \{C\}$,$T_3 = \{D, H, I\}$;T_1、T_2 和 T_3 都是根 A 的子树,且本身也是一棵子树。

　　一个节点拥有的子树数称为该节点的度(Degree)。一棵树中节点的最大度数称为该树的度。在图 3-10(b)所示的某大学的行政组织结构树中,文学院节点的度为 3,是最大的,应该作为树的度。

　　树中节点的最大层数称为树的深度(Depth)或高度。节点层数(Level)从根开始算起,根为第 1 层,其余节点的层次等于其双亲节点的层数加 1。

　　度数为零的节点称为叶子(Leaf)节点。度数不为零的节点称为非终端节点。

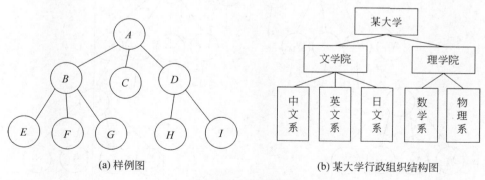

(a) 样例图　　　　　　　(b) 某大学行政组织结构图

图 3-10　树的示意图

　　森林(Forest)是 $m(m \geqslant 0)$ 棵互不相交的树的集合。若将一棵树的根节点被删除,就得到该树的子树所构成的森林,将森林中所有树作为子树用一个根节点连起来,森林就变成了一棵树。

二叉树(Binary Tree)是一种特殊的树,其每个节点的度都不大于 2,并且每个节点的孩子节点的次序不能任意颠倒。由此可知,一个二叉树中的每个节点只能含有 0,1 或 2 个孩子,而且每个孩子有左右之分。通常把位于左边的孩子称为左孩子,把位于右边的孩子称为右孩子。二叉树的基本形态有以下五种,如图 3-11 所示。

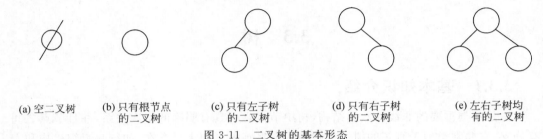

| (a) 空二叉树 | (b) 只有根节点
的二叉树 | (c) 只有左子树
的二叉树 | (d) 只有右子树
的二叉树 | (e) 左右子树均
有的二叉树 |

图 3-11　二叉树的基本形态

3.3.2　历年真题解析

题目 1　2018 年第 7 题(树)

根节点深度为 0,一棵深度为 h 的满 K 叉树除最后一层无任何子节点外,每一层上所有节点都有 k 个子节点的树,则该树共有(　　)个节点。

A. $(k^{h+1}-1)/(k-1)$ 　　　　　　　　　　B. k^{h-1}

C. k^h 　　　　　　　　　　　　　　　　　D. $(k^{h-1})/(k-1)$

解析:该题可以利用带入法,将 K 设为 2,即二叉树,带入各个答案进行筛选。

也可以直接画出 K 叉树,如图 3-12 所示。

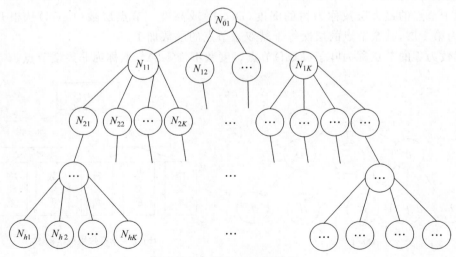

图 3-12　完全 K 叉树样例

从图中可以得出:K 叉树第 0 层的节点数为 1,第 1 层的节点数为 k,第 2 层的节点数为 k^2,第 h 层的节点数为 k^h。

所以，最后总节点数目为 $1+k^1+k^2+k^3+\cdots+k^h=(k^{h+1}-1)/(k-1)$。

注：可以利用等比数列公式计算。

参考答案：A

题目 2　2017 年第 10 题（树）

设 G 是有 n 个节点、m 条边（$n\leqslant m$）的连通图，必须删去 G 的（　　）条边，才能使得 G 变成一棵树。

A. $m-n+1$　　　　　B. $m-n$　　　　　C. $m+n+1$　　　　　D. $n-m+1$

解析：一个具有 n 个节点的树共有 $n-1$ 条边。所以 G 必须删去 $m-(n-1)=m-n+1$ 条边。

参考答案：A

题目 3　2016 年第 11 题（二叉树）

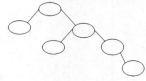 一棵二叉树如左图所示，若采用顺序存储结构，即用一维数组元素存储该二叉树中的节点（根节点的下标为 1，若某节点的下标为 i，则其左孩子位于下标 $2i$ 处、右孩子位于下标 $2i+1$ 处），则图中所有节点的最大下标为（　　）。

A. 6　　　　　　　B. 10　　　　　　　C. 12　　　　　　　D. 15

解析：该题目主要考查二叉树的顺序存储结构，二叉树的顺序存储方式的数组下标可以利用二进制的方式表示，如图 3-13 所示。

每个节点的下标均从根节点开始到所在节点的二进制序列，该树的最大下标为 $(1111)_2$，可以转换成十进制数 15。

参考答案：D

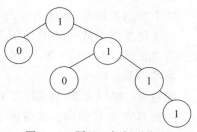

图 3-13　题目 3 解析示意图

题目 4　2016 年第 2 题（二叉树）

约定二叉树的根节点高度为 1。一棵节点数为 2016 的二叉树最少有＿＿＿＿个叶子节点；一棵节点数为 2016 的二叉树最小的高度值是＿＿＿＿。

解析：二叉树有一个性质，即叶子节点＝度为 2 的节点数＋1。

当二叉树叶子节点最少时，即度为 2 的节点数也最少，最少为 0，即二叉树节点没有度为 2 的节点，所有非叶子节点都只有一个子树，此时会有 1 个叶子节点。

一棵二叉树的高度值要求最小，这棵二叉树肯定是完全二叉树。对于完全二叉树，深度为 h 的完全二叉树至少有 2^{h-1} 个节点，至多有 2^h-1 个节点。对于任意二叉树，树高 h 为

$$h=\log_2\lfloor n+1\rfloor,\quad n \text{ 为所有节点数}$$

参考答案：1，12

题目 5　2015 年第 16 题（二叉树）

前序遍历序列与中序遍历序列相同的二叉树为（　　）。

A. 根节点无左子树的二叉树

B. 根节点无右子树的二叉树

C. 只有根节点的二叉树或非叶子节点只有左子树的二叉树

D. 只有根节点的二叉树或非叶子节点只有右子树的二叉树

解析：二叉树的遍历根据遍历根节点、左子树和右子树的顺序的不同分为前序遍历、中序遍历和后序遍历三种，这三种遍历方法是根据遍历根节点的先后次序区分的。先遍历根节点的称为前序遍历，中间遍历根节点的称为中序遍历，最后遍历根节点的称为后序遍历。左子树和右子树的遍历都是先遍历左子树，后遍历右子树。

要实现二叉树的前序遍历序列与中序遍历序列相同，即（根、左、右）＝（左、根、右），只有当左子树为空时，该等式才成立。

参考答案：A

题目 6　2015 年第 17 题（二叉树）

如果根的高度为 1，则具有 61 个节点的完全二叉树的高度为（　　）。

A.　5　　　　　　　B.　6　　　　　　　C.　7　　　　　D. 8

解析：参考题目 2 解析。

参考答案：B

题目 7　2015 年第 4 题（二叉树）

一棵节点数为 2015 的二叉树最多有 _____ 个叶子节点。

解析：根据题目 2 中二叉树的性质：叶子节点＝度为 2 的节点数＋1。

叶子节点数最多，即度为 2 的节点数最多，由于：

二叉树总节点数＝叶子节点 N_0＋度为 1 的节点 N_1＋度为 2 的节点 N_2，使 $N_1 = 0$，叶子节点最多，即 $2015 = N_0 + N_2 = N_0 + N_0 - 1 = 2 \times N_0 - 1$。

参考答案：1008

题目 8　2014 年第 16 题（二叉树）

一棵具有 5 层的满二叉树的节点数为（　　）。

A. 31　　　　　　　B. 32　　　　　　　C. 33　　　　　D. 16

解析：一棵二叉树，如果每一个层的节点数都达到最大值，则这个二叉树就是满二叉树。也就是说，如果一个二叉树的层数为 K，且节点总数是 $2^k - 1$，则它就是满二叉树。

参考答案：A

题目 9　2013 年第 9 题（二叉树）

已知一棵二叉树有 10 个节点，则其中至多有（　　）个节点有 2 个子节点。

A. 4　　　　　　　B. 5　　　　　　　C. 6　　　　　D. 7

解析：根据公式：$N = N_0 + N_1 + N_2$，其中 N 为总节点数，N_i 为度为 i 的节点数。再根据 $N_0 = N_2 + 1$，可得出：$N = N_1 + 2N_2 + 1$。

由于 $N = 10$，是偶数，所以 N_1 最小取为 1，可得出 $N_2 = 4$。

参考答案：A

题目 10　2013 年第 11 题（二叉树）

二叉树的（　　）第一个访问的节点是根节点。

A. 先序遍历　　　　B. 中序遍历　　　　C. 后序遍历　　　　D. 以上都是

解析：参考题目 5 解析。

参考答案：A

题目 11　2012 年第 6 题（二叉树）

如果一棵二叉树的中序遍历是 BAC,那么它的先序遍历不可能是(　　　)。

A. ABC　　　　　　B. CBA　　　　　　C. ACB　　　　　　D. BAC

解析:该题采用构造法,利用中序遍历和先序遍历可以把二叉树构造出来。根据中序遍历(左、根、右)和先序遍历(根、左、右)利用递归的方法可以构造出二叉树。

例如,选项 A 先利用先序遍历序列 ABC 可知 A 是根节点。再结合中序遍历序列 BAC 可知 B 为左子树,C 为右子树。

对于选项 B,先利用先序遍历序列 CBA 可知 C 是根节点。再结合中序遍历序列 BAC 可知 BA 为左子树,右子树为空。再利用先序遍历 CBA 可知左子树中 B 又为子树根节点,再利用中序遍历 BA 可知 A 为右子树。

 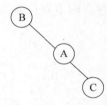

(a) 选项 A 构造的二叉树　　(b) 选项 B 构造的二叉树　　(c) 选项 D 构造的二叉树

图 3-14　题目 11 解析示意图

选项 C 前后矛盾,无法构造出二叉树。

参考答案:C

题目 12　2011 年第 7 题（二叉树）

如果根节点的深度记为 1,则一棵恰有 2011 个叶节点的二叉树的深度最少是(　　　)。

A. 10　　　　　　　B. 11　　　　　　　C. 12　　　　　　　D. 13

解析:根据满二叉树中深度 h 和节点数的关系得:

$$h = \log_2(n+1) = \log_2 2012 = 11$$

参考答案:B

题目 13　2010 年第 5 题（二叉树）

如果树根算第 1 层,那么一棵 n 层的二叉树最多有(　　　)个节点。

A. $2^n - 1$　　　　　B. 2^n　　　　　　C. $2^n + 1$　　　　　D. 2^{n+1}

解析:参考题目 4 解析。

参考答案:A

题目 14　2010 年第 17 题（二叉树）

一棵二叉树的前序遍历序列是 ABCDEFG,后序遍历序列是 CBFEGDA,则根节点的左子树的节点个数可能是(　　　)。

A. 2　　　　　　　　B. 3　　　　　　　　C. 4　　　　　　　　D. 5

解析:根据二叉树前序遍历序列(根、左、右)可知 A 是根节点。又由后序遍历序列(左、右、根)得知 D 必然是右子树的根节点。

再看前序遍历序列,D 前面的 ABC 中的 A 是根节点,剩下的 BC 节点必然是左子树。

参考答案：A

题目 15　2010 年第 19 题（二叉树）

完全二叉树的顺序存储方案是指将完全二叉树的节点从上至下、从左至右依次存放到一个顺序结构的数组中。假定根节点存放在数组的 1 号位置，则第 k 号节点的父节点如果存在，则应当存放在数组的（　　）号位置。

A. $2k$　　　　　　　B. $2k+1$　　　　　　C. $k/2$ 下取整　　　　D. $(k+1)/2$ 下取整

解析：完全二叉树的存储可以按照从上到下、从左到右的顺序依次存储在一维数组中。完全二叉树的顺序存储如图 3-15 所示。

如果按照从上到下、从左到右的顺序把非完全二叉树也同样的编号，将节点依次存放在一维数组中，为了能够正确反映二叉树中节点之间的逻辑关系，需要在一维数组中将二叉树中不存在的节点位置空出来。

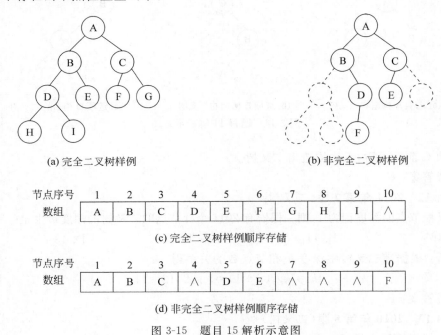

图 3-15　题目 15 解析示意图

参考答案：C

题目 16　2009 年第 14 题（二叉树）

一个包含 n 个分支节点（非叶节点）的非空二叉树，它的叶节点数目最多为（　　）。

A. $2n+1$　　　　　　B. $2n-1$　　　　　　C. $n-1$　　　　　　D. $n+1$

解析：根据 $n=n_1+n_2$，这里 n_1 和 n_2 分别指度为 1 和 2 的节点。

又根据 $n_0=n_2+1$，n_0 为度为 0 的叶子节点。带入上式可得

$$n=n_0+n_1-1$$

叶节点数目最多，即 $n_1=0$，可得出 $n_0=n+1$。

参考答案：D

3.3.3　知识点巩固

从历年考点角度分析,本节的考点主要分为树和二叉树两个知识点。具体的出题数目比较如表 3-6 所示。

表 3-6　历年知识点出现次数统计表

知识点	树	二 叉 树
出现个数	2	14
本节占比	12.50%	87.50%

从历年知识点的出现次数可以看出,二叉树知识点所占分值极高,二叉树是树形结构的主要应用形式,由于计算简单,所以应用非常广泛。树的概念相对比较宽泛,因此相对较难考查。

根据以上知识点,本书提供几道习题供大家复习巩固。

1. 已知某二叉树深度为 4,则该二叉树最多节点和最少节点数分别为(　　)个。(二叉树)

  A. 15,4　　　　　　B. 15,6　　　　　　C. 16,4　　　　　　D. 16,6

2. 在具有 200 个节点的完全二叉树中,利用顺序存储,设根节点的编号为 1,则编号为 60 的节点其左孩子节点的编号为(　　)。(二叉树)

  A. 61　　　　　　　B. 62　　　　　　　C. 120　　　　　　D. 121

3. 一棵具有 124 个叶子节点的完全二叉树最多有(　　)个节点。(二叉树)

  A. 247　　　　　　B. 248　　　　　　C. 249　　　　　　D. 250

4. 已知一棵含 50 个节点的二叉树中只有一个叶子节点,则该树中度为 1 的节点的个数为(　　)。(二叉树)

  A. 0　　　　　　　B. 1　　　　　　　C. 48　　　　　　　D. 49

5. 一棵完全二叉树有 64 个叶节点,则该树可能达到的最大深度为(　　)。(二叉树)

  A. 8　　　　　　　B. 9　　　　　　　C. 10　　　　　　　D. 11

6. 一棵二叉树有 11 个叶节点,则该二叉树中度为 2 的节点个数是(　　)。(二叉树)

  A. 10　　　　　　　B. 11　　　　　　　C. 12　　　　　　　D. 不确定的

7. 具有 $n(n>0)$ 个节点的完全二叉树的深度为(　　)。(二叉树)

  A. $\lceil \log_2(n) \rceil$　　B. $\lfloor \log_2(n) \rfloor$　　C. $\lfloor \log_2(n) \rfloor + 1$　　D. $\lceil \log_2(n) + 1 \rceil$

注:「x」表示向上取整,即不小于 x 的最小整数;⌊x⌋表示向下取整,即不大于 x 的最大整数。

8. 设树 T 的度为 4,其中度为 1、2、3、4 的节点个数分别为 4、2、1、1,则 T 中的叶子数为(　　)。(树)

  A. 5　　　　　　　B. 6　　　　　　　C. 7　　　　　　　D. 8

9. 将二叉树的概念推广到三叉树,一棵有 244 个节点的完全三叉树的高度为(　　)。(树)

  A. 4　　　　　　　B. 5　　　　　　　C. 6　　　　　　　D. 7

10. 已知一棵二叉树的前序遍历结果为 ABCDEF，中序遍历结果为 CBAEDF，则后序遍历结果为（   ）。（二叉树）

    A. CBEFDA   B. FEDCBA   C. CBEDFA   D. 不一定

11. 一棵非空的二叉树的先序遍历序列与后序遍历序列正好相反，则该二叉树一定满足（   ）。（二叉树）

    A. 所有的节点均无左孩子   B. 所有的节点均无右孩子

    C. 只有一个叶子节点   D. 是任意一棵二叉树

3.4　图

3.4.1　基本知识介绍

图是一种非常复杂的非线性结构。图结构与表结构和树结构的不同表现在节点之间的关系上，线性表中节点之间的关系是一对一，即每个节点仅有一个前驱和一个后继（若存在前驱或后继时）；树是按分层关系组织的结构，树结构中节点之间的关系是一对多，即一个双亲可以有多个孩子，每个孩子节点仅有一个双亲；对于图结构，图中节点之间的关系可以是多对多，即一个节点和其他节点的关系是任意的，可以有关，也可以无关。由此看出，图⊃树⊃表。

图（Graph）是一种网状数据结构，其形式化定义如下。

$$\text{Graph} = (V, R)$$
$$V = \{x \mid x \in \text{DataObject}\}$$
$$R = \{VR\}$$
$$VR = \{<x, y> \mid P(x, y) \wedge (x, y \in V)\}$$

DataObject 为一个集合，该集合中的所有元素具有相同的特性。V 中的数据元素通常称为顶点（vertex），VR 是两个顶点之间的关系的集合。$P(x, y)$ 表示 x 和 y 之间有特定的关联属性 P。

若 $<x, y> \in VR$，则 $<x, y>$ 表示从顶点 x 到顶点 y 的一条弧（arc），并称 x 为弧尾（tail）或起始点，称 y 为弧头（head）或终端点，此时图中的边是有方向的，称这样的图为有向图。

若 $<x, y> \in VR$，则必 $<y, x> \in VR$，即 VR 是对称关系，这时用无序对 (x, y) 代替两个有序对，表示 x 和 y 之间的一条边（edge），此时的图称为无向图。

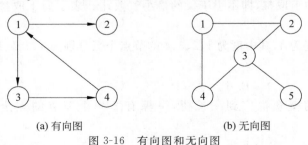

(a) 有向图   (b) 无向图

图 3-16　有向图和无向图

图的遍历搜索算法主要有两种：深度优先搜索（Depth First Search，DFS）遍历和广度优先搜索（Breadth First Search，BFS）遍历。

深度优先搜索遍历类似树的前序（先根）遍历。假设初始状态是图中所有顶点都未曾访问过的，则在图中任选一顶点 v 作为初始出发点，首先访问出发点 v，并将其标记为已访问过；然后依次从 v 出发搜索 v 的每个邻接点 w，若 w 未曾访问过，则以 w 作为新的出发点出发，继续进行深度优先遍历，直到图中所有顶点都被访问为止。

广度优先搜索遍历类似树的按层次遍历，其基本思想是：首先访问出发点 v_i，接着依次访问 v_i 的所有未被访问过的邻接点 $v_{i1}, v_{i2}, \cdots, v_{it}$，并均标记为已访问过，然后再按照 $v_{i1}, v_{i2}, \cdots, v_{it}$ 的次序访问每一个顶点的所有未曾访问过的顶点，并均标记为已访问过，依此类推，直到图中所有和初始出发点 v_i 路径相通的顶点都被访问为止。

3.4.2 历年真题解析

题目 1　2018 年第 11 题（图的概念）

由 4 个没有区别的点构成的简单无向连通图的个数是（　　　）。

A. 6　　　　　　　　B. 7　　　　　　　　C. 8　　　　　　　　D. 9

解析：无向连通图是指对图中任意顶点 u 和 v 都存在路径使 u、v 连通。

该题可以直接画出所有简单的无向连通图，如图 3-17 所示。

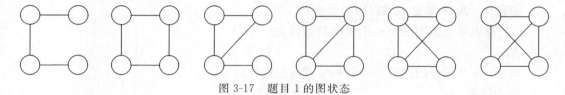

图 3-17　题目 1 的图状态

参考答案：A

题目 2　2016 年第 15 题（图的概念）

设简单无向图 G 有 16 条边，且每个顶点的度数都是 2，则图 G 有（　　　）个顶点。

A. 10　　　　　　　　B. 12　　　　　　　　C. 8　　　　　　　　D. 16

解析：对于简单无向图来说，每条边连接 2 个顶点，已知每个顶点的度为 2，则每个顶点又有 2 条边相连，所以可得出图 G 的边数和顶点数相同。

参考答案：D

题目 3　2016 年第 18 题（图的算法）

Lucia 和她的朋友以及朋友的朋友都在某社交网站上注册了账号。下图是他们之间的关系图，两个人之间有边相连代表这两个人是朋友，没有边相连代表这两个人不是朋友。这个社交网站的规则是：如果某人 A 向他（她）的朋友 B 分享了某张照片，那么 B 就可以对该照片进行评论；如果 B 评论了该照片，那么他（她）的所有朋友都可以看见这个评论以及被评论的照片，但是不能对该照片进行评论（除非 A 也向他（她）分享了该照片）。现在 Lucia 已经上传了一张照片，但是她不想让 Jacob 看见这张照片，那么她可以向朋友（　　　）分享该照片。

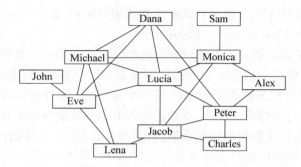

A. Dana，Michael，Eve   B. Dana，Eve，Monica

C. Michael，Eve，Jacob   D. Micheal，Peter，Monica

解析：根据题意可知，在人际关系图中，A 分享照片给 B，B 通过评论可以让 B 的所有好友看到，这个路径长度为 2。要使 A 分享的照片不被 C 看到，则 A 和 C 之间的路径长度必须大于 2。

选项 A 中，Lucia 通过 Dana 到达 Jacob 的最短路径为 3，Lucia 通过 Michael 到达 Jacob 的最短路径为 3，Lucia 通过 Eve 到达 Jacob 的最短路径为 3，均符合条件。其他选项都有小于或等于 2 的选项。

参考答案：A

题目 4　2015 年第 12 题（图的概念）

6 个顶点的连通图的最小生成树的边数为（　　　　）。

A. 6   B. 5   C. 7   D. 4

解析：n 个顶点的连通图的最小生成树的边数为 $n-1$。

参考答案：B

题目 5　2014 年第 17 题（图的概念）

有向图中每个顶点的度等于该顶点的（　　　　）。

A. 入度   B. 出度

C. 入度与出度之和   D. 入度与出度之差

解析：在有向图中，每个顶点的度等于该顶点的出度和入度之和。

参考答案：C

题目 6　2014 年第 2 题（图的算法）

如图所示，图中每条边上的数字表示该边的长度，则从 A 到 E 的最短距离是_____。

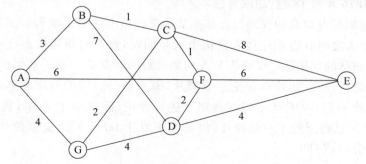

解析：从 A 到 E 的最短路径为 A→B→C→F→E,其距离为 11。

参考答案：11

题目 7　2013 年第 10 题（图的概念）

在一个无向图中,如果任意两点之间都存在路径相连,则称其为连通图。下图是一个有 4 个顶点、6 条边的连通图。若要使它不再是连通图,则至少要删去其中的(　　)条边。

A. 1　　　　　　 B. 2　　　　　　 C. 3　　　　　　 D. 4

解析：图中每个顶点都有 3 条边与其他顶点相连,如果要使该图成为非连通图,至少要使一个顶点不再与其他顶点相连,即至少要删除 3 条边。

参考答案：C

题目 8　2013 年第 12 题（图的算法）

当以 A_0 作为起点对下面的无向图进行深度优先遍历时,遍历顺序不可能是(　　)。

A. A_0,A_1,A_2,A_3　　　　　　　　B. A_0,A_1,A_3,A_2

C. A_0,A_2,A_1,A_3　　　　　　　　D. A_0,A_3,A_1,A_2

参考答案：A

题目 9　2011 年第 5 题（图的概念）

无向完全图是指图中每对顶点之间都恰好有一条边的简单图。已知无向完全图 G 有 7 个顶点,则它共有(　　)条边。

A. 7　　　　　　 B. 21　　　　　　 C. 42　　　　　　 D. 49

解析：每个顶点都对应 6 条边,所以有 $6 \times 7 = 42$ 条边,但是由于每条边都有 2 个顶点,即都被重复计算一次,所以正确结果是 $42/2 = 21$。

可进一步推导出：n 个顶点的无向完全图有 $n(n-1)/2$ 条边。

参考答案：B

题目 10　2011 年第 19 题（图的概念）

对一个有向图而言,如果每个节点都存在到达其他任何节点的路径,那么就称它是强连通的。例如,右图就是一个强连通图。事实上,在删掉边(　　)后,它依然是强连通的。

A. a　　　　　　 B. b　　　　　　 C. c　　　　　　 D. d

解析：该题通过尝试法依次删除各边,再测试删除后是否还是强连通图。经过测试,在删除边 a 后仍是强连通的。删除其他节点都会有节点无法访问。

参考答案：A

题目 11　2010 年第 18 题（图的算法）

关于拓扑排序,下面说法正确的是(　　)。

A. 所有连通的有向图都可以实现拓扑排序

B. 对同一个图而言,拓扑排序的结果是唯一的

C. 拓扑排序中入度为 0 的节点总会排在入度大于 0 的节点的前面

D. 拓扑排序结果序列中的第 1 个节点一定是入度为 0 的点

解析：拓扑排序应该是一个有向无环图,即不应该带有回路,因为若带有回路,则回

路上的所有活动都无法进行。

构造拓扑序列的拓扑排序算法主要是循环执行以下两步，直到不存在入度为 0 的顶点为止：①选择一个入度为 0 的顶点并输出；②从网中删除此顶点及所有出边。循环结束后，若输出的顶点数小于网中的顶点数，则输出"有回路"信息，否则输出的顶点序列就是一种拓扑序列。

参考答案：D

题目 12　2009 年第 18 题（图的概念）

已知 n 个顶点的有向图，若该图是强连通的（从所有顶点出发都存在路径到达其他顶点），则该图中最少有（　　）条有向边。

A. n 　　　　　　　　　　　　　B. $n+1$

C. $n-1$ 　　　　　　　　　　　　D. $n(n-1)$

解析：强连通图必须从任何一点出发都可以回到原处，每个节点至少一条出路（单节点除外）至少有 n 条边，正好可以组成一个环。

参考答案：A

3.4.3　知识点巩固

从历年考点角度分析，本节的考点主要为图的概念和图的算法。具体的出题数目比较如表 3-7 所示。

表 3-7　历年知识点出现次数统计表

知识点	图的概念	图的算法
出现个数	9	3
本节占比	75.00%	25.00%

从历年知识点的出现次数可以看出，图的概念所占分值极高，图的算法一般都比较复杂，对于普及组的考生来说相对较难，所以本节的重点是考查图的基本概念。

根据以上知识点，本书提供几道习题供大家复习巩固。

1. 有无向图 $G=(V,E)$，其中：$V=\{a,b,c,d,e,f\}$，$E=\{(a,b),(a,e),(a,c),(b,e),(c,f),(f,d),(e,d)\}$，对该图进行深度优先遍历，得到的顶点序列正确的是（　　）。（图的算法）

A. a,b,e,c,d,f 　　　　　　　　B. a,c,f,e,b,d

C. a,e,b,c,f,d 　　　　　　　　D. a,e,d,f,c,b

2. n 个节点的完全有向图含有的边的数目为（　　）。（图的概念）

A. nn 　　　　　B. $n(n+1)$ 　　　　　C. $n/2$ 　　　　　D. $n(n-1)$

3. 在一个无向图中，所有顶点的度数之和等于所有边数的（　　）倍。（图的概念）

A. 1/2 　　　　　B. 2 　　　　　C. 1 　　　　　D. 4

4. 下列（　　）的邻接矩阵是对称矩阵。（图的概念）

A. 有向图 　　　　　B. 无向图 　　　　　C. AOV 网 　　　　　D. AOE 网

5.（　　）方法可以判断出一个有向图是否有环(回路)。（图的算法）

　　A. 深度优先遍历　　　B. 广度优先遍历　　　C. 求最短路径　　　　D. 求关键路径

6.已知有向图 $G=(V,E)$，其中 $V=\{V1,V2,V3,V4,V5,V6,V7\}$，$E=\{<V1,V2>$，$<V1,V3>$，$<V1,V4>$，$<V2,V5>$，$<V3,V5>$，$<V3,V6>$，$<V4,V6>$，$<V5,V7>$，$<V6,V7>\}$，图 G 的拓扑序列是(　　)。（图的算法）

　　A. V1,V3,V4,V6,V2,V5,V7　　　　　　　B. V1,V3,V2,V6,V4,V5,V7

　　C. V1,V3,V4,V5,V2,V6,V7　　　　　　　D. V1,V2,V5,V3,V4,V6,V7

7.用一个有向图表示航空公司所有航班的航线。下列(　　)算法最适合解决找到给定的两个城市之间最经济的飞行路线问题。（图的算法）

　　A. Dijkstra　　　　　B. Kruskal　　　　C. 深度优先搜索　　　D. 拓扑排序

3.5　排　　序

3.5.1　基本知识介绍

排序算法大体可分为以下两种。

一种是比较排序，时间复杂度为 $O(n\log n)\sim O(n^2)$，主要有冒泡排序、选择排序、插入排序、堆排序、归并排序、快速排序等。

另一种是非比较排序，时间复杂度可以达到 $O(n)$，主要有计数排序、基数排序等。

表 3-8 给出了常见排序算法的性能指标。

表 3-8　常用排序算法性能表

排序方法		平均时间	最好情况	最差情形	额外空间	稳定性
比较排序	冒泡排序	$O(n^2)$	$O(n)$	$O(n^2)$	$O(1)$	稳定
	选择排序	$O(n^2)$	$O(n^2)$	$O(n^2)$	$O(1)$	不稳定
	插入排序	$O(n^2)$	$O(n)$	$O(n^2)$	$O(1)$	稳定
	堆排序	$O(n\log n)$	$O(n\log n)$	$O(n\log n)$	$O(1)$	不稳定
	归并排序	$O(n\log n)$	$O(n\log n)$	$O(n\log n)$	$O(1)$	稳定
	快排序	$O(n\log n)$	$O(n\log n)$	$O(n^2)$	$O(n\log n)\sim O(n)$	不稳定
非比较排序	计数排序	$O(n+k)$	$O(n+k)$	$O(n+k)$	$O(n+k)$	稳定
	基数排序	$O(d(r+n))$	$O(d(r+n))$	$O(d(r+n))$	$O(rd+n)$	稳定

排序算法稳定性的简单形式化定义为：如果 $A_i=A_j$，排序前 A_i 在 A_j 之前，排序后 A_i 还在 A_j 之前，则称这种排序算法是稳定的，即保证排序前后两个相等的数的相对顺序不变。

对于不稳定的排序算法，只要举出一个实例，即可说明它的不稳定性；而对于稳定的排序算法，必须对算法进行分析以得到稳定的特性。

排序算法是否为稳定的是由具体算法决定的，不稳定的算法在某种条件下可以变为稳定的算法,而稳定的算法在某种条件下也可以变为不稳定的算法。例如,冒泡排序原本是稳定的排序算法,如果将记录交换的条件改成 $A[i]>=A[i+1]$,则两个相等的记录就会交换位置,从而变成不稳定的排序算法。

排序算法具有稳定性的好处是:排序算法如果是稳定的,那么从一个键上排序,然后再从另一个键上排序,前一个键排序的结果可以为后一个键排序所用。基数排序就是这样,先按低位排序,逐次按高位排序,低位排序后元素的顺序在高位也相同时是不会改变的。

1. 比较排序

下面以一个序列 $5,4,3,2,1$ 为例,将其排成 $1,2,3,4,5$,介绍各个排序算法的排序过程。

(1) 冒泡排序

冒泡排序(Bubble Sort)的名字由来是因为越小(或越大)的元素会经由交换慢慢"浮"到数列的顶端,就像气泡一样。

冒泡排序算法的执行过程大致是:依次比较相邻的两个数,将小数放在前面,大数放在后面。具体步骤如下。

- 第 1 轮:首先比较第 1 个数和第 2 个数,将小数放在前面,大数放在后面。然后比较第 2 个数和第 3 个数,将小数放在前面,大数放在后面,如此继续,直至比较最后两个数,将小数放在前面,大数放在后面。至此第一轮结束,将最大的数放到了最后。
- 第 2 轮:仍从第一对数开始比较(因为可能由于第 2 个数和第 3 个数的交换使得第 1 个数不再小于第 2 个数),将小数放在前面,大数放在后面,一直比较到倒数第 2 个数(倒数第一的位置上已经是最大的数),第二轮结束,在倒数第二的位置上得到一个新的最大数(其实在整个数列中它是第二大的数)。
- 如此下去,重复以上过程,直至最终完成排序。

整个排序过程可以用表 3-9 表示。

表 3-9　冒泡排序过程表

原本序列	5	4	3	2	1
第 1 轮冒泡	4	5	3	2	1
	4	3	5	2	1
	4	3	2	5	1
	4	3	2	1	5
第 2 轮冒泡	3	4	2	1	5
	3	2	4	1	5
	3	2	1	4	5
第 3 轮冒泡	2	3	1	4	5
	2	1	3	4	5
第 4 轮冒泡	1	2	3	4	5

（2）选择排序

选择排序也是一种简单直观的排序算法，它的工作原理是：初始时在序列中找到最小（大）的元素，放到序列的起始位置作为已排序序列；然后，从剩余未排序元素中继续寻找最小（大）的元素，放到已排序序列的末尾。依此类推，直到所有元素均排序完毕。

选择排序的具体步骤如下。

- 首先定义一个最小值 min，用来存放序列的最小值。
- 第 1 轮：首先将第 1 个数作为最小值赋值给 min。然后依次比较第 2～5 个数，如果比较的数比 min 小，则将其值赋给 min。最后将 min 和第 1 个数交换。
- 第 2 轮：此时第 1 个数已经是全序列中的最小值了，现在寻找第 2 小的数。将第 2 个数赋值给 min，然后依次比较第 3～5 个数，找出最小值和第 2 个数交换。
- 如此下去，重复以上过程，直至最终完成排序。

整个排序过程可以用表 3-10 表示。

表 3-10　选择排序过程表

排序	数　　据					空间
原本序列	5	4	3	2	1	min＝5
第 1 轮选择	5	4	3	2	1	min＝4
	5	4	3	2	1	min＝3
	5	4	3	2	1	min＝2
	5	4	3	2	1	min＝1
	1	4	3	2	5	交换
第 2 轮选择	1	4	3	2	5	min＝4
	1	4	3	2	5	min＝3
	1	4	3	2	5	min＝2
	1	4	3	2	5	min＝2
	1	2	3	4	5	交换
第 3 轮选择	1	2	3	4	5	min＝3
	1	2	3	4	5	min＝3
	1	2	3	4	5	min＝3
	1	2	3	4	5	无交换结束

（3）插入排序

插入排序是一种简单直观的排序算法，它的工作原理非常类似抓扑克牌。

插入排序的工作原理是：对于未排序数据（右手抓到的牌），在已排序序列（左手已经排好顺序的手牌）中从后向前扫描，找到相应位置并插入。插入排序在实现上通常采用 in-place 排序（即只需用到 $O(1)$ 的额外空间的排序），因此在从后向前扫描的过程中，需要反复把已排序元素逐步向后移位，为最新元素提供插入空间。

具体算法描述如下。

- 从第 1 个元素开始，该元素可以认为已经被排序。
- 第 1 轮：取出下一个元素，在已经排序的元素序列中从后向前扫描，如果该元素（已排序）大于新元素，则将该元素移到下一位置，直到找到已排序的元素小于或者等于新元素的位置，将新元素插入该位置后。
- 第 2 轮：将元素下移一个位置，利用相似的方法找到位置。
- 重复以上过程，直至最终完成排序。

整个排序过程可以用表 3-11 表示。

表 3-11　插入排序过程表

排序	数　据					空间
原本序列	5	4	3	2	1	
第 1 轮插入	5		3	2	1	4
	5	5	3	2	1	4
	4	5	3	2	1	4
第 2 轮插入	4	5		2	1	3
	4		5	2	1	3
		4	5	2	1	3
	3	4	5	2	1	3
第 3 轮插入	3	4	5		1	2
	3	4		5	1	2
	3		4	5	1	2
		3	4	5	1	2
	2	3	4	5	1	2
第 4 轮插入	2	3	4	5		1
	2	3	4		5	1
	2	3		4	5	1
	2		3	4	5	1
		2	3	4	5	1
	1	2	3	4	5	1

（4）堆排序

堆排序是指利用堆这种数据结构所设计的一种选择排序算法。堆是一种近似完全二叉树的结构（通常堆是通过一维数组实现的），并满足性质：以最大堆（也称大根堆、大顶堆）为例，其中父节点的值总是大于它的孩子节点的值。

可以很容易地定义堆排序的过程如下。

步骤 1：由输入的无序数组构造一个最大堆，作为初始的无序区。

步骤 2：把堆顶元素（最大值）和堆尾元素互换。

步骤 3：把堆（无序区）的尺寸缩小 1，并调用 heapify(A, 0) 从新的堆顶元素开始进行堆调整。

步骤 4：重复步骤 2，直到堆的尺寸为 1。

（5）归并排序

归并排序是创建在归并操作上的一种有效的排序算法，效率为 $O(n\log n)$，1945 年由冯·诺依曼首次提出。

归并排序的实现分为递归实现与非递归（迭代）实现。递归实现的归并排序是算法设计中分治策略的典型应用，可以将一个大问题分割成小问题分别解决，然后用所有小问题的答案解决整个大问题。非递归（迭代）实现的归并排序首先进行的是两两归并，然后是四四归并，然后是八八归并，一直下去直到归并整个数组。

归并排序算法主要依赖归并（Merge）操作。归并操作指将两个已经排序的序列合并成一个序列的操作，归并操作的步骤如下。

步骤 1：申请空间，使其大小为两个已经排序的序列之和，该空间用来存放合并后的序列。

步骤 2：设定两个指针，最初位置分别为两个已经排序的序列的起始位置。

步骤 3：比较两个指针所指向的元素，选择相对较小的元素放入合并空间，并移动指针到下一位置。重复该步骤直到某一指针到达序列尾。

步骤 4：将另一序列剩下的所有元素直接复制到合并序列尾。

（6）快速排序

快速排序是由东尼·霍尔所发展的一种排序算法。在平均状况下，排序 n 个元素需要 $O(n\log n)$ 次比较，在最坏的状况下则需要 $O(n^2)$ 次比较，但这种状况并不常见。事实上，快速排序通常明显比其他 $O(n\log n)$ 算法要快，因为它的内部循环可以在大部分架构上很有效率地被实现出来。

快速排序使用分治策略（Divide and Conquer）把一个序列分为两个子序列，步骤如下。

步骤 1：从序列中挑选出一个元素，作为基准（pivot）。

步骤 2：把所有比基准值小的元素放在基准的前面，把所有比基准值大的元素放在基准的后面（相同的数可以放到任一边），这个过程称为分区（partition）操作；

步骤 3：对每个分区递归地进行步骤 1 和步骤 2，递归的结束条件是序列的大小是 0 或 1，这时整体已经被排好序了。

2. 非比较排序

下面探讨常用的非比较排序算法，包括计数排序、基数排序、桶排序。在一定条件下，它们的时间复杂度可以达到 $O(n)$。

这里用到的唯一数据结构就是数组，当然也可以利用链表实现下述算法。

（1）计数排序

计数排序（Counting Sort）用到了一个额外的计数数组 C，根据数组 C 将原数组 A 中的元素排到正确的位置。

通俗地理解，例如有 10 个年龄不同的人，假如统计出有 8 个人的年龄不比小明大（即小于或等于小明的年龄，这里也包括了小明），那么小明的年龄就排在第 8 位，通过这种思想可以确定每个人的位置，也就排好了序。当然，年龄一样时需要特殊处理（保证稳定性）：通过反向填充目标数组，填充完毕后将对应的数字递减，可以确保计数排序的稳定性。

计数排序的步骤如下。

步骤 1：统计数组 A 中每个值 $A[i]$ 出现的次数，存入 $C[A[i]]$。

步骤 2：从前向后使数组 C 中的每个值等于其与前一项相加的值，这样数组 $C[A[i]]$ 就变成了代表数组 A 中小于或等于 $A[i]$ 的元素个数。

步骤 3：反向填充目标数组 B，将数组元素 $A[i]$ 放在数组 B 的第 $C[A[i]]$ 个位置（下标为 $C[A[i]]-1$），每放一个元素就将 $C[A[i]]$ 递减。

（2）基数排序

基数排序（Radix Sort）的发明可以追溯到 1887 年赫尔曼·何乐礼在打孔卡片制表机上的贡献，它是这样实现的：将所有待比较的正整数统一为同样的数位长度，在数位较短的数前面补零。然后从最低位开始进行基数为 10 的计数排序，一直到最高位计数排序完成后，数列就变成了一个有序序列（利用了计数排序的稳定性）。

3.5.2　历年真题解析

题目 1　2018 年第 8 题（排序算法）

以下排序算法中，不需要进行关键字比较操作的算法是（　　）。

A. 基数排序　　　　　B. 冒泡排序　　　　　C. 堆排序　　　　　D. 直接插入排序

解析：基数排序是采用分配和收集实现的，不需要进行关键字的比较，而其他几种排序方法都是通过关键字的比较实现的。

参考答案：A

题目 2　2017 年第 17 题（时间复杂度）

设 A 和 B 是两个长为 n 的有序数组，现在需要将 A 和 B 合并成一个排好序的数组，任何以元素比较作为基本运算的归并算法在最坏情况下至少要做（　　）次比较。

A. n^2　　　　　　B. $n\log n$　　　　　C. $2n$　　　　　　D. $2n-1$

解析：归并排序采用了分治策略，即将原问题分解为一些规模较小的相似子问题，然后递归解决这些子问题，最后合并其结果作为原问题的解。

归并排序将待排序数组 $A[1..n]$ 分成两个各含 $n/2$ 个元素的子序列，然后对这个两个子序列进行递归排序，最后将这两个已排序的子序列进行合并，即得到最终排好序的序列。具体排序过程如下页图所示。

归并排序有以下三个特点。

① 时间复杂度为 $O(n\log n)$。

	待排序数组:	(49)	(38)	(65)	(97)	(76)	(13)	(27)	(49)
	第 1 轮归并后:	(38	49)	(65	97)	(13	76)	(27	49)
	第 2 轮归并后:	(38	49	65	97)	(13	27	49	76)
	第 3 轮归并后:	(13	27	38	49	49	65	76	97)

② 归并排序并不是一种原地排序,因为需要申请额外空间充当临时容器。

③ 归并排序是一种稳定排序。

参考答案:B

题目 3　2013 年第 14 题(时间复杂度)

(　　)的平均时间复杂度为 $O(n\log n)$,其中 n 是待排序的元素个数。

A. 快速排序　　　　B. 插入排序　　　　C. 冒泡排序　　　　D. 基数排序

解析:快速排序的 3 个步骤如下。

步骤 1:找到序列中用于划分序列的元素。

步骤 2:用元素划分序列。

步骤 3:对划分后的两个序列重复步骤 1 和 2 直到序列无法再划分。

所以对于 n 个元素,其排序时间如下。

$T(n) = 2 * T(n/2) + n$ 表示将长度为 n 的序列划分为两个子序列,每个子序列需要 $T(n/2)$ 的时间,而划分序列需要 n 的时间。

而 $T(1) = 1$ 表示长度为 1 的序列无法划分子序列,只需要 1 的时间即可。

$T(n) = 2^{\log n} + \log n * n$ 表示 n 被不断二分最终只能二分 $\log n$ 次(最优的情况下每次选取的元素都均分序列)。

$T(n) = O(n\log n)$ 表示得出快速排序在最优情况下其排序时间为 $O(n\log n)$。

参考答案:A

题目 4　2012 年第 8 题(排序算法)

使用冒泡排序对序列进行升序排列,每执行一次交换操作,系统将会减少一个逆序对,因此序列 5,4,3,2,1 需要执行(　　)次操作才能完成冒泡排序。

A. 0　　　　　　　B. 5　　　　　　　C. 10　　　　　　　D. 15

解析:冒泡排序的基本概念是依次比较相邻的两个数,将小数放在前面,大数放在后面。即在第一轮首先比较第 1 个和第 2 个数,将小数放在前面,大数放在后面。然后比较第 2 个数和第 3 个数,将小数放在前面,大数放在后面,如此继续,直至比较最后两个数,将小数放在前面,大数放在后面。至此第一轮结束,将最大的数放到了最后。第二轮:仍从第一对数开始比较(因为可能由于第 2 个数和第 3 个数的交换使得第 1 个数不再小于第 2 个数),将小数放在前面,大数放在后面,一直比较到倒数第 2 个数(倒数第 1 的位置上已经是最大的数),第二轮结束,在倒数第 2 的位置上得到一个新的最大数(其实在整个数列中是第二大的数)。如此下去,重复以上过程,直至最终完成排序。

原本序列	5	4	3	2	1
第1轮冒泡	4	5	3	2	1
	4	3	5	2	1
	4	3	2	5	1
	4	3	2	1	5
第2轮冒泡	3	4	2	1	5
	3	2	4	1	5
	3	2	1	4	5
第3轮冒泡	2	3	1	4	5
	2	1	3	4	5
第4轮冒泡	1	2	3	4	5

冒泡排序最多要排 $n(n-1)/2$ 次（本题这样的原本序列是逆序列），最少要 $n-1$ 次冒泡次数（由小到大的正序列）。

参考答案：C

题目5　2011年第8题（排序算法）

体育课的铃声响了，同学们都陆续地奔向操场，按老师的要求从高到矮站成一排。每个同学按顺序来到操场时，都从排尾走到排头，找到第一个比自己高的同学，并站在他的后面。这种站队的方法类似于（　　）算法。

A. 快速排序　　　　　B. 插入排序　　　　　C. 冒泡排序　　　　　D. 归并排序

解析：插入排序的基本思想是每步将一个待排序的记录按其关键码值的大小插入前面已经排序的文件中的适当位置上，直到全部插入为止。

参考答案：B

题目6　2010年第12题（时间复杂度）

基于比较的排序时间复杂度的下限是（　　），其中 n 表示待排序的元素个数。

A. $O(n)$　　　　　B. $O(n\log n)$　　　　　C. $O(\log n)$　　　　　D. $O(n^2)$

解析：对于 n 个待排序元素，在未比较时，可能的正确结果有 $n!$ 种。在经过一次比较后，其中两个元素的顺序被确定，所以可能的正确结果剩余 $n!/2$ 种。

依次类推，直到经过 m 次比较，剩余可能性为 $n!/(2^m)$ 种。直到 $n!/(2^m) \leqslant 1$ 时，结果只剩余一种。此时的比较次数 m 为 $O(n\log n)$ 次。所以基于比较的排序算法，在最优情况下，复杂度是 $O(n\log n)$ 的。

参考答案：B

题目7　2009年第15题（时间复杂度）

快速排序在最坏情况下的算法时间复杂度为（　　）。

A. $O(\log_2 n)$　　　　　B. $O(n)$　　　　　C. $O(n\log 2n)$　　　　　D. $O(n^2)$

解析：参考书中知识讲解。

参考答案：D

题目 8　2009 年第 17 题（排序算法）

"排序算法是稳定的"的意思是关键码相同的记录排序前后相对位置不发生改变，下列排序算法不稳定的是（　　）。

A. 冒泡排序　　　　B. 插入排序　　　　C. 归并排序　　　　D. 快速排序

解析：参考书中知识讲解。

参考答案：D

3.5.3　知识点巩固

从历年考点角度分析，本节的考点主要为排序算法和时间复杂度。具体的出题数目比较如表 3-12 所示。

表 3-12　历年知识点出现次数统计表

知识点	排序算法	时间复杂度
出现个数	4	3
本节占比	57.14%	42.86%

从历年知识点的出现次数可以看出，两个知识点所占比率基本相同，对于排序算法，在程序设计题目方面经常考查，在选择题方面考查得并不是很多。

根据以上知识点，本书提供几道习题供大家复习巩固。

1. 若一个元素序列基本有序，则选用（　　）方法较快。（排序算法）

A. 直接插入排序　　B. 简单选择排序　　C. 堆排序　　　　D. 快速排序

2. 对下列 4 个序列用快速排序方法进行排序，以序列的第 1 个元素为基准进行划分。在第 1 轮划分过程中，元素移动次数最多的是序列（　　）。（排序算法）

A. 70,75,82,90,23,16,10,68

B. 70,75,68,23,10,16,90,82

C. 82,75,70,16,10,90,68,23

D. 23,10,16,70,82,75,68,90

3. 若对 n 个元素进行简单选择排序，则在进行任一轮排序的过程中，为寻找最小值元素所需要的时间复杂度为（　　）。（时间复杂度）

A. $O(1)$　　　　B. $O(\log n)$　　　　C. $O(n^2)$　　　　D. $O(n)$

4. 在排序方法中，关键字比较的次数与记录的初始排列次序无关的是（　　）。（排序算法）

A. 希尔排序　　　　B. 冒泡排序　　　　C. 插入排序　　　　D. 选择排序

5. 冒泡排序在最好情况下的时间复杂度为（　　）。（时间复杂度）

A. $O(1)$　　　　B. $O(\log 2n)$　　　　C. $O(n)$　　　　D. $O(n^2)$

6. 若对 n 个元素进行直接插入排序，在进行任意一轮排序的过程中，为寻找插入位置而需要的时间复杂度为（　　）。（时间复杂度）

    A. $O(1)$ B. $O(n)$ C. $O(n^2)$ D. $O(\log n)$

7. 对 n 个元素进行直接插入排序的时间复杂度为（　　）。（时间复杂度）

    A. $O(1)$ B. $O(n)$ C. $O(n^2)$ D. $O(\log n)$

8. 在平均情况下速度最快的排序方法为（　　）。（排序算法）

    A. 简单选择排序   B. 冒泡排序   C. 堆排序   D. 快速排序

9. 若需在 $O(n\log n)$ 的时间内完成对数组的排序，且要求排序是稳定的，则可选择的排序方法是（　　）。（时间复杂度）

    A. 快速排序   B. 堆排序   C. 归并排序   D. 希尔排序

第4章 算法与数学

算法(Algorithm)是指对解题方案的准确而完整的描述,是一系列解决问题的清晰指令,算法代表着用系统的方法描述解决问题的策略机制。

算法的分类很多,大致可分为基本算法、数据结构算法、数论算法、计算几何算法、图论算法、动态规划、加密算法、排序算法等。算法的设计以数学为基础,需要数学知识支撑。NOIP 对于算法的考查近年来逐渐增多,考核的知识内容主要有以下几个方面。

- 集合论。研究集合和集合以及集合和元素之间的关系。
- 图论。研究图中顶点、边、权重等之间的关系,是一种重要的数据结构。
- 数理逻辑。用数学方法研究逻辑或形式逻辑。
- 组合学。研究各类排列组合问题。

本章重点考查计算机问题的数学解决方法以及数学的应用问题,通过这些部分内容能够很好地锻炼学生的逻辑思维能力。

在过去 10 年中,这部分考试的分值如表 4-1 所示。

表 4-1　2009—2018 年算法与数学知识考试题目统计表

年份	2009	2010	2011	2012	2013	2014	2015	2016	2017	2018
分值	10	6.5	10	11.5	11.5	6.5	5	11	17.5	16

分值的历史趋势变化如图 4-1 所示。

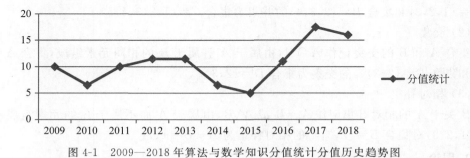

图 4-1　2009—2018 年算法与数学知识分值统计分值历史趋势图

从图 4-1 可以看出,该部分的考试分值近年明显上升,考试分值所占比率增大,主要表现在第二大题,问题求解基本集中在该部分。另外,该部分对学生能力的要求较高,近年来 NOIP 试题有加大难度的趋势,所以该部分题目的比重呈上升趋势。

4.1　应　用　数　学

4.1.1　基本知识介绍

计算机编程需要深厚的数学基础,由于计算机科学技术的飞速发展,其应用已深入社会的各个领域,从这个意义上来说,计算机科学的数学基础是非常广泛的,包括数学的一切分支。从传统观念来说,也就是传统的程序设计,它主要包括集合论、图论、数理逻辑、组合学等数学分支。

下面简单介绍集合论、图论和数理逻辑的基本知识。

1. 集合论

集合论是研究集合(由众多抽象物件构成的整体)的数学理论,包含集合、元素和成员关系等最基本的数学概念。在大多数现代数学的公式化中,集合论提供了描述数学物件的语言。集合论和逻辑与一阶逻辑共同构成了数学的公理化基础。

一个典型的集合可以表示为 $A=\{1,2,3,4,5\}$,其中 A 为集合名,1,2,3,4,5 是集合中的 5 个元素。于是元素和集合之间有以下关系:

* $1 \in A$ 表示元素 1 属于集合 A;
* $6 \notin A$ 表示元素 6 不属于集合 A。

两个集合之间的关系称为包含关系。若集合 B 中的所有元素都是集合 A 中的元素,则称集合 B 为 A 的子集,否则就不是子集。于是集合与集合之间也有以下关系:

* 若 $B=\{1,2\}$,则 $B \subseteq A$ 表示集合 B 是集合 A 的子集;
* 若 $C=\{1,6\}$,则 $C \nsubseteq A$ 表示集合 C 不是集合 A 的子集。

集合的常用运算有以下几种。

(1) 并集

集合 A 和 B 的并集记作 $A \bigcup B$,由所有属于集合 A 和属于集合 B 的元素所组成,集合 $A=\{1,2,3\}$ 和集合 $B=\{2,3,4\}$ 的并集为集合 $C=\{1,2,3,4\}$。

(2) 交集

集合 A 和 B 的交集记作 $A \bigcap B$,由属于 A 且属于 B 的相同元素组成,集合 $A=\{1,2,3\}$ 和集合 $B=\{2,3,4\}$ 的交集为集合 $D=\{2,3\}$。

(3) 相对补集

B 关于 A 的相对补集记作 $A-B$ 或 $A \backslash B$,由属于 A 而不属于 B 的元素组成,集合 $A=\{1,2,3\}$ 对集合 $B=\{2,3,4\}$ 的相对补集为 $A-B=\{1\}$。

2. 图论

图论起源于一个非常经典的问题——柯尼斯堡问题。

当时东普鲁士柯尼斯堡(今俄罗斯加里宁格勒)市区横跨普列戈利亚河两岸,河中心有两个小岛。小岛与河的两岸通过七座桥连接,如图 4-2 所示。有人提出一个问题:在所有桥都只能走一遍的前提下,如何才能把这个地方所有的桥都走遍。

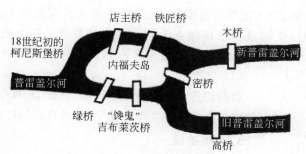

图 4-2 柯尼斯堡七桥示意图

问题提出后,很多人对此很感兴趣,纷纷进行试验,但在相当长的时间里都未能解决。利用普通数学知识,每座桥均走一次,那么这七座桥所有的走法一共有 5040 种,这么多情况要一一试验,会有很大的工作量。但怎么才能找到成功走过每座桥而不重复的路线呢?因此产生了著名的柯尼斯堡七桥问题。

1735 年,有几名大学生写信给当时正在俄罗斯彼得斯堡科学院任职的天才数学家欧拉,请他帮忙解决这一问题。1736 年,29 岁的欧拉提交了名为《柯尼斯堡七桥》的论文,圆满地解决了这一问题,同时开创了数学新分支——图论。

欧拉把问题抽象成图 4-3,其中 A、B、C、D 代表四块陆地,a、b、c、d、e、f、g 代表七座桥。走路问题也抽象成"一笔画问题",其规则抽象为:

① 由于不能重复过桥,所以每经过一条线,就必须把刚刚经过的线擦掉;

② 每经过一次顶点,此顶点就会擦去两条边;

③ 起点也是终点。

最后欧拉给出了结论,要满足"一笔画",必须满足以下条件之一:

① 如果起点和终点相同,每个顶点连接的边数必须都为偶数;

② 如果起点和终点不同,两个顶点边数是奇数,则其他顶点边数必须都是偶数。

最后对于"七桥问题"的结论:4 个顶点的边数都为奇数,不符合完成"一笔画"的任一条件,所以不可能一次走遍七座桥。

对于图,本书着重介绍以下几个概念。

(1)顶点和边

顶点是图中的一个点,图 4-3 中的 A 点就是一个顶点,由于顶点的英文为 Vertex,所以一般用 V 代表顶点。

边是图中连接顶点与顶点的线段,图 4-3 中的 a 就是一条边,由于边的英文为 Edge,所以一般用 E 代表边。

图就是由顶点和边组成的,一般用 G 表示图(Graph),所以一个图写作 $G=(V,E)$。

(2)度

在无向图中,某个顶点的度是邻接该顶点的边(或弧)的数目。图 4-3 中的顶点 A 的度为 5。

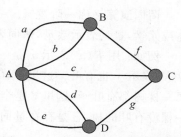

图 4-3 柯尼斯堡七桥抽象示意图

在有向图中，度还有"入度"和"出度"之分。某个顶点的入度是指以该顶点为终点的边的数目，而顶点的出度则是指以该顶点为起点的边的数目。顶点的度＝入度＋出度。图 4-4 中顶点 A 的入度为 1，出度为 2。

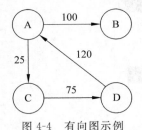

图 4-4　有向图示例

（3）权重

边的权重（weight）也称权值、开销、长度等，表示每条边所对应的值的大小。图 4-4 中从 A 点到 B 点的边的权重为 100。

3. 数理逻辑

数理逻辑是用数学方法研究逻辑或形式逻辑的学科，其研究对象是对证明和计算这两个直观概念进行符号化以后的形式系统。

数理逻辑最基本的组成部分是命题演算和谓词演算。

（1）命题演算

命题演算是研究命题如何通过一些逻辑连接词构成更复杂的命题以及逻辑推理的方法。命题是指具有具体意义且能判断它是真还是假的句子。

例如："如果周末下雨，并且乙不去，则甲一定不去。"这句话，利用 R 代表周末下雨，A 代表甲去，B 代表乙去。那么这句话可以表示成：

$$R \wedge \neg B \Rightarrow \neg A$$

命题演算的具体模型是逻辑代数。逻辑代数也称开关代数，它的基本运算是逻辑加、逻辑乘和逻辑非，也就是命题演算中的"或""与""非"，运算对象只有两个数 0 和 1，相当于命题演算中的"真"和"假"。

基本规则如下表所示。

A	B	非 A	或	与	异或
		$\neg A$	$A \vee B$	$A \wedge B$	$A \oplus B$
0	0	1	0	0	0
0	1	1	1	0	1
1	0	0	1	0	1
1	1	0	1	1	0

（2）谓词演算

谓词演算又称一阶逻辑。一个命题一般包括个体、量词和谓词。个体表示某一个物体或元素，量词表示数量，谓词表示个体的一种属性。

例如：用 $P(x)$ 表示 x 是一棵树，则 $P(y)$ 表示 y 是一棵树，用 $Q(x)$ 表示 x 有叶，则 $Q(y)$ 表示 y 也有叶。这里 P，Q 是一元谓词，x、y 是个体，公式 $\forall x(P(x) \rightarrow Q(x))$ 表示每一棵树都有叶子，这里 $\forall$ 是全称量词，表示"每一个"。公式 $\exists x(P(x) \wedge Q(x))$ 表示有一棵没有叶的树，$\exists$ 是存在量词，表示"至少存在一个"。

4.1.2　历年真题解析

题目 1　2018 年第 6 题（基本运算）

如果计算机处于小写输入状态,现在有一只小老鼠反复按照 CapsLock、字母键 A、字母键 S、字母键 D、字母键 F 的顺序循环按键,即 CapsLock、A、S、D、F、CapsLock、A、S、D、F、…,那么屏幕上输出的第 81 个字母是字母(　　)。

A. A　　　　　B. S　　　　　C. D　　　　　D. a

解析:CapsLock 是大小写转换键,所以屏幕上输出的字母序列为:ASDFasdfASDFasdf…,即 81%8＝1,对应字母 A。

参考答案:A

题目 2　2018 年第 1 题（数理逻辑）

甲、乙、丙、丁四人在考虑周末要不要外出郊游。

已知①如果周末下雨,并且乙不去,则甲一定不去;②如果乙去,则丁一定去;③如果丙去,则丁一定不去;④如果丁不去,而且甲不去,则丙一定不去。如果周末丙去了,则甲_____(去了/没去)(1分),乙_____(去了/没去)(1分),丁_____(去了/没去)(1分),周末_____(下雨/没下雨)(2分)。

解析:该题是推理题,需要找出一个突破口,将已知和结论分别进行环环推导,具体推导过程如下。

第一步:丙去了,结合③,丁不会去。

第二步:丁没去,联系②,乙不会去。

第三步:丁没去,丙去了,联系④,甲会去。

第四步:乙不去,甲去了,联系①,不会下雨。

参考答案:去了;没去;没去;没下雨。

题目 3　2017 年第 8 题（基本运算）

2017 年 10 月 1 日是星期日,1999 年 10 月 1 日是(　　)。

A. 星期三　　　　B. 星期日　　　　C. 星期五　　　　D. 星期二

解析:首先计算两个日期之间的间隔,然后用 7 取模,得出相差,利用差值计算出星期。

步骤 1:计算日期间隔,2017－1999＝18 年,其中要考虑闰年,共 5 个(2000,2004,2008,2012,2016),所以相隔天数为 18×365＋5＝6575。

步骤 2:用 7 取模,即 6575%7＝2。

步骤 3:计算星期,星期日倒退两天就是星期五。

参考答案:C

题目 4　2017 年第 11 题（基本运算）

对于给定的序列 $\{a_k\}$,把 (i,j) 称为逆序对(当且仅当 $i<j$ 且 $a_i>a_j$),那么序列 1,7,2,3,5,4 的逆序对有(　　)个。

A. 4　　　　　B. 5　　　　　C. 6　　　　　D. 7

解析:根据逆序对的定义,可知逆序对就是序列中大数在前、小数在后的数对,本题数列不多,可以列举出来,分别是 $(7,2),(7,3),(7,5),(7,4),(5,4)$。

参考答案：B

题目 5　2017 年第 1 题（基本运算）

一个人站在坐标 $(0,0)$ 处,面朝 x 轴正方向。第一轮,他向前走 1 单位距离,然后右转;第二轮,他向前走 2 单位距离,然后右转;第三轮,他向前走 3 单位距离,然后右转……他一直这么走下去。请问第 2017 轮后,他的坐标是：（_____，_____）。

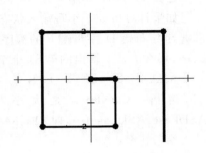

解析：该题目需要将坐标列举出来,然后从列举出来的坐标中找出规律。各点的坐标可以利用下表表示。

序　　号	(x,y) 变化值	(x,y)
1	$+1,0$	$1,0$
2	$0,-2$	$1,-2$
3	$-3,0$	$-2,-2$
4	$0,+4$	$-2,2$
5	$+5,0$	$3,2$
6	$0,-6$	$3,-4$
7	$-7,0$	$-4,-4$
8	$0,+8$	$-4,+4$
…	…	…

通过上表可以得出规律：x 每两次绝对值加 1,符号改变；y 初值为 0,每四次加 2,每两次变号。

步骤 1：确定 x 的值,$2017/2=1008\cdots1$,x 的绝对值为 1009；确定 x 的符号,$2017\%4\cdots1$,x 的符号为 $+$,得 $x=1009$。

步骤 2：确定 y 的值,$(2017-1)/4=504,504\times2=1008$,$y$ 的绝对值为 1008；确定 y 的符号,$(2017-1)\%4\cdots0$,y 的符号为 $+$,得 $y=1008$。

参考答案：$(1009,1008)$

题目 6　2017 年第 2 题（基本运算）

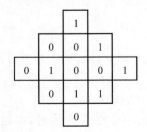

如左图所示,共有 13 个格子。对任何一个格子进行一次操作,会使得它自己以及它上、下、左、右相邻的格子中的数字改变（由 1 变 0 或由 0 变 1）。现在要使得所有格子中的数字都变为 0,至少需要_____次操作。

解析：需要 3 次,第 1 次操作第 3 排第 4 个,第 2 次操作第 3 排第 3 个,第 3 次操作第 1 排第 1 个（最上面）。

参考答案：3

题目 7　2016 年第 17 题（数理逻辑）

下图表示一个果园灌溉系统，有 A、B、C、D 四个阀门，每个阀门可以打开或关上，所有管道的粗细相同，以下设置阀门的方法中，可以让果树浇上水的是（　　）。

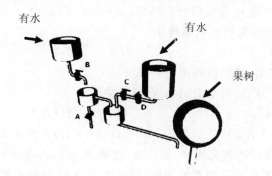

A. B 打开，其他都关上　　　　　　　　　　B. A、B 都打开，C、D 都关上

C. A 打开，其他都关上　　　　　　　　　　D. D 打开，其他都关上

解析：通过观察，有以下两种方法可以给树浇水。

（1）B 打开，A 关上。A 不关上的话，水会从 A 流失掉，果树得不到水。

（2）C 和 D 打开。此时 A 不关上也没关系，因为 A 的位置较高，水不会从 A 流失。

参考答案：A

题目 8　2016 年第 19 题（基本运算）

周末小明和爸爸妈妈三个人一起做三道菜。小明负责洗菜、爸爸负责切菜、妈妈负责炒菜。假设做每道菜的顺序都是：先洗菜 10 分钟，然后切菜 10 分钟，最后炒菜 10 分钟。那么做一道菜需要 30 分钟。注意：两道不同的菜的相同步骤不可以同时进行。例如第一道的菜和第二道的菜不能同时洗，也不能同时切。那么做完三道菜的最短时间需要（　　）分钟。

A. 90　　　　　　　B. 60　　　　　　　C. 50　　　　　　　D. 40

解析：该题是一个并行处理问题，即多人分工完成一件事情可以提高工作效率。本题的并行处理可以用下图表示。

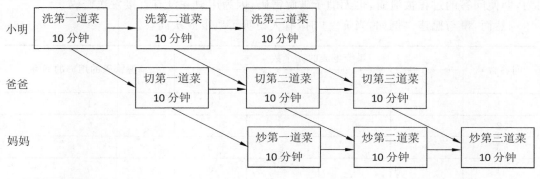

参考答案：C

题目 9　2014 年第 18 题（基本运算）

设有 100 个数据元素，采用折半搜索时，最大比较次数为（　　）。

A. 6　　　　　　　B. 7　　　　　　　C. 8　　　　　　　D. 10

解析：折半搜索每次去除一半数据，即 1/2 数据。最大比较次数即折半查找到最后一个数据。最大比较次数 n 可以用公式计算：$n = \log_2 N$，其中 N 为数据元素个数。

$n = \log_2 100 = 7$，数据为向上取整得出。

参考答案：B

题目 10　2013 年第 4 题（数理逻辑）

逻辑表达式（　　）的值与变量 A 的真假无关。

A. $(A \vee B) \wedge \neg A$　　　　　　　　　　B. $(A \vee B) \wedge \neg B$

C. $(A \wedge B) \vee (\neg A \wedge B)$　　　　　　D. $(A \vee B) \wedge \neg A \wedge B$

解析：题目中各符号的含义为 $\vee$ 表示或（逻辑加法），$\wedge$ 表示与（逻辑乘法），$\neg$ 表示非（逻辑否定）。此类题目常采用真值表法，例如选项 A 的真值表如表 4-2 所示。

表 4-2　题目 11 的真值表

A	B	$A \vee B$	$\neg A$	$(A \vee B) \wedge \neg A$
0	0	0	1	0
0	1	1	1	1
1	0	1	0	0
1	1	1	0	0

从真值表中可以看出，结果与 A 变量有关系。

对 B、C、D 选项分别采用真值表进行计算，可得出选项 C 与 A 变量无关。

参考答案：C

题目 11　2013 年第 2 题（基本运算）

某系统自称使用了一种防窃听的方式验证用户密码。密码是 n 个数 $s_1, s_2, \cdots, s_n$，均为 0 或 1。该系统每次随机生成 n 个数 $a_1, a_2, \cdots, a_n$，均为 0 或 1，请用户回答 $(s_1 a_1 + s_2 a_2 + \cdots + s_n a_n)$ 除以 2 的余数。如果多次的回答总是正确，即认为掌握密码。该系统认为，即使问答的过程被泄露，也无助于破解密码，因为用户并没有直接发送密码。

然而，事与愿违。例如，当 $n = 4$ 时，有人窃听了以下 5 次问答。

问答编号	系统生成的 n 个数				掌握密码的用户的回答
	a_1	a_2	a_3	a_4	
1	1	1	0	0	1
2	0	0	1	1	0
3	0	1	1	0	0
4	1	1	1	0	0
5	1	0	0	0	0

破解出了密码 $s_1=$＿＿＿＿＿，$s_2=$＿＿＿＿＿，$s_3=$＿＿＿＿＿，$s_4=$＿＿＿＿＿。

解析：根据用户的回答，代入 a_1,a_2,a_3,a_4，可以倒推出有关 s_1,s_2,s_3,s_4 的关系式为

$$\begin{cases}(s_1+s_2)\%2=1 & ① \\ (s_3+s_4)\%2=0 & ② \\ (s_2+s_3)\%2=0 & ③\end{cases}$$

$$(s_1+s_2+s_3)\%2=0 \qquad ④$$

$$(s_1)\%2=0 \qquad ⑤$$

根据上面五个式子中的⑤式，可以推出 $s_1=0$，将 s_1 代入①式，得出 $s_2=1$，将 s_2 代入③式，得出 $s_3=1$，将 s_3 代入②式，得出 $s_4=1$。

参考答案：0；1；1；1。

题目 12　2011 年题目 2（基本运算）

定义字符串的基本操作为删除一个字符、插入一个字符和将一个字符修改成另外一个字符。将字符串 A 变成字符串 B 的最少操作步数称为字符串 A 到字符串 B 的编辑距离。字符串 ABCDEFG 到字符串 BADECG 的编辑距离为＿＿＿＿＿。

解析：根据字符串定义操作如下。

步骤 1：ABCDEFG，删除 A 得出 BCDEFG（A→）。

步骤 2：BCDEFG，将 C 替换成 A 得出 BADEFG（C→A）。

步骤 3：BADEFG，将 F 替换成 C 得出 BADECG（F→C）。

参考答案：3

题目 13　2010 年第 3 题（数理逻辑）

以下逻辑表达式的值恒为真的是（　　　）。

A. $P \vee (\neg P \wedge Q) \vee (\neg P \wedge \neg Q)$　　　　　　B. $Q \vee (\neg P \wedge Q) \vee (P \wedge \neg Q)$

C. $P \vee Q \vee (P \wedge \neg Q) \vee (\neg P \wedge Q)$　　　　D. $P \vee \neg Q \vee (P \wedge \neg Q) \vee (\neg P \wedge \neg Q)$

解析：该题采用真值表达式就可以解决，这里仍以选项 A 为例，如表 4-3 所示。

表 4-3　题目 14 的真值表

P	Q	$\neg P$	$\neg Q$	$\neg P \wedge Q$	$\neg P \wedge \neg Q$	$P \vee (\neg P \wedge Q) \vee (\neg P \wedge \neg Q)$
0	0	1	1	0	1	1
0	1	1	0	1	0	1
1	0	0	1	0	0	1
1	1	0	0	0	0	1

参考答案：A

题目 14　2009 年第 2 题（图论）

有如下的一段程序：

```
1.  a=1;
2.  b=a;
3.  d=-a;
```

```
4.  e=a+d;
5.  c=2*d;
6.  f=b+e-d;
7.  g=a*f+c;
```

现在要把这段程序分配到若干台(数量充足)用电缆连接的 PC 上做并行执行。每台 PC 执行其中的某几个语句,并可随时通过电缆与其他 PC 通信,交换一些中间结果。假设每台 PC 每单位时间内可以执行一个语句,且通信花费的时间不计,则这段程序最快可以在____单位时间内执行完毕。注意:任意中间结果只有在某台 PC 上已经得到才可以被其他 PC 引用。例如若语句 4 和 6 被分别分配到两台 PC 上执行,因为语句 6 需要引用语句 4 的计算结果,则语句 6 必须在语句 4 之后执行。

解析:根据各个语句的依赖关系,可以绘制出如下网络拓扑关系图。

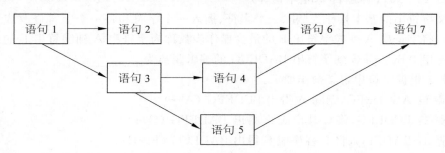

从上面的拓扑关系图可以看出:第一时间为 1,第二时间为 2 和 3,第三时间为 4 和 5,第四时间为 6,第五时间为 7。

参考答案:5

4.1.3　知识点巩固

从历年考点角度分析,本节的考点主要为基本运算、数理逻辑和图论。具体的出题数目比较如表 4-4 所示。

表 4-4　历年知识点出现次数统计表

知识点	基本运算	数理逻辑	图论
出现个数	10	4	1
本节占比	66.67%	26.67%	6.67%

从历年知识点的出现次数可以看出,基本运算知识点所占分值较高,主要原因是基本运算知识点包含的内容较多,本节把一些较随机的算法,如字符串举例、并行运算、取模运算、二进制运算等都归入基本运算知识点,至于具体某个知识点所考查的次数并不多。数理逻辑知识点考查的次数也相对较多。

根据以上知识点,本书提供几道习题供大家复习巩固。

1. 班级中 A、B、C、D 共 4 位同学参加百米竞赛,甲、乙、丙三位同学对比赛结果进行了预测,预测结果如下。

甲：C 第一，B 第二。

乙：C 第二，D 第三。

丙：A 第二，D 第四。

比赛结果发现，甲、乙、丙三位同学各预测对了一半，请问比赛结果排名是：_____。（数理逻辑）

2. 75 个学生去书店买语文、数学、英语课外书，每种书每个学生至多买一本。已知有 20 个学生每人买了 3 本书，55 个学生每人至少买 2 本书。设每本书的价格都是一元，所有学生总共花费 140 元，那么恰好买 2 本书的有_____个学生；买一本书的有_____个学生，没买书的有_____个学生。（基本运算）

3. 将正整数按照以下顺序排成 4 列，则根据表中的排列方法，数字 2016 应该排在_____行和_____列。（基本运算）

	第 1 列	第 2 列	第 3 列	第 4 列
第 1 行	1	2	3	
第 2 行		6	5	4
第 3 行	7	8	9	
第 4 行		12	11	10
...	...	...	...	...

4. 一条指令的执行过程可以分解为取指、分析和执行三步，在取指时间 $t_{取指}=3\Delta t$、分析时间 $t_{分析}=2\Delta t$、执行时间 $t_{执行}=4\Delta t$ 的情况下，若有 3 个 CPU 分别并行执行取指、分析和执行这三个步骤，则 10 条指令全部执行完需要_____Δt。（基本运算）

  A. 45   B. 50   C. 70   D. 90

5. 设 A＝true，B＝false，C＝false，D＝true，以下逻辑运算符表达式值为真的是（ ）。（数理逻辑）

  A. $(A \wedge B) \vee C \vee D$ B. $((A \wedge B) \vee C) \wedge D$

  C. $(A \wedge B \vee C) \vee D$ D. $(A \vee B) \wedge C \wedge D$

6. 有 6 个城市，任何两个城市之间都有一条道路连接，6 个城市两两之间的距离如下表所示，则城市 1 到城市 6 的最短距离为_____。（图论）

	城市 1	城市 2	城市 3	城市 4	城市 5	城市 6
城市 1	0	2	3	1	12	15
城市 2	2	0	2	5	3	12
城市 3	3	2	0	3	6	5
城市 4	1	5	3	0	7	9
城市 5	12	3	6	7	0	2
城市 6	15	12	5	9	2	0

7. 恺撒密码是一种替换加密技术,明文中的所有字母都在字母表上向后(或向前)按照一个固定数目进行偏移并被替换成密文。例如,当偏移量是 3 的时候,所有的字母 A 将被替换成 D,B 变成 E,…,Z 变成 C,以此类推。这个加密方法是以罗马共和时期恺撒的名字命名的,当年恺撒曾用此方法与其将军进行联系。

假如明文为 Rome,偏移量为向后移动 2 位,则加密后的密文为_____。(基本运算)

8. 图中阴影部分的表达式可以表示为(　　)。(集合论)

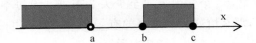

A. (x<a)&&(x>=b)&&(x<=c)　　　B. (x<a)&&(x>=b)||(x<=c)

C. (x<a)||(x>=b)&&(x<=c)　　　D. (x<a)&&(x>=b)||(x<=c)

4.2　组　合　学

排列组合是组合学最基本的概念。所谓排列,就是指从给定个数的元素中取出指定个数的元素进行排序。组合则是指从给定个数的元素中仅仅取出指定个数的元素,不考虑排序。排列组合的中心问题是研究给定要求的排列和组合可能出现的情况的总数。

4.2.1　基本知识介绍

在排列组合问题中,最基本的有原理以下四个。

1. 加法原理与乘法原理

加法原理:做一件事情,完成它可以有 n 类办法,在第一类办法中有 m_1 种不同的方法,在第二类办法中有 m_2 种不同的方法,在第 n 类办法中有 m_n 种不同的方法。那么完成这件事共有 $N=m_1+m_2+\cdots+m_n$ 种不同的方法。

乘法原理:做一件事情,完成它需要分成 n 个步骤,做第一步有 m_1 种不同的方法,做第二步有 m_2 种不同的方法,做第 n 步有种 m_n 不同的方法,那么完成这件事有 $N=m_1m_2\cdots m_n$ 种不同的方法。

两个原理的区别是:一个与分类有关,一个与分步有关;加法原理是"分类完成",乘法原理是"分步完成"。

2. 排列与组合

(1) 排列

排列:从 n 个不同元素中任取 $m(m \leqslant n)$ 个元素,按照一定的顺序排成一列,称为从 n 个不同元素中取出 m 个元素的一个排列。

排列数:从 n 个不同元素中取出 $m(m \leqslant n)$ 个元素的所有排列的个数,称为从 n 个不同元素中取出 m 个元素的排列数,用符号 A_n^m 表示。排列数的计算公式为:$A_n^m = n(n-1)(n-2)\cdots(n-m+1)=\dfrac{n!}{(n-m)!}$。

（2）组合

组合：从 n 个不同元素中，任取 $m(m \leqslant n)$ 个元素并成一组，称为从 n 个不同元素中取出 m 个元素的一个组合。

组合数：从 n 个不同元素中取出 $m(m \leqslant n)$ 个元素的所有组合的个数，称为从 n 个不同元素中取出 m 个元素的组合数，用符号 C_n^m 表示。组合数的计算公式表示为：$C_n^m = \dfrac{A_n^m}{m!}$

$$= \frac{n(n-1)(n-2)\cdots(n-m+1)}{m!} = \frac{n!}{m!(n-m)!}。$$

3. 鸽巢原理（抽屉原理）

鸽巢原理的简单形式为：如果 $n+1$ 个物体被放进 n 个盒子，那么至少有一个盒子包含两个或更多的物体。

另外其加强形式为：令 $q_1, q_2, \cdots, q_n$ 为正整数，如果将 $q_1 + q_2 + \cdots + q_n - n + 1$ 个物体放入 n 个盒子内，那么要么第一个盒子至少含有 q_1 个物体，要么第二个盒子至少含有 q_2 个物体，要么第 n 个盒子含有 q_n 个物体。

鸽巢问题还有以下 3 个推理。

推论 1：m 只鸽子进 n 个巢，至少有一个巢中有 $\left[\dfrac{m}{n}\right]$ 只鸽子。

推论 2：$n(m-1)+1$ 只鸽子进 n 个巢，至少有一个巢中至少有 m 只鸽子。

推论 3：若 $m_1, m_2, \cdots, m_n$ 是正整数，且 $\dfrac{m_1 + m_2 + \cdots + m_n}{n} > r-1$，则至少有一个不小于 r。

4. 容斥原理

在计数时，必须注意没有重复，没有遗漏。为了使重叠部分不被重复计算，人们研究出一种新的计数方法，这种方法的基本思想是：先不考虑重叠的情况，把包含于某内容中的所有对象的数目先计算出来，然后再把计数时重复计算的数目排斥出去，使得计算的结果既无遗漏又无重复，这种计数的方法称为容斥原理。

利用数学公式表示为：集合 S 中不具有性质 $P_1, P_2, \cdots, P_m$ 的物体的个数为 $|A_1 \cap A_2 \cap \cdots \cap A_m| = |S| - \sum |A_i| + \sum |A_i \cap A_j| - \sum |A_i \cap A_j \cap A_k| + \cdots + (-1)^m |A_1 \cap A_2 \cap \cdots \cap A_m|$。

推论：至少具有性质 $P_1, P_2, \cdots, P_m$ 之一的集合 S 的物体的个数为 $|A_1 \cup A_2 \cup \cdots \cup A_m| = |S| - |A_1 \cap A_2 \cap \cdots \cap A_m| = \sum |A_i| - \sum |A_i \cap A_j| + \sum |A_i \cap A_j \cap A_k| + \cdots + (-1)^{m+1} |A_1 \cap A_2 \cap \cdots \cap A_m|$。

4.2.2 历年真题解析

题目 1 2018 年题目 12（排列组合）

设含有 10 个元素的集合的全部子集数为 S，其中有 7 个元素组成的子集数为 T，则 T/S 的值为（　　）。

A. 5/32　　　　B. 15/128　　　　C. 1/8　　　　D. 21/128

解析：由于集合不分先后顺序，所以该题目是纯粹的组合题目。

10 个元素中，有 7 个元素组成的子集数 T 为 $C(10,7)=120$。

10 个元素组成的全子集数 S 为

$$C(10,0)+C(10,1)+C(10,1)+\cdots+C(10,10)=1024$$

于是，$T/S=120/1024=15/128$。

参考答案：B

题目 2　2018 年题目 13（容斥原理）

10000 以内与 10000 互质的正整数有（　　）个。

A. 2000　　　　　B. 4000　　　　　C. 6000　　　　　D. 8000

解析：该题目利用容斥原理。

10000 的因数只有 2 和 5 两个，所以本题只要将 2 和 5 的倍数减去即可。

设 10000 以内 2 的倍数集合为 A，5 的倍数集合为 B，则有：

$$\{A \cup B\}=\{A\}+\{B\}-\{A \cap B\}$$
$$10000-\{A \cup B\}=10000-\{[10000/2]+[10000/5]-[10000/10]\}$$
$$=10000-6000=4000$$

参考答案：B

题目 3　2018 年第 2 题（容斥原理）

从 1 到 2018 这 2018 个数中，共有_____个包含数字 8 的数。

解析：该题直接计算包含 8 的数比较困难。利用容斥原理会简单不少。首先计算 0～1999 中所有不包含 8 的数字数目，千位只有 0、1 两种，百、十、个位都是 0、1、2、3、4、5、6、7、9 这 9 种，所以一共有：$2 \times 9 \times 9 \times 9=1458$，再减去一个全 0，为 1457。

所以最后包含 8 的数有 $1999-1457+2=544$（2 为 2008 和 2018 这两个数）。

参考答案：544

题目 4　2017 年第 9 题（排列组合）

甲、乙、丙三位同学选修课程，从 4 门课程中，甲选修 2 门，乙、丙各选修 3 门，则不同的选修方案共有（　）种。

A. 36　　　　　B. 48　　　　　C. 96　　　　　D. 192

解析：该题比较简单，就是基本的组合问题。

$$C(4,2)C(4,3)C(4,3)=6 \times 4 \times 4=96$$

参考答案：C

题目 5　2017 年第 14 题（加法乘法）

若串 S="copyright"，其子串的个数是（　　）。

A. 72　　　　　B. 45　　　　　C. 46　　　　　D. 36

解析：该题可以利用列举法，通过列举法找到规律。

（1）长度为 9 的子串有 1 个，即 S 本身；

（2）长度为 8 的子串有 2 个，即"copyrigh"和"opyright"；

（3）长度为 7 的子串有 3 个，即"copyrig""opyrigh"和"pyright"；

…

（9）长度为 1 的子串有 $9-1+1=9$ 个，即"c"、"o"、"p"、"y"、"r"、"l"、"g"、"h"、"t"；

（10）长度为 0 的子串有 1 个，即空串""。

将上述情况进行合计：$(1+9)9/2+1=46$。

参考答案：C

题目 6　2017 年第 19 题（排列组合）

一家四口人，至少两个人生日属于同一月份的概率是（　　）。（假定每个人生日属于每个月份的概率相同且不同人之间相互独立）

A. 1/12　　　　　B. 1/144　　　　　C. 41/96　　　　　D. 3/4

解析：该题直接求答案比较困难，但是解决它的逆命题比较简单，即没有任何两个人的生日属于同一月份的概率。

设 $P(A)$ 表示至少两个人的生日在同一月份的概率，则 $P(\tilde{A})$ 表示四个人的生日都不在同一月份的概率，则

$$P(A)=1-P(\tilde{A})$$

$$P(\tilde{A})=A(12,4)/12^4=12\times11\times10\times9/(12\times12\times12\times12)=55/96$$

$$P(A)=1-P(\tilde{A})=41/96$$

参考答案：C

题目 7　2016 年第 16 题（加法乘法）

有 7 个一模一样的苹果，放到 3 个一样的盘子中，一共有（　　）种放法。

A. 7　　　　　B. 8　　　　　C. 21　　　　　D. 37

解析：该题数据比较小，可以采用枚举法，因为苹果也一样，盘子也一样，所以数据没有前后之分。

情况 1：7 个苹果放到一个盘子的情况为 $(0,0,7)$。

情况 2：7 个苹果放到二个盘子的情况为 $(0,1,6),(0,2,5),(0,3,4)$。

情况 3：7 个苹果放到三个盘子的情况为 $(1,1,5),(1,2,4),(1,3,3),(2,2,3)$。

参考答案：B

题目 8　2016 年第 1 题（加法乘法）

从一个 4×4 的棋盘（不可旋转）中选取不在同一行也不在同一列上的两个方格，共有 _____ 种方法。

解析：如图 4-5 所示，首先从 4×4 的方格中任意选择一个方格，共有 16 种选法。第一个方格选择好之后，它所在的行和列都不能选择了，除去这些方格，其他方格都能第二次选择，共有 9 种选择方法。由于两个方格的选择不分顺序，所以最后结果要除以 2。

根据乘法原理，共有 $16\times9/2=72$ 种方法。

参考答案：72

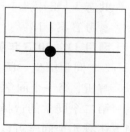

图 4-5　题目 8 解析图

题目 9　2015 年第 1 题（错排问题）

重新排列 1,2,3,4 使得每一个数字都不在原来的位置上，一共有 _____ 种排法。

解析：这是错排问题。

$1,2,3,\cdots,n$ 个数，i 不在第 i 个位置的排列方法，称为 n 个不同元素的错排问题。

错排问题的递归思想如下。

设 $f(n)$ 为 n 个不同元素的错排方案，那么总的排列次数可以分为以下两种情况。

① n 先不动，把另外的 $n-1$ 个数错排，方案是 $f(n-1)$，然后 n 和另外的 $n-1$ 个交换，共有 $(n-1)f(n-1)$ 种方案。

② n 和其他 $n-1$ 个之一交换，其余 $n-2$ 个错排，共有 $(n-1)f(n-2)$ 种方案。

由加法原理，可得出错排的递推公式为

$$f(n)=(n-1)(f(n-1)+f(n-2))\quad f(1)=0\quad f(2)=1$$

另外，根据递归公式，也可以推出 n 个数错排公式的计算公式为

$$f(n)=n!(1/2!-1/3!+1/4!+\cdots+(-1)^n/n!)$$

此公式的推导过程要用到筛法公式，而且推导过程很复杂，对于 $n\leqslant 4$ 时，可采用枚举法。枚举结果为

$$2143,2413,2431,3142,3412,3421,4123,4312,4321$$

参考答案：9

题目 10　2014 年第 1 题（加法乘法）

把 M 个同样的球放到 N 个同样的袋子里，允许有的袋子空着不放，问共有多少种不同的放置方法（用 K 表示）。

例如：当 $M=7$，$N=3$ 时，$K=8$；在这里认为 $(5,1,1)$ 和 $(1,5,1)$ 是同一种放置方法。

问：当 $M=8$，$N=5$ 时，$K=$ _____。

解析：该题可以采用枚举法实现，枚举时注意分类。

① 球放到 1 个袋子中的放法：$(0,0,0,0,8)$。

② 球放到 2 个袋子中的放法：$(0,0,0,1,7),(0,0,0,2,6),(0,0,0,3,5),(0,0,0,4,4)$。

③ 球放到 3 个袋子中的放法：$(0,0,1,1,6),(0,0,1,2,5),(0,0,1,3,4),(0,0,2,2,4),(0,0,2,3,3)$。

④ 球放到 4 个袋子中的放法：$(0,1,1,1,5),(0,1,2,1,4),(0,1,2,2,3),(0,1,3,1,3),(0,2,2,2,2)$。

⑤ 球放到 5 个袋子中的放法：$(1,1,1,1,4),(1,1,1,2,3),(1,1,2,2,2)$。

共有 $1+4+5+5+3=18$ 放置方法。

参考答案：18

题目 11　2013 年第 1 题（加法乘法）

7 个同学围坐一圈，要选 2 个不相邻的作为代表，有 _____ 种不同的选法。

解析：第一个同学的选择，从 7 个同学中任选一个，共有 7 种选法。

第二个同学的选择，由于不相邻，所以选中的那个同学及其周围 2 个同学都不能选，剩下还有 4 个同学可以选择。

由于每对同学会被重复计算两次，因此一共有 $7\times4/2=14$ 种不同的选法。

参考答案：14

题目 12　2012 年第 19 题（加法乘法）

原字符串中任意一段连续的字符所组成的新字符串称为子串。字符 AAABBBCCC 共

有( )个不同的非空子串。

A. 3　　　　　　　　B. 12　　　　　　　　C. 36　　　　　　　　D. 45

解析：该题利用枚举法进行列举。

① 以第 1 个 A 开头的有 9 种：A，AA，AAA，AAAB，…，AAABBBCCC。

② 以第 2 个 A 开头的有 6 种：AAB，AABB，AABBB，…，AABBBCCC。

③ 以第 3 个 A 开头的有 6 种：AB，ABB，ABBB，…，ABBBCCC。

④ 以第 1 个 B 开头的有 6 种：B，BB，BBB，…，BBBCCC。

⑤ 以第 2 个 B 开头的有 3 种：BBC，BBCC，BBCCC。

⑥ 以第 3 个 B 开头的有 3 种：BC，BCC，BCCC。

⑦ 以 C 开头的有 3 种：C，CC，CCC。

共有 9+6＊3+3＊3＝36 个不同的非空子串。

参考答案：36

题目 13　2012 年第 1 题（加法乘法）

如果在平面上任取 n 个整点（横纵坐标都是整数），其中一定存在两个点，它们连线的中点也是整点，那么 n 至少是＿＿＿＿＿＿。

解析：假设任意两点为 $A(x_1,y_1)$ 和 $B(x_2,y_2)$，那么中点 C 为$((x_1+x_2)/2,(y_1+y_2)/2)$。现在要求 C 为整点，即 x_1+x_2 和 y_1+y_2 为偶数。两个数相加为偶数的条件为两数要么同为偶数，要么同为奇数。

对于 A、B 两点，其数据的奇偶性可以排列为：（奇、奇），（奇、偶），（偶、奇），（偶、偶）四种。如果有第 5 个点存在，那么肯定可以找到一组奇偶相同的组合。

参考答案：5

题目 14　2012 年第 2 题（排列组合）

在 NOI 期间，主办单位为了欢迎选手，举行了盛大的晚宴。在第十八桌，有 5 名中国选手和 5 名外国选手共同进膳。为了增进交流，他们决定相隔就座，即每个中国选手左右旁都是外国选手，每个外国选手左右旁都是中国选手。那么，这一桌一共有＿＿＿＿＿＿＿种不同的就座方案。

注：如果在两个方案中，每个选手左右相邻的选手相同，则视为同一种方案。

解析：先让中国选手坐成一周的排列方法有 $A(5,5)/5＝24$ 种，外国选手可以插入到中国选手的中间 5 个空格中，则有 $A(5,5)＝120$ 种方法。

所以，利用乘法原理，有 $24×120＝2880$ 种就座方案。

参考答案：2880

题目 15　2011 年第 1 题（加法乘法）

每份考卷都有一个 8 位二进制序列号。当且仅当一个序列号含有偶数个 1 时，它才是有效的。例如，00000000、01010011 都是有效的序列号，而 11111110 不是。那么，有效的序列号共有＿＿＿＿＿＿＿个。

解析：该题是偶校验问题，即一个二进制序列要保证其序列中 1 的个数为偶数。那么把最后一位看作是校验位，前面 7 位随机组合，当前面 7 位确定了，最后一位校验位也就确定了。

所以,序列号共有 $2^7 = 128$ 个。

参考答案：128

题目 16　2010 年第 2 题（加法乘法）

队列快照是指在某一时刻队列中的元素组成的有序序列。例如,当元素 1、2、3 入队,元素 1 出队后,此刻的队列快照是"2 3"。当元素 2、3 也出队后,队列快照是"",即为空。现有 3 个正整数元素依次入队、出队。已知它们的和为 8,则共有 _____ 种可能的不同的队列快照(不同队列的相同快照只计一次)。例如,"5 1""4 2 2""""都是可能的队列快照;而"7"不是可能的队列快照,因为剩下的 2 个正整数的和不可能是 1。

解析：3 个元素可能是 $(1,1,6)$,$(1,2,5)$,$(1,3,4)$,$(2,2,4)$,$(2,3,3)$,快照中元素个数可能是 0,1,2,3,如表 4-5 所示。

表 4-5　题目 16 解析表

序号	元素个数	种类数	具 体 情 况
1	0	1	""
2	1	6	1,2,3,4,5,6
3	2	$6×2+3×3=21$	对于 $(1,2,5)$,$(1,3,4)$,每个有 6 种类型变换; 对于 $(1,1,6)$,$(2,2,4)$,$(2,3,3)$,每个有 3 种类型变换
4	3	$6×2+3×3=21$	对于 $(1,2,5)$ $(1,3,4)$,每个有 6 种类型变换; 对于 $(1,1,6)$ $(2,2,4)$ $(2,3,3)$,每个有 3 种类型变换

参考答案：C

题目 17　2009 年第 1 题（排列组合）

小陈现有两个任务 A、B 要完成,每个任务分别有若干步骤如下：A＝a1→a2→a3,B＝b1→b2→b3→b4→b5。在任何时候,小陈只能专心做某个任务的一个步骤。但是如果愿意,他可以在做完手中任务的当前步骤后切换至另一个任务,从上次此任务第一个未做的步骤继续。每个任务的步骤顺序不能打乱,例如…a2→b2→a3→b3…是合法的,而…a2→b3→a3→b2…是不合法的。小陈从 B 任务的 b1 步骤开始做,当恰好做完某个任务的某个步骤后就停工回家吃饭了。当他回来时,只记得自己已经完成了整个任务 A,其他的都忘记了。试计算小陈饭前已做的可能的任务步骤序列共有 _____ 种。

解析：本题根据条件可知,一共有 5 种情况 $\{A,b1\}$、$\{A,b1,b2\}$、$\{A,b1,b2,b3\}$、$\{A,b1,b2,b3,b4\}$ 和 $\{A,b1,b2,b3,b4,b5\}$,针对这 5 种情况,再分别采用组合公式。

B 任务中的 b1 一定做,而且肯定是第一个做的。除了 b1 外,其他情况如下。

序号	完成的任务	组合情况	计算结果
1	只完成 A 任务	C	1
2	完成 A 任务和 b2	C(4,1)	4
3	完成 A 任务和 b2、b3	C(5,2)	10
4	完成 A 任务和 b2、b3、b4	C(6,3)	20
5	完成 A 任务和 b2、b3、b4、b5	C(7,4)	35

合计：1＋4＋10＋20＋35＝70。

参考答案：70

4.2.3 知识点巩固

从历年考点角度分析，本节的考点主要为加法乘法、排列组合、错排问题和容斥原理。具体的出题数目比较如表 4-6 所示。

表 4-6 历年知识点出现次数统计表

知识点	加法乘法	排列组合	错排问题	容斥原理
出现个数	9	5	1	2
本节占比	52.94%	29.41%	5.88%	11.76%

从历年知识点的出现次数可以看出，加法乘法知识点所占分值较高，主要原因是加法乘法知识点是组合数学的基础，很多基本问题都需要利用该原理实现。另外排列组合也是组合数学的基本问题，在该节中所占分值也不少。

根据以上知识点，本书提供几道习题供大家复习巩固。

1. 75 名儿童到游乐场去玩。他们可以骑旋转木马、坐滑行铁道、乘宇宙飞船。已知其中 20 人这三种项目都玩过，55 人至少玩过其中的两种。若每样乘坐一次的费用是 5 元，游乐场总共收入 700，可知有_____名儿童没有玩过其中任何一种。（加法乘法）

2. 分母是 1000 的最简分数一共有_____个。（加法乘法）

    A. 356   B. 385   C. 400   D. 522

3. 学校师生合影，共 6 个学生，2 个老师，要求老师在学生中间，且老师互不相邻，共有_____种不同的合影方式。（排列组合）

4. 书架上有 21 本书，编号从 1 到 21，从其中选 4 本，其中每两本的编号都不相邻的选法一共有_____种。（排列组合）

5. 3 个男生和 3 个女生排成一排，3 个女生要排在一起，一共有_____种不同的排法。（排列组合）

    A. 36   B. 72   C. 144   D. 288

6. 袋中有不同年份生产的 1 元钱 13 个，不同年份生产的 2 元钱 5 个，如果从袋中取出 20 元钱，则有_____种取法。（加法乘法）

7. 学校安排考试科目 6 门，语文要在数学之前考，有_____种不同的安排顺序。（加法乘法）

8. 用数字 0，1，2，3，4，5 组成没有重复的五位数，其中比 40000 大的偶数一共有_____种。（加法乘法）

9. 在书架上放有编号为 1，2，…，n 的 n 本书。现将 n 本书全部取下然后再放回去，放回去时要求每本书都不能放在原来的位置上。例如，当 n＝3 时，

原来位置为：1，2，3。

放回去时只能为：3，1，2 或 2，3，1。

问题：当 $n=4$ 时满足以上条件的放法共有_____种。（不用列出每种放法）（加法乘法）

10. 小明从 E 点出发，经过 F 点接小红，一起去 G 点的老年公寓进行慰问活动（参见图 4-6），请问最短路径的走法一共有_____种。（加法乘法）

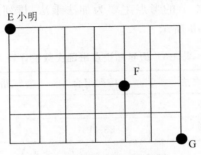

图 4-6　测试题 10 示意图

下 篇

阅读和完善程序

（试题 3 和试题 4 分类解析）

第5章 阅读和完善程序概述

5.1 阅读和完善程序

从本章开始,本书分析试题的后两道大题:第三题"阅读程序写结果"和第四题"完善程序"。阅读程序写结果每年有 4 题,每题 8 分,共 32 分,是 NOIP 考试中的一大拉分点。该题型考查的知识点非常多,主要包括计算机语言、多重循环的嵌套、数组的操作等。对于阅读程序题,考生一定要细心,程序从主函数 main 开始顺序执行,要注意循环的判断条件以及程序的输入和输出细节。

完善程序每年 2 题,每题 14 分,共 28 分。该部分的成败也直接决定了是否能够通过 NOIP 的初赛。完善程序题主要考查考生对于各类算法的理解,以及基本的函数、字符串、数组的操作。补充完善程序题的首要点就是要弄清楚出题者的意图,了解程序要实现什么样的功能,对于要实现这样的功能,需要考生将程序补充完整。完善程序所要填写的部分一般不会很难,只要弄清楚所在程序段要实现的功能就可以将程序补充完整。

5.2 常用解题方法

阅读程序写结果和完善程序题主要考查学生以下几个方面的能力。
- 程序设计语言的掌握情况。
- 程序中基本算法的掌握情况。
- 数学的知识面及运算能力。
- 细心、耐心的计算思维。

该部分的解题也是有规律可循的,本书主要总结了以下几种解题方法。

5.2.1 模拟法

在 NOIP 的阅读程序题中有相当一部分基础题,主要考查考生对程序设计语言的基本语法的掌握,这类题目利用纯"模拟法"就可以得出答案。

所谓"模拟法"就是利用人脑完全模拟程序的执行过程,只要题目不是很复杂,这种方法就比较奏效。但在模拟过程中,特别要注意各个变量的变化以及书写的认真和整洁,因为一个变量的计算错误就会引起整个程序结果的错误。

案例展示:

```
#include<iostream>
using namespace std;
int main(){
    int i,a,b,c,d,f[4];
    for(i=0;i<4;i++)
        cin>>f[i];
    a=f[0]+f[1]+f[2]+f[3];
    a=a/f[0];
    b=f[0]+f[2]+f[3];
    b=b/a;
    c=(b*f[1]+a)/f[2];
    d=f[(b/c)%4];
    if(f[(a+b+c+d)%4]>f[2])
        cout<<a+b<<endl;
    else
        cout<<c+d<<endl;
    return 0;
}
```

输入：

9 19 29 39

输出：_____

【分析】 该题是 2008 年阅读程序写结果第 1 题,对于无规律可循且不是很复杂的题目,可以直接使用"模拟法",具体模拟如表 5-1 所示(a,b,c,d,数组 f 都是整型)。

表 5-1 模拟法的具体模拟

数 据 模 拟	对 应 语 句
f[0]=9, f[1]=19, f[2]=29, f[3]=39	cin>>f[i];
a=f[0]+f[1]+f[2]+f[3]=9+19+29+39=96	a=f[0]+f[1]+f[2]+f[3];
a=a/f[0]=96/9=10	a=a/f[0];
b=f[0]+f[2]+f[3]=9+29+39=77	b=f[0]+f[2]+f[3]
b=b/a=77/10=7	b=b/a;
c=(b*f[1]+a)/f[2]=(7*19+10)/29=4	
d=f[(b/c)%4]=f[(7/4)%4]=f[1]=19	
(a+b+c+d)%4=0	if(f[(a+b+c+d)%4]>f[2])
if(f[0]>f[2]) f[(a+b+c+d)%4]>f[2]➡f[0]>f[2]➡9>29 不成立 执行 c+d	cout<<a+b<<endl; else cout<<c+d<<endl;

【参考答案】 23

5.2.2 先猜测，后验证

模拟法虽然奏效，但如果考生对整个程序要完成的功能不是很理解，就会造成模拟法的速度很慢。如果考生知道了程序的功能，那么对阅读程序的效率提高就会很大。所以在阅读程序时，考生可以借助以前阅读程序的功底以及程序中变量和函数的提示大胆猜测程序的功能，然后再验证。这就要求考生在平时学习时，一方面要及时总结经典或者常用的一些功能代码段，另一方面要求学员在阅读程序时能够先整体、后局部，及时将含有这些代码段的函数或者段落提取出来。

案例展示：

```cpp
#include<iostream>
#include<cstring>
using namespace std;
#define MAX 100
void solve(char first[], int spos_f, int epos_f, char mid[], int spos_m, int epos_m)
{
    int i, root_m;
    if(spos_f>epos_f)
        return;
    for(i=spos_m;i<=epos_m;i++)
        if(first[spos_f]==mid[i])
        {
            root_m=i;
            break;
        }
    solve(first,spos_f+1,spos_f+(root_m-spos_m),mid,spos_m,root_m-1);
    solve(first, spos_f+(root_m-spos_m)+1,epos_f,mid,root_m+1,epos_m);
    cout<<first[spos_f];
}
int main()
{
    char first[MAX],mid[MAX];
    int len;
    cin>>len;
    cin>>first>>mid;
    solve(first,0,len-1,mid,0,len-1);
    cout<<endl;
    return 0;
}
```

输入：

7

ABDCEGF

BDAGECF

输出：_____

【分析】 该题是 2008 年阅读程序写结果第 4 题。阅读该题，可以发现里面有函数调用和递归调用，然后发现其中有 first、mid 以及 root 这三个单词，first 常对应于二叉树的先序遍历，mid 常对应于二叉树的中序遍历，root 常对应于二叉树的根节点。由此可以大胆推测这是一个有关二叉树的题目。由 solve 的意思（解决）可以进一步推测该题是由先序的中序遍历解决后序遍历，然后根据输入验证输出结果，验证无误后可快速得出答案。

【参考答案】 DBGEFCA

5.2.3 表格法

在程序执行过程中，常常涉及双重循环、递归调用等稍微复杂的过程，这些过程模拟往往涉及较多的变量变化，稍不留神就可能会导致整个程序的错误。为了让整个过程整洁有序，快速发现程序的运行规律，设计表格是非常有必要的。

案例展示：

```cpp
#include<iostream>
using namespace std;
int main(){
    int i,j,sum;
    sum=0;
    for(i=1;i<=4;i++)
        for(j=1;j<=4;j++)
        {
            sum=sum+i*j;
            cout<<sum+i*j<<' ';
        }
    return 0;
}
```

输出：_____

【分析】 该程序可以清晰地知道是一个 4×4 的双重循环求和，表格法更能清楚地展示结果。

i	1				2			
j	1	2	3	4	1	2	3	4
sum	1	3	6	10	12	16	22	30
i	3				4			
j	1	2	3	4	1	2	3	4
sum	33	39	48	60	64	72	84	100

【参考答案】 1 3 6 10 12 16 22 30   33 39 48 60 64 72 84 100

第6章 基本结构

6.1 基本知识介绍

C++程序必须有一个main函数,而且一个源程序只能有一个main函数。程序的运行总是从main函数开始;程序由一个main函数和0个或多个其他函数构成。main函数可以调用其他函数,但是不能被其他函数调用;语句均是以分号作为语句结束符;程序中大小写字母代表不同的含义;程序中使用的任何变量均需先定义、后使用。

main函数的基本结构:

```
int main(){
语句
    return 0;
}
```

6.1.1 常量与变量

(1) 常量

在程序中,值始终不变的数据称为常量。如字符常量'a',整型常量10,实型常量3.14。

另外还有一种用标识符表示数值不变的常量,称为符号常量。一般符号常量均大写,如:

```
const float PI=3.14;
```

(2) 变量

变量是一个有名字、有特定属性的存储单元。在程序运行期间,变量的值是可以改变的。变量必须先定义、后使用。

变量可以在定义的时候初始化,如:

```
int a=1,b=1;
```

也可以连续赋值,如:

```
int a,b;
a=b=1;
```

但不允许一边定义一边连续赋值,如:

```
int a=b=1;      //不能同时定义 a,b 并初始化为 1
```

（3）变量的分类

根据变量的作用域不同，可分为局部变量和全局变量。

根据变量存储类别可分为四类：自动变量、静态局部变量、外部变量、寄存器变量。

6.1.2　C++ 的三种基本控制结构

C++ 的三种基本控制结构如图 6-1 所示。

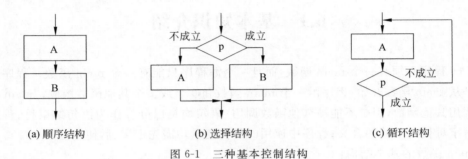

(a) 顺序结构　　　　　　　　(b) 选择结构　　　　　　　　(c) 循环结构

图 6-1　三种基本控制结构

1. 顺序结构

顺序结构按照程序的先后顺序自上而下执行。图 6-1(a) 中 A 和 B 是顺序执行的，即执行完 A 框所指定的操作后，接着执行 B 框所指定的操作。

所有的程序从整体而言都是一种顺序结构。

2. 选择结构

选择结构又称分支结构，此结构包含一个判断框，根据给定的条件 p 是否成立而选择执行 A 框或 B 框。

选择结构又分为单分支、双分支和多分支三种。

（1）单分支结构

单分支结构的表达式如下：

```
if(表达式)
    语句;
```

单分支结构的含义是：若表达式为真（值不为 0），则执行语句，否则不执行。若包含多条语句，则加一对{}。

（2）双分支结构

双分支结构的表达式如下：

```
if (表达式)
    语句 1;
else
    语句 2;
```

双分支结构的含义是：若表达式为真,则执行语句 1,否则执行语句 2。

（3）多分支结构

多分支结构往往都是嵌套使用的,在 if 语句中又包含一个或多个 if 语句,称为 if 语句的嵌套。

if 语句的嵌套表达式如下：

```
if(表达式 1)
    语句 1;
else
    if(表达式 2)
        语句 2;
    else
        语句 3;
```

else 总是与它前面最近且未配对过的 if 匹配。

复合语句内的 if 关键字对于外界是不可见的。

例如：

```
if(表达式 1)              //第 1 个 if
    if(表达式 2)          //第 2 个 if
    {
        if(表达式 3)      //第 3 个 if
        语句 3;
    }
    else
        语句 2;           //与第 2 个 else 相匹配
```

（4）用 switch 语句实现多分支选择结构

switch 语句表达式如下：

```
switch (表达式){
    case 常量表达式 1: 语句 1;break;
    case 常量表达式 2: 语句 2; break;
    ...
    case 常量表达式 n: 语句 n; break;
    default: 语句;
}
```

注意：
- 表达式的值必须是整型、字符型或枚举型;
- 多个 case 标号可以共用一组语句序列,以实现对多个常量执行同一个操作;
- default 可以省略;
- break 表示终止 switch,转而执行 switch 下面的语句;若不加 break,则执行完 case 后面的分支后会顺序执行下一个 case 分支。

3. 循环结构

（1）用 for 语句实现循环

for 循环语句表达式如下：

```
for(初值表达式 1;循环条件表达式 2;循环变化表达式 3)
    {
        循环语句;
    }
```

注意：

- 三个表达式都可以省略，但是分号不能省略；
- 执行时，表达式 1 只在开始时执行一次；然后判断表达式 2 是否为真，若为真则执行循环语句，否则不执行。

（2）用 while 语句实现循环

while 语句——当型循环表达式如下：

```
while(条件表达式)
{
    循环语句;
}
```

- 表达式为真（表达式为非 0）时，执行循环语句；
- 先判断，后循环；
- 当有多条语句要执行时，要用花括号把多个语句括起来；
- 在循环语句中必须有控制循环改变的语句，否则会出现死循环。

do…while 语句——直到型循环表达式如下：

```
do{
    循环语句;
}while(条件表达式);
```

- do…while 循环后面的分号一定不能丢；
- do…while 循环先执行、后判断，至少执行一次。

（3）跳转语句

使用跳转语句可以实现程序执行流程的无条件跳转。

C++ 提供了四种跳转语句，分别如下。

- break 语句

在循环体内的 break 语句，可以使循环立即结束，退出循环继续向下执行。但是 break 语句只能退出本层循环，如：

```
for(…){
    while(…){
        …
        if(…)
```

```
        break;
    }
}
```

上面的 if 条件若满足,则退出内层的 while 循环而不会退出 for 循环,开始下一次的 for 循环。

- continue 语句

continue 语句的作用是终止本次循环,开始执行下一次循环。

- return 语句

return 表示把程序流程从被调函数转向主调函数并把表达式的值带回主调函数,实现函数值的返回,返回时可附带一个返回值,由 return 后面的参数指定;也可用于循环体中满足条件时的结束语句。

- goto 语句

goto <标志>;

- 标志常用格式

<标志>:<语句>

goto 语句的作用是使程序执行流程跳转到标记的语句处。

6.2　历年真题解析与知识点巩固

题目 1　2018 年阅读程序第 1 题

```
#include<cstdio>
char st[100];
int main()
{
    scanf("%s",st);
    for(int i=0;st[i];++i)
    {
        if('A'<=st[i]&&st[i]<='Z')
            st[i]+=1;
    }
    printf("%s\n",st);
    return 0;
}
```

输入:

QuanGuoLianSai

输出:_____

【分析】 该题目实现的功能是：大写字母加 1，其他字符不变。

【参考答案】 RuanHuoMianTai

【核心知识点】 字符串或字符数组中大写字母的处理。

```
if('A'<=st[i]&&st[i]<='Z')
    st[i]+=1;
```

【巩固】 编写程序实现功能：输入一串字符，将其中的小写字母变成大写字母，大写字母变成小写字母，其余字符保持不变。

_____

_____

_____

_____

题目 2　2018 年阅读程序第 2 题

```
#include<cstdio>
int main()
{
    int x;
    scanf("%d",&x);
    int res=0;
    for(int i=0;i<x;++i){
        if(i * i %x ==1){
            ++res;
        }
    }
    printf("%d",res);
    return 0;
}
```

输入：

15

输出：_____

【分析】 本题的功能是：求 0^2 到 x^2 中对 x 取余值为 1 的个数。

【参考答案】 4

【核心知识点】 对数据进行筛选。

```
for(int i=0;i<x;++i){
    if(i * i %x ==1){
        ++res;
    }
}
```

【巩固】　编写程序,找出 2 到 99 中质数的个数。

_____

_____

_____

_____

_____

题目 3　2018 年阅读程序第 4 题

```cpp
#include<cstdio>
int n,d[100];
bool v[100];
int main(){
    scanf("%d",&n);
    for(int i=0;i<n;++i)
    {
        scanf("%d",d+i);
        v[i]=false;
    }
    int cnt=0;
    for(int i=0;i<n;++i)
    {
        if(!v[i])
        {
            for(int j=i;!v[j];j=d[j])
            {
                v[j]=true;
            }
            ++cnt;
        }
    }
    printf("%d\n",cnt);
    return 0;
}
```

输入:

10 7 1 4 3 2 5 9 8 0 6

输出:_____

【分析】　本题考查考生对 v[d[i]] 的含义的理解,数组元素作为另一个数组的下标,程序可以分为两部分进行分析。

程序段一:

```cpp
for(int i=0;i<n;++i)
```

```
{
    scanf("%d",d+i);
    v[i]=false;
}
```

分析如下。

初始化(t 代表 true,f 代表 false)：

i	0	1	2	3	4	5	6	7	8	9
d[i]	7	1	4	3	2	5	9	8	0	6
v[i]	f	f	f	f	f	f	f	f	f	f

程序段二：

```
for(int i=0;i<n;++i)
    {
    if(!v[i])
    {
        for(int j=i;!v[j];j=d[j])
        {
            v[j]=true;
        }
        ++cnt;
    }
}
```

分析如下。

程序段二使用了图的边表存储和图的连通域的概念。例如：

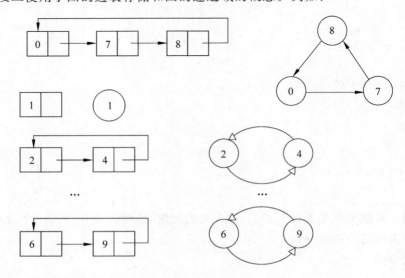

可以知道 cnt 记录的就是有多少个连通域。

数据分析如下。

步骤 1：当 i=0 时，程序运行如下。

下标	0	1	2	3	4	5	6	7	8	9
d[i]	7	1	4	3	2	5	9	8	0	6
v[i]	t	f	f	f	f	f	f	t	t	f

结果为 cnt=1。

步骤 2：当 i=1 时，程序运行如下。

下标	0	1	2	3	4	5	6	7	8	9
d[i]	7	1	4	3	2	5	9	8	0	6
v[i]	t	t	f	f	f	f	f	t	t	f

结果为 cnt=2。

步骤 3：当 i=2 时，程序运行如下。

下标	0	1	2	3	4	5	6	7	8	9
d[i]	7	1	4	3	2	5	9	8	0	6
v[i]	t	t	t	f	t	f	f	t	t	f

结果为 cnt=3。

依此类推。

步骤 7：当 i=6 时，程序运行如下。

下标	0	1	2	3	4	5	6	7	8	9
d[i]	7	1	4	3	2	5	9	8	0	6
v[i]	t	t	t	t	t	t	t	t	t	t

结果为 cnt=6。

【参考答案】 6

【核心知识点】 图的表示及存储。

【巩固】 试用多重循环判断并输出 1～1000 中是奇数且是 3 和 7 倍数的所有数的总和。

题目 4 2017 年阅读程序第 1 题

```cpp
#include <iostream>
using namespace std;
int main() {
    int t[256];
    string s;
    int i;
    cin >> s;
    for (i = 0; i < 256; i++)
        t[i] = 0;
    for (i = 0; i < s.length(); i++)
        t[s[i]]++;
    for (i = 0; i < s.length(); i++)
        if (t[s[i]] == 1) {
            cout << s[i] << endl;
            return 0;
        }
    cout << "no" << endl;
    return 0;
}
```

输入：

xyzxyw

输出：_____

【分析】 本题的具体分析过程如下所示。

分　块	代　　码	分　　析

输入与初始化	`cin >> s;`
	`for (i = 0; i < 256; i++)`
	`    t[i] = 0;`
		输入：xyzxyw
		初始化：t[0]～t[255]中全都初始化为 0

数据处理	`for (i = 0; i < s.length(); i++)` `    t[s[i]]++;`	t[s[i]]理解是题目关键,表示 s[i]对应的 ASCII 值才是数组 t 的下标。结果：t['w']= 1, t['x']=2, t['y']=2, t['z']=1

输出	`for (i = 0; i < s.length(); i++)`
	`    if (t[s[i]] == 1) {`
	`        cout << s[i] << endl;`
	`        return 0;`
	`    }`
	`cout << "no" << endl;`
		输出中,当符合条件(t[s[i]]==1)时输出 s[i],返回。
		从上面的处理中,可知首先符合条件的数据为 t['z']==1,是'z'。
		输出：z

【参考答案】 z

【核心知识点】 数组的嵌套使用。

```
for (i =0; i <s.length(); i++)
    t[s[i]]++;
```

该语句采用映射的方式进行数组下标设置,是哈希表应用的常用方式。

【巩固】 输入一个字符串,统计字符串中数字 0~9 出现的次数。

_____

_____

_____

_____

_____

题目 5 2017 年阅读程序第 3 题

```cpp
#include <iostream>
using namespace std;
int main(){
    string ch;
    int a[200];
    int b[200];
    int n,i,t,res;
    cin>>ch;
    n=ch.length();
    for(i=0;i<200;i++)
        b[i]=0;
    for(i=1;i<=n;i++){
        a[i]=ch[i-1]-'0';
        b[i]=b[i-1]+a[i];
    }
    res=b[n];
    t=0;
    for(i=n;i>0;i--){       //程序段 1
        if(a[i]==0)
            t++;
        if(b[i-1]+t<res)
            res=b[i-1]+t;
    }
    cout<<res<<endl;        //程序段 2
    return 0;
}
```

输入:

100110101100110110101011110001

输出:_____

【分析】 整段程序只用了 for 循环语句以及内嵌了 if 判断语句。本题采用表格法，首先对程序段 1 进行运算，得出 a 和 b 数组的值。

i	0	1	2	3	4	5	…	23	24	25	26	27	28
ch[i]	1	0	0	1	1	0	…	1	0	0	0	1	\0
a[i]		1	0	0	1	1	…	1	1	0	0	0	1
b[i]	0	1	1	1	2	3	…	14	15	15	15	15	16

语句 a[i]＝ch[i−1]−'0'的作用就是将 string ch 转换为 int 型并存储。

语句 b[i]＝b[i−1]＋a[i]的作用是如果 a[i]＝0,那么 b[i]的值保持上一轮的值不变（加 0 等于没加）,如果 a[i]≠0,则 b[i]的值就等于上一轮的值加上当前 a[i]的值。

此时 res＝16,t＝0。对于程序段 2 依旧使用表格法。

i	28	27	26	25	24	23	…	6	5	4	3	2	1
a[i]	1	0	0	0	1	1	…	0	1	1	0	0	1
b[i]	16	15	15	15	15	14	…	3	3	2	1	1	1
t	0	1	2	3	3	3	…	10	10	10	11	12	12
res	15	15	15	15	15	15	…	12	12	11	11	11	11

首先通过语句 if(a[i]＝＝0) t++;知道 t 的值是当前 a[i]遇到 0 的个数。主要看语句 if(b[i−1]＋t＜res) res＝b[i−1]＋t;,该 if 语句表示在当前 i 值的时候 b[i−1]＋t＝"0"出现的次数＋"1"未出现的次数。如果小于 res,那么 res 被重新赋值,否则 res 保持不变。

【参考答案】 11

【核心知识点】 字符与数字的转换。

a[i]＝ch[i−1]−'0';

【巩固】 一个数如果恰好等于它的因子之和,则这个数就称为完数。例如 6＝1＋2＋3。编程找出 1000 以内所有的完数。

_____

_____

_____

_____

题目 6　2017 年阅读程序第 4 题

```cpp
#include <iostream>
using namespace std;
int main(){
```

```
int n,m;
cin>>n>>m;
int x=1;
int y=1;
int dx=1;
int dy=1;
int cnt=0;
while(cnt!=2){
    cnt=0;
    x=x+dx;
    y=y+dy;
    if(x==1||x==n){
        ++cnt;
        dx=-dx;
    }
    if(y==1||y==m){
    ++cnt;
    dy=-dy;
    }
}
cout<<x<<""<<y<<endl;
return 0;
}
```

输入 1：

4 3

输出：_____

输入 2：

2017 1014

输出：_____

【分析】 本题主要对数据在变化到边界（x＝＝1||x＝＝n,y＝＝1||y＝＝m）的时候取反（dx＝－dx,dy＝－dy）,分析输入 4　3。

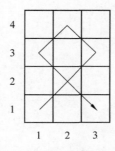

该段程序考查的是考生对于基础知识的理解和掌握能力,本题主要使用"模拟法",细

心计算数据的变化，如输入 4 3，数据变化如下。

| | | | | | 输入 4 3 |
序号	x	y	dx	dy	cut
0	1	1	1	1	0
1	2	2	1	1	0
2	3	3	1	−1	1
3	4	2	−1	−1	1
4	3	1	−1	1	1
5	2	2	−1	1	0
6	1	3	1	−1	2

【参考答案】

1: 1 3

2: 2017 1

【核心知识点】 数据的边界换向。

【巩固】 使用 while 语句编程求 100 以内能被 5 整除但不能被 7 整除的数，并统计找到的数的个数。

_____

_____

_____

_____

_____

题目 7　2016 年阅读程序第 1 题

```cpp
#include <iostream>
using namespace std;
int main() {
    int max, min, sum, count = 0;
    int tmp;
    cin >> tmp;
    if (tmp == 0)
        return 0;
    max = min = sum = tmp;
        count++;
    while (tmp != 0)
    {
        cin >> tmp;
        if (tmp != 0)
```

```
        {
            sum += tmp;
            count++;
            if (tmp >max)
                max = tmp;
            if (tmp <min)
                min = tmp;
        }
    }
    cout <<max <<", " <<min <<", " <<sum / count <<endl;
    return 0;
}
```

输入:

```
1 2 3 4 5 6 0 7
```

输出: _____

【分析】 该程序相对比较简单,主要实现的功能是:输入一串数字以 0 结束,求这串数的最大值、最小值和平均值。

【参考答案】 6,1,3

【核心知识点】 不用数组存储的多次数据处理框架。

```
cin >>tmp;
if (tmp ==0)
    return 0;
while (tmp !=0)
{
    cin >>tmp;
    if (tmp !=0)
    {
        ...                    //数据处理
    }
}
```

【巩固】 输入一个以@为结束标志的字符串,统计字符串中 ASCII 值最大和最小的字母。

题目 8　2016 年阅读程序第 2 题

```cpp
#include <iostream>
using namespace std;
int main() {
    int i = 100, x = 0, y = 0;
    while (i > 0)
    {
        i--;
        x = i % 8;
        if (x == 1)
            y++;
    }
    cout << y << endl;
    return 0;
}
```

输出：_____

【分析】　该程序实现的功能是：求 100 以内对 8 取余值为 1 的正整数的个数。

【参考答案】　13

【核心知识点】　判断对 8 取余值为 1 的数。

```cpp
x = i % 8;
if (x == 1)
    ...                          //数据处理
```

【巩固】　输入一个正整数，输出它的逆序数。例如，输入：56，输出：65；输入：123，输出：321。

_____

_____

_____

_____

_____

题目 9　2016 年阅读程序第 3 题

```cpp
#include <iostream>
using namespace std;
int main() {
    int a[6] = {1, 2, 3, 4, 5, 6};
    int pi = 0;
    int pj = 5;
    int t, i;
    while (pi < pj)
```

```
{
    t =a[pi];
    a[pi] =a[pj];
    a[pj] =t;
    pi++;
    pj--;
}
for (i =0; i <6; i++)
    cout <<a[i] <<",";
cout <<endl;
return 0;
}
```

输出：_____

【分析】　该程序的主要功能是数组倒置。

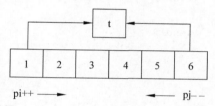

【参考答案】　6,5,4,3,2,1,

【核心知识点】　通过数组首指针和尾指针的变化对数组进行倒置。

```
while (pi <pj)
    {
        ...
        pi++;
        pj--;
    }
```

【巩固】　将 string b＝"stenduts dna"倒置顺序后连接在 string a＝"Teachers"后。

_____

_____

_____

_____

_____

题目 10　2016 年阅读程序第 4 题

```
#include <iostream>
using namespace std;
int main() {
    int i, length1, length2;
```

```
string s1, s2;
s1 = "I have a dream.";
s2 = "I Have A Dream.";
length1 = s1.size();
length2 = s2.size();
for (i = 0; i < length1; i++)
    if (s1[i] >= 'a' && s1[i] <= 'z')
        s1[i] -= 'a' - 'A';
for (i = 0; i < length2; i++)
    if (s2[i] >= 'a' && s2[i] <= 'z')
        s2[i] -= 'a' - 'A';
    if (s1 == s2)
        cout << "=" << endl;
    else if (s1 > s2)
        cout << ">" << endl;
    else
        cout << "<" << endl;
    return 0;
}
```

输出：_____

【分析】 该程序的功能是在将字符串 s1 和 s2 中的小写字母全部转换成大写字母后，再判断字符串 s1 和 s2 的大小关系。

【参考答案】 ＝

【核心知识点】 将字符串中的小写字母转换成对应的大写字母。

```
for (i = 0; i < length1; i++)
    if (s1[i] >= 'a' && s1[i] <= 'z')
        s1[i] -= 'a' - 'A';   //s[1]-=97-65
```

【巩固】 将 string s＝"Jiangsu,Nanjing,Shanghai!"内的大写字母转换成小写字母，其余字母保持不变。

_____

_____

_____

_____

_____

_____

题目 11　2015 年阅读程序第 1 题

```
#include <iostream>
using namespace std;
int main() {
    int a, b, c;
```

```
    a = 1; b = 2; c = 3;
    if (a > b)
    {
        if (a > c)
            cout << a << ' ';
        else
            cout << b << ' ';
    }
    cout << c << endl;
    return 0;
}
```

输出：_____

【分析】 该程序判断 3 个数的最大值，主要考查学生对分支语句的嵌套判断。

【参考答案】 3

【核心知识点】 if 语句的嵌套使用。

```
if (…) {
        if (…)
            …;
        else if
            …;
        else
            …;
    }
```

【巩固】 输入 3 个整数，判断并输出最大数和最小数。

_____

_____

_____

_____

_____

题目 12　2015 年阅读程序第 2 题

```
#include <iostream>
using namespace std;
struct point {
int x;
int y;
};
int main() {
    struct EX {
        int a;
```

```
        int b;
        point c;
    } e;
    e.a = 1;
    e.b = 2;
    e.c.x = e.a + e.b;
    e.c.y = e.a * e.b;
    cout << e.c.x << ',' << e.c.y << endl;
    return 0;
}
```

输出：_____

【分析】 结构体中的变量可以是相同、部分相同或完全不同的数据类型，只要知道它所指的是什么即可。

e.c.x = e.a + e.b = 1 + 2 = 3, e.c.y = e.a * e.b = 1 * 2 = 2;

【参考答案】 3,2

【核心知识点】 结构体的定义和使用。

```
struct EX {
    int a;
    int b;
    point c;
} e;
```

【巩固】 设计一个名为 Student 的结构体类型，该结构体包含一个名为 sex 的字符类型变量，一个名为 id 的 int 类型变量，一个名为 name 的字符数组变量。

请在主函数中创建一个 Student 类型的数组，长度为 10，最后在 main 函数中实现数组的输入和输出功能。

_____

_____

_____

_____

_____

题目 13 2015 年阅读程序第 3 题

```
#include <iostream>
#include <string>
using namespace std;
int main() {
    string str;
    int i;
    int count;
```

```
count = 0;
getline(cin, str);
for (i = 0; i < str.length(); i++) {
    if(str[i] >= 'a' && str[i] <= 'z')
        count++;
}
cout << "It has " << count << " lowercases" << endl;
return 0;
}
```

输入：

NOI2016 will be held in Mian Yang.

输出：_____

【分析】　该程序主要考查的是统计字符串中小写字母的个数。

【参考答案】　It has 18 lowercases

【核心知识点】　计数功能的实现。

```
for (i = 0; i < str.length(); i++) {
    if(str[i] >= 'a' && str[i] <= 'z')
    count++;
}
```

【巩固】　统计字符串中非字母的字符的个数。

_____

_____

_____

_____

_____

题目 14　2015 年完善程序第 1 题

（打印月历）输入月份 $m(1 \leqslant m \leqslant 12)$，按一定格式打印 2015 年第 m 月的月历。（第三、四空 2.5 分，其余 3 分）

例如，2015 年 1 月的月历打印效果如下（第 1 列为周日）。

```
S   M   T   W   T   F   S
                1   2   3
4   5   6   7   8   9   10
11  12  13  14  15  16  17
18  19  20  21  22  23  24
25  26  27  28  29  30  31
```

```
#include <iostream>
using namespace std;
```

```
const int dayNum[]={-1, 31, 28, 31, 30, 31, 30, 31, 31, 30, 31, 30, 31};
int m, offset, i;
int main() {
    cin >>m;
    cout <<"S\tM\tT\tW\tT\tF\tS" <<endl;        // '\t'为 Tab 制表符
    _____(1)_____ ;
    for (i =1; i <m; i++)
        offset = _____(2)_____ ;
    for (i =0; i <offset; i++)
        cout <<'\t';
    for (i =1; i <=_____(3)_____ ; i++) {
        cout <<_____(4)_____ ;
        if (i ==dayNum[m] ||_____(5)_____ ==0)
            cout <<endl;
        else
            cout <<'\t';
    }
    return 0;
}
```

【分析】　该程序可以分为三部分，具体分析如下。

本题可采用"先猜测、后验证"的方法，这里有一个关键的单词 offset，offset 在计算机中的意思是偏移值，通常用于指明一个位置，它的用法是将一个基底位置加上 offset 值。

由题意可知：

程　序　段	分　析
_____(1)_____ ; 　　for (i =1; i <m; i++) offset = _____(2)_____ ;	offset 指偏移值。 当月的偏移值＝（上个月的偏移值＋当月的天数）％7 m=1,i<1,offset=4; m=2,i<2,offset=0(4+31)％7=0; m=3,i<3,offset=0(0+28)％7=0; …
for (i =0; i <offset; i++) 　　cout <<'\t';	根据 1 月份的示例，偏移值＝4，此段可以得出 (1)的值

for (i =1; i <=_____(3)_____ ; i++) {
　　cout <<_____(4)_____ ;
　　if (i ==dayNum[m] ||_____(5)_____ ==0)
　　　　cout <<endl;
　　else
　　　　cout <<'\t';
}
	(3)处是该月份的天数。
	(4)处是 i，即几号。
	(5)判断 i 是不是该月的最后一天或者该周的最后一天

【参考答案】

(1) offset＝4

（2）（offset＋dayNum[i]）％7

（3）dayNum[m]

（4）i

（5）（offset＋i）％7

【核心知识点】 对偏移值进行累加以计算下一个偏移值。

```
offset=4;
for (i =1; i <m; i++)
    offset =(offset+dayNum[i])%7;
```

【巩固】 已知 2015 年 1 月 1 日是星期四,请设计程序求 2015 年任意一天是星期几。

题目 15   2014 年阅读程序第 1 题

```
#include <iostream>
using namespace std;
int main() {
    int a, b, c, d, ans;
    cin >>a >>b >>c;
    d =a -b;
    a =d +c;
    ans =a * b;
    cout <<"Ans =" <<ans <<endl;
    return 0;
}
```

输入：

2 3 4

输出：_____

【分析】 本题考查学生的基础知识,包括赋值计算和原样输出,d＝a-b＝2-3＝－1, a＝d＋c＝－1＋4＝3,ans＝a＊b＝3＊3＝9。

【参考答案】 ans＝9

【核心知识点】 基础知识中的赋值和计算。

【巩固】 写出下列程序的输出结果。

...

int a, b, c, d, ans;

```
a=3;b=5;c=7;
a-=a +b;
c =b +c;
ans =a * c;
cout <<"Ans =" <<ans <<endl;
…
```

_____
_____
_____
_____
_____

题目 16   2014 年阅读程序第 3 题

```cpp
#include <iostream>
#include <string>
using namespace std;
int main() {
    string st;
    int i, len;
    getline(cin, st);
    len =st.size();
    for (i =0; i <len; i++){
        if (st[i] >='a' && st[i] <='z')
            st[i]=st[i]-'a'+'A';
    }
    cout<<st <<endl;
    return 0;
}
```

输入：

Hello, my name is Lostmonkey.

输出：_____

【分析】 该程序功能是：输入一个字符串,将字符串中的小写字母转换成对应的大写字母,其余字符不变。

【参考答案】 HELLO,MY NAME IS LOSTMONKEY.

【核心知识点】 字符串的遍历操作。

```cpp
for (i =0; i <len; i++){
    if (st[i] >='a' && st[i] <='z')
        st[i]=st[i]-'a'+'A';
}
```

【巩固】　根据输入和输出编写程序。

输入：

Hello, my name is Lostmonkey.

输出：

hELLO@@MY@NAME@IS@lOSTMONKEY@

_____

_____

_____

_____

_____

_____

题目 17　2014 年阅读程序第 4 题

```cpp
#include <iostream>
using namespace std;
const int SIZE =100;
int main() {
    int p[SIZE];
    int n, tot, i, cn;
    tot =0;
    cin >>n;
    for (i =1; i <=n; i++)
        p[i] =1;
    for (i =2; i <=n; i++)
    {
        if (p[i] ==1)
            tot++;
        cn =i * 2;
        while (cn <=n)
        {
            p[cn] =0;
            cn +=i;
        }
    }
    cout <<tot <<endl;
    return 0;
}
```

输入：

输出：_____

【分析】 本题统计 2~n 内素数的个数。考查考生对循环语句和嵌套判断语句的掌握。使用"模拟法"可以很容易地算出本题。

【参考答案】 10

【核心知识点】 筛选法求系数。

```
for (i =2; i <=n; i++)
{
    cn =i * 2;
    while (cn <=n)
    {
        p[cn] =0;
        cn +=i;
    }
}
```

【巩固】 利用筛选法输出 2~100 内的所有素数。

_____
_____
_____
_____
_____

题目 18 2013 年阅读程序第 1 题

```
#include <iostream>
using namespace std;
int main()
{
    int a, b;
    cin>>a>>b;
    cout<<a<<"+"<<b<<"="<<a+b<<endl;
}
```

输入：

3 5

输出：_____

【分析】 本题考查考生对基本输入、原样输出的掌握，属于基础知识。

【参考答案】 3+5=8

【核心知识点】 cout 语句的使用。

```
cout<<a<<"+"<<b<<"="<<a+b<<endl;
```

【巩固】 写出下列程序的输出结果。

```
...
int a,b,c;
a=5,b=10,c=15;
cout<<a<<"- "<<b<<"="<<a-b<<endl;
cout<<a<<" * "<<c<<"="<<a * c;
cout<<b<<"/"<<c<<"="<<b/c<<endl;
...
```

_____
_____
_____
_____
_____
_____
_____

题目 19   2013 年阅读程序第 2 题

```cpp
#include <iostream>
using namespace std;
int main()
{
    int a, b, u, i, num;
    cin>>a>>b>>u;
    num =0;
    for (i =a; i <=b; i++)
        if ((i %u) ==0)
            num++;
    cout<<num<<endl;
    return 0;
}
```

输入：

1 100 15

输出：_____

【分析】 循环语句和嵌套判断语句属于基础知识,本题求 $a\sim b$ 对 u 取余值为 0 的整数的个数。

【参考答案】 6

【核心知识点】 筛选区间内数据的方法。

```
cin>>a>>b>>u;
for (i =a; i <=b; i++)
```

```
        if ((i %u) ==0)
        /* …数据处理… */
```

【巩固】 在[a,b]区间内,输出所有 u 的整数倍数。

_____

_____

_____

_____

_____

_____

题目 20　2013 年阅读程序第 3 题

```cpp
#include <iostream>
using namespace std;
int main()
{
    const int SIZE =100;
    int n, f, i, left, right, middle, a[SIZE];
    cin>>n>>f;
    for (i =1; i <=n; i++)
        cin>>a[i];
    left =1;
    right =n;
    do {
        middle = (left +right) / 2;
        if (f <=a[middle])
            right =middle;
        else
            left =middle +1;
    } while (left <right);
    cout<<left<<endl;
    return 0;
}
```

输入:

12 17
2 4 6 9 11 15 17 18 19 20 21 25

输出: _____

【分析】 对一个有序整数序列使用二分查找法确定 f 的位置。

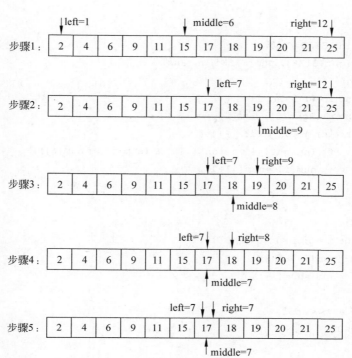

【参考答案】　7

【核心知识点】　二分查找算法。

```
left =1;
right =n;
do {
    middle =(left +right) / 2;
    if (f <=a[middle])
        right =middle;
    else
        left =middle +1;
} while (left <right);
```

【巩固】　使用二分查找法查找数组 A＝{2,4,6,8,8,8,9}中数值为 8 的数据在数组中的最小下标。

题目 21　2013 年阅读程序第 4 题

```
#include <iostream>
using namespace std;
```

```
int main(){
    const int SIZE =100;
    int height[SIZE], num[SIZE], n, ans;
    cin>>n;
    for (int i =0; i <n; i++) {
        cin>>height[i]; num[i] =1;
        for (int j =0; j <i; j++) {
            if ((height[j] <height[i]) && (num[j] >=num[i]))
                num[i] =num[j]+1;
        }
    }
    ans =0;
    for (int i =0; i <n; i++){
        if (num[i] >ans)
            ans =num[i];
    }
    cout<<ans<<endl;
    return 0;
}
```

输入：

6
2 5 3 11 12 4

输出：_____

【分析】　本题考查循环语句的嵌套和循环语句与判断语句的嵌套使用,题目的功能为求最长递增子序列的长度。该题可以采用数据模拟法模拟数组的变化情况,如下表所示。

i	0	1	2	3	4	5
height	2	5	3	11	12	4
num	1	2	2	3	4	3
ans	1	2	2	3	4	4

【参考答案】　4

【核心知识点】　最长递增子序列。

```
for (int i =0; i <n; i++) {
    cin>>height[i]; num[i] =1;
    for (int j =0; j <i; j++) {
        if ((height[j] <height[i]) && (num[j] >=num[i]))
            num[i] =num[j]+1;
    }
}
```

【巩固】　输入一串数字,统计"奇偶对"的数目,"奇偶对"即一个奇数和一个偶数相邻出现的情况,如 3 8,9 2 等。

_____
_____
_____
_____
_____
_____

题目 22　2012 年阅读程序第 1 题

```
#include <iostream>
using namespace std;
int a,b,c,d,e,ans;
int main()
{
    cin>>a>>b>>c;
    d=a+b;
    e=b+c;
    ans=d+e;
    cout<<ans<<endl;
    return 0;
}
```

输入:

1 2 5

输出:_____

【分析】　采用模拟法,$d=a+b=1+2=3$,$e=b+c=2+5=7$,$ans=d+e=3+7=10$。

【参考答案】　10

【核心知识点】　数据输入、计算、输出。

【巩固】　根据输入的 a,b,c,x 四个变量的值,计算 $y=ax^2+bx+c$ 的值。

_____
_____
_____
_____
_____
_____

题目 23　2012 年阅读程序第 2 题

```
#include <iostream>
using namespace std;
```

```
int n,i,ans;
int main()
{
    cin>>n;
    ans=0;
    for(i=1;i<=n;i++)
        if(n%i==0) ans++;
    cout<<ans<<endl;
    return 0;
}
```

输入：

18

输出：_____

【分析】 该题是求 n 的约数有多少个，18：1,2,3,6,9,18,总计 6 个。

【参考答案】 6

【核心知识点】 求 n 的所有约数。

```
for(i=1;i<=n;i++)
    if(n%i==0)
        cout<<i;
```

【巩固】 输入两个整数 x,y,输出这两个数的公约数的个数。

_____

_____

_____

_____

_____

题目 24   2011 年阅读程序第 1 题

```
#include<iostream>
using namespace std;
int main()
{
    int i,n,m,ans;
    cin>>n>>m;
    i=n;
    ans=0;
    while(i<=m){
        ans+=i;
        i++;
    }
```

```
        cout<<ans<<endl;
        return 0;
    }
```

输入：

10 20

输出：_____

【分析】　本题的目的是求从 n 到 m 的累加。

【参考答案】　165

【核心知识点】　循环判断语句（while 语句）的使用。

【巩固】　用 while 语句计算 1～100 除了能被 7 整除之外的所有数之和。

_____

_____

_____

_____

_____

_____

题目 25　2011 年阅读程序第 2 题

```cpp
#include<iostream>
#include<string>
using namespace std;
int main()
{
    string map="2223334445556667778889999";
    string tel;
    int i;
    cin>>tel;
    for(i=0;i<tel.length();i++)
        if((tel[i]>='0') && (tel[i]<='9') )
            cout<<tel[i];
        else if( (tel[i]>='A') && (tel[i]<='Z'))
            cout<<map[tel[i]-'A'];
    cout<<endl;
    return 0;
}
```

输入：

CCF-NOIP-2011

输出：_____

【分析】　该程序实现的功能是：输入一个字符串，如果字符是数字，则直接输出数字，如果是大写字母，则输出 map[字母 -'A']。

【参考答案】　22366472011

【核心知识点】　map 映射的使用及密码原理。

【巩固】　利用 map 原理统计一个数字中 0～9 出现的次数。

_____

_____

_____

_____

_____

题目 26　2011 年阅读程序第 3 题

```cpp
#include<iostream>
#include<cstring>
using namespace std;
const int SIZE =100;
int main()
{
    int n, i, sum, x, a[SIZE];
    cin>>n;
    memset(a, 0, sizeof(a));
    for(i=1; i<=n; i++){
        cin>>x;
        a[x]++;
    }
    i=0;
    sum=0;
    while(sum< (n/2+1)){
        i++;
        sum+=a[i];
    }
    cout<<i<<endl;
    return 0;
}
```

输入：

```
11
4 5 6 6 4 3 3 2 3 2 1
```

输出：

【分析】　该程序实现的功能是查找长度为 n 的序列的中位数。具体分析如下表所示。

程　序　段	分　　析
`memset(a,0,sizeof(a));`	数组 a 清零操作

`for(i=1;i<=n;i++){`
　　`cin>>x;`
　　`a[x]++;`
`}`
	计数操作,统计输入相同数字的个数,且使其有序(有序是查找中位数的前提);
	数组 a 中,1:1 个,2:2 个,3:3 个,4:2 个,…,11:0 个

`while(sum<(n/2+1)){`
　　`i++;`
　　`sum+=a[i];`
`}`
	通过 sum 的累加与数组 a 中间的数比较得出中位数

【参考答案】　3

【核心知识点】　查找中位数。

【巩固】　结合排序算法编写一个程序,输出整型数组 a[ ]={12,8,2,14,21,1,8,65} 的中位数。

题目 27　2010 年阅读程序第 3 题

```
#include <iostream>
#include <string>
using namespace std;
int main()
{
    string s;
    char m1, m2;
    int i;
    getline(cin, s);
    m1 = ' ';
    m2 = ' ';
    for (i = 0; i < s.length(); i++)
        if (s[i] > m1) {
            m2 = m1;
            m1 = s[i];
        }
        else if (s[i] > m2)
            m2 = s[i];
    cout << int(m1) << ' ' << int(m2) << endl;
```

```
        return 0;
    }
```

输入：

Expo 2010 Shanghai China

输出：_____

提示：

字符	空格	'0'	'A'	'a'
ASCII 码	32	48	65	97

【分析】 通过程序的判断语句可以得出：m1 要找出 ASCII 码值最大的字符，再由 else if 可以得出 m2 求次大值。所以该程序会输出最大的字符和次大的字符，int(m1＝x)＝120,int(m2＝p)＝112。

【参考答案】 120 112

【核心知识点】 ASCII 码的原理及运算。

【巩固】 输入一组无序的整数数据，输出最大值和最小值。

题目 28　2009 年阅读程序第 2 题

```cpp
#include <iostream>
using namespace std;
int main()
{
    int a[3],b[3];
    int i,j,tmp;
    for (i=0;i<3;i++)
        cin >>b[i];
    for (i=0;i<3;i++)
    {
        a[i]=0;
        for (j=0;j<=i;j++)
        {
        a[i]+=b[j];
        b[a[i]%3]+=a[j];
        }
    }
```

```
    tmp=1;
    for (i=0;i<3;i++)
    {
        a[i]%=10;
        b[i]%=10;
        tmp*=a[i]+b[i];
    }
    cout <<tmp <<endl;
    return 0;
}
```

输入：

2 3 5

输出：＿＿＿＿＿＿

【分析】　本段程序考查考生对基本语法的掌握、循环语句的嵌套、数组的下标及数组元素的处理。具体数据如下。

程　序　段	数　据　处　理		
`for (i=0;i<3;i++)` `    cin >>b[i];`	i	0	1	2
	b[i]	2	3	5

`for (i=0;i<3;i++){`
`    a[i]=0;`
`    for (j=0;j<=i;j++){`
`        a[i]+=b[j];`
`        b[a[i]%3]+=a[j];`
`    }`
`}`
	i	0	1	2

	a[i]	2	5	26
	b[i]	2	3	47

`for (i=0;i<3;i++){`
`    a[i]%=10;`
`    b[i]%=10;`
`    tmp*=a[i]+b[i];`
`}`
	i	0	1	2

	a[i]	2	5	6
	b[i]	2	3	7
	tmp	4	32	416

【参考答案】　416

【核心知识点】　字符串的输入及处理。

【巩固】　把一张 1 元钞票换成 1 分、2 分和 5 分的硬币,每种至少 5 枚,请问有多少种方案?

题目 29   2009 年阅读程序第 3 题

```cpp
#include <iostream>
using namespace std;
const int c=2009;
int main()
{
    int n,p,s,i,j,t;
    cin >>n >>p;
    s=0;t=1;
    for(i=1;i<=n;i++)
    {
        t=t*p%c;
        for(j=1;j<=i;j++)
            s=(s+t)%c;
    }
    cout <<s <<endl;
    return 0;
}
```

输入：

11 2

输出：

【分析】 对于这类没有明显规律可循的题目，可采用模拟法，分析如下。

i	1	2	3	4	5	6	7	8	9	10	11
t	2	4	8	16	32	64	128	256	512	1024	39
s	2	10	34	98	258	642	1538	1577	158	353	782

【参考答案】 782

【核心知识点】 多重循环的嵌套使用。

```
for(…)
{
…数据处理…
    for(…)
        …数据处理…
}
```

【巩固】　请编写一段程序，打印九九乘法口诀表。

_____

_____

_____

_____

_____

第 7 章　函　数

7.1　函数的定义

一个函数不可或缺的部分有以下几个。

```
返回值类型 函数名(形式参数){
    函数体;
    return 返回值;
    }
```

函数体是一个复合语句,必须加大括号{}。

函数名的命名规则同变量的命名规则。

如果函数具有返回值,则必须说明返回值的类型,否则函数无返回值,用 void 说明函数无返回值;具有返回值的函数,函数体内一定要用 return 语句返回一个值。

函数的参数称为形式参数(简称形参),可以有多个,用逗号进行分隔。函数也可以没有参数,称为无参函数。形参是函数的局部变量。

7.2　函数参数的传递

程序中,实际参数(简称实参)向形参采用单向值传递的方式,并且普通变量作为函数参数,实参将值传递给形参。数组元素作为函数参数,也属于单向值的传递。

指针(包括数组名)作为函数参数,由于指针变量和数组名的值均为地址,因此实参和形参是传递的地址,其结果是形参指向了实参所指的地址。如:

```
void swap(int * x,int * y){
    int temp;
    temp= * x;
    * x= * y;
    * y=temp
}
int a=5,b=10;
swap(a,b);
```

其结果是交换了变量 a 和变量 b 的值。

下面的函数用普通变量作为参数,无法实现上述交换功能。

```
void swap(int x,int y){
    int temp;
    temp=x;
    x=y;
    y=temp
}
int a=5,b=10;
swap(a,b);
```

a 和 b 的值没有发生变化,函数仅仅交换了其局部变量 x 和 y 的值。

指针和数组名作为参数的形式,主要有以下三种形式:

- 形参是指针,实参是数组名或某个元素的地址;
- 形参是数组名,实参是指向数组的指针或数组名;
- 形参是指针,实参也是指针。

7.3　递归函数

函数体内调用函数自身称为递归。递归的过程分为递推和回溯两个过程,可以解决的问题有求阶乘、汉诺塔、斐波那契数列等。

所有程序从 main 函数开始顺序执行,函数调用可以看作是一个无条件跳转,跳转到对应函数的指令处开始执行,碰到 return 语句或者函数结尾的时候,再执行一次无条件跳转,跳转回调用方,执行调用函数后的下一条指令。一般的函数调用过程如图 7-1 所示。

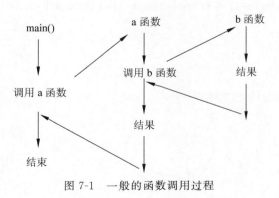

图 7-1　一般的函数调用过程

递归函数是指一个函数在它的函数体内直接或者间接调用它自身,每调用一次就进入新的一层。递归函数必须有结束递归的条件,函数可以一直递推,直到遇到结束条件返回。调用递归函数的一般过程如图 7-2 所示。

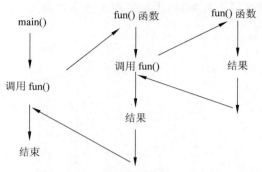

图 7-2　递归函数的调用过程

7.4　历年真题解析与知识点巩固

题目 1　2018 年阅读程序第 3 题

```
#include<iostream>
using namespace std;
int n,m;
int findans(int n,int m)
{
    if(n==0)
        return m;
    if(m==0)
        return n%3;
    return findans(n-1,m)-findans(n,m-1)+findans(n-1,m-1);
}
int main()
{
    cin>>n>>m;
    cout<<findans(n,m)<<endl;
    return 0;
}
```

输入：

5 6

输出：_____

【分析】　该题目使用了函数的递归调用（f()表示 findans()），可以使用模拟法模拟调用过程，如表 7-1 和表 7-2 所示。

表 7-1 递归表

m	n				
	1	2	3	4	5
1	f(0,1)−f(1,0)+ f(0,0)	f(1,1)−f(2,0)+ f(1,0)	f(2,1)−f(3,0)+ f(2,0)	f(3,1)−f(4,0)+ f(3,0)	f(4,1)−f(5,0)+ f(4,0)
2	f(0,2)−f(1,1)+ f(0,1)	f(1,2)−f(2,1)+ f(1,1)	f(2,2)−f(3,1)+ f(2,1)	f(3,2)−f(4,1)+ f(3,1)	f(4,2)−f(5,1)+ f(4,1)
3	f(0,3)−f(1,2)+ f(0,2)	f(1,3)−f(2,2)+ f(1,2)	f(2,3)−f(3,2)+ f(2,2)	f(3,3)−f(4,2)+ f(3,2)	f(4,3)−f(5,2)+ f(4,2)
4	f(0,4)−f(1,3)+ f(0,3)	f(1,4)−f(2,3)+ f(1,3)	f(2,4)−f(3,3)+ f(2,3)	f(3,4)−f(4,3)+ f(3,3)	f(4,4)−f(5,3)+ f(4,3)
5	f(0,5)−f(1,4)+ f(0,4)	f(1,5)−f(2,4)+ f(1,4)	f(2,5)−f(3,4)+ f(2,4)	f(3,5)−f(4,4)+ f(3,4)	f(4,5)−f(5,4)+ f(4,4)
6	f(0,6)−f(1,5)+ f(0,5)	f(1,6)−f(2,5)+ f(1,5)	f(2,6)−f(3,5)+ f(2,5)	f(3,6)−f(4,5)+ f(3,5)	f(4,6)−f(5,5)+ f(4,5)

表 7-2 回溯表

n	m					
	1	2	3	4	5	6
1	0	3	2	5	4	7
2	−1	4	1	6	3	8
3	1	2	3	4	5	6
4	0	3	2	5	4	7
5	−1	4	1	6	3	8

当满足返回条件时向上回溯,最终得出结果。

【参考答案】 8

【核心知识点】 函数的递归调用。

```
int fun (…)
{
    …终止条件…;
    return fun(…);
}
```

【巩固】 编写程序,使用递归调用计算阶乘 $n!$。

_____

_____

_____

_____

题目 2　2017 年阅读程序第 2 题

```cpp
#include <iostream>
using namespace std;
int g(int m, int n, int x) {
    int ans =0;
    int i;
    if(n==1)
        return 1;
    for(i=x;i<=m/n;i++)
        ans+=g(m-i,n-1,i);
    return ans;
}
int main(){
    int t,m,n;
    cin>>m>>n;
    cout<<g(m,n,0)<<endl;
    return 0;
}
```

输入：

7 3

输出：_____

【分析】　该题考查递归调用,但规律不太容易寻找,这种情况下可以采用模拟法。模拟过程如图 7-3 所示。

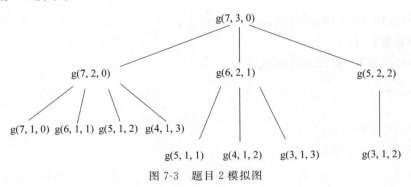

图 7-3　题目 2 模拟图

【参考答案】　8

【核心知识点】　函数的递归调用。

```cpp
int g (…)
{
```

```
…终止条件…；
return g(…)；
}
```

【巩固】　利用递归的方法输出斐波那契数列的前 20 项。

_____

_____

_____

_____

_____

题目 3　2016 年完善程序第 1 题

（读入整数）请完善下面的程序，使得程序能够读入两个 int 范围内的整数，并将这两个整数分别输出，每行一个。（第一、五空 2.5 分，其余 3 分）

输入的整数之间和前后只会出现空格或者回车。输入的数据要保证合法。

例如：

输入：

123 -789

输出：

123

-789

```cpp
#include <iostream>
using namespace std;
int readint() {
    int num = 0;                    //存储读取到的整数
    int negative = 0;               //负数标识
    char c;                         //存储当前读取到的字符
    c = cin.get();
    while ((c < '0' || c > '9') && c != '-')
        c =   (1)   ;
    if (c == '-')
        negative = 1;
    else
          (2)   ;
    c = cin.get();
    while (   (3)   ) {
          (4)   ;
        c = cin.get();
    }
    if (negative == 1)
        (5)   ;
    return num;
```

```
    }
int main() {
    int a, b;
    a = readint();
    b = readint();
    cout << a << endl << b << endl;
    return 0;
}
```

【分析】 该程序的功能是将输入的数字字符串转换为对应的整型数值。通过分析程序，其功能可以分为以下四部分。

程　　　　序	分　　　　析
```c = cin.get();while ((c < '0' || c > '9') && c != '-') c = ___(1)___;```	接收数字字符
```if (c == '-') negative = 1;else ___(2)___;```	将数字字符转换为对应的整型数值
```c = cin.get();while (___(3)___) { ___(4)___; c = cin.get();}```	如果是数字字符，则将其转换成整型数值
```if (negative == 1) ___(5)___;return num;```	标记位 negative 是"负"的意思，如果是负数，则将 num 取反输出

【参考答案】

（1）cin.get()或者 c＝getchar()

（2）num＝c－'0'或者 num＝c－48

（3）c>='0'&&c<='9'或者 c>=48&&c<=57 或者 isdigit(c)

（4）num＝num * 10＋c－'0'或者 num＝num * 10＋c－48

（5）num＝－num 或者 return -num

【核心知识点】 函数调用。

```
int f(形参)
{
    …数据处理…
}
main(){
    f(实参);
}
```

【巩固】　编写一个调用函数,传递两个正整数,求它们的最小公倍数。

题目 4　2015 年阅读程序第 4 题

```cpp
#include <iostream>
using namespace std;
void fun(char * a, char * b) {
    a =b;
    ( * a)++;
}
int main() {
    char c1, c2, * p1, * p2;
    c1 ='A';
    c2 ='a';
    p1 =&c1;
    p2 =&c2;
    fun(p1, p2);
    cout <<c1 <<c2 <<endl;
    return 0;
}
```

输出:_____

【分析】　本题考查函数调用的参数传递问题,参数传递包括传值和传地址两种方式。

传值是指在内存中开辟一个新空间,将值赋给这个新空间,其生命周期为该函数调用结束时释放该空间,计算结果不影响原调用数据内存空间的值。

传地址同样需要开辟一个新空间,但不同的是,传地址将所用数据空间的内存地址存储在开辟的新空间中,即指针,函数在数据处理过程中会对源数据进行操作,会影响原数据。

【参考答案】　Ab

【核心知识点】　函数的地址传递与值传递。

```cpp
c1 ='A';
c2 ='a';
p1 =&c1;
p2 =&c2;
```

【巩固】　阅读程序写出结果

```cpp
void test1(int a) {
```

```
        a =100;
    }
    void test2(int * a) {
        * a =1000;
    }
    void test3(int * a) {
        int tmp;
        a =&tmp;
        * a =10000;
    }
    void test4(int& a) {
        a =100000;
    }
    void main() {
        int a =1;
        int b =2;
        int c =3;
        int d =4;
        cout<<a<<' '<<b<<' '<<c<<' '<<d<<endl;
        test1(a);
        test2(&b);
        test3(&c);
        test4(d);
        cout<<a<<' '<<b<<' '<<c<<' '<<d<<endl;
    }
```

_____

_____

_____

题目 5　2014 年阅读程序第 2 题

```
#include <iostream>
using namespace std;
int fun(int n) {
    if (n ==1)
        return 1;
    if (n ==2)
        return 2;
    return fun(n-2)-fun(n-1);
}
int main() {
    int n;
    cin >>n;
```

```
    cout <<fun(n) <<endl;
    return 0;
}
```

输入：

7

输出：_____

【分析】 从递归函数中可以看出 $fun(1)=1$，$fun(2)=2$，当 $n\geq 3$ 时，$fun(n)=fun(n-2)-fun(n-1)$，本题可采用逆推法，$fun(3)=fun(1)-fun(2)=-1$，依此类推，见下表。

n	1	2	3	4	5	6	7
fun(n)	1	2	−1	3	−4	7	−11

【参考答案】 −11

【核心知识点】 函数的递归调用。

```
int fun(形参)
{
    if(n==1);
        return 1;
    return fun(实参);
}
main(){
    fun(实参);
}
```

【巩固】 用递归算法求出数组元素的最大值。

_____

_____

_____

_____

_____

题目 6 2014 年完善程序第 1 题

（数字删除）下面程序的功能是将字符串中的数字字符删除后输出，请填空。（每空 3 分，共 12 分）

```
#include <iostream>
using namespace std;
int delnum(char * s) {
    int i, j;
```

```
        j = 0;
        for (i = 0; s[i] != '\0'; i++)
            if (s[i] < '0'___(1)___ s[i] > '9') {
                s[j] = s[i];
                ___(2)___ ;
            }
        return ___(3)___ ;
    }
    const int SIZE = 30;
    int main() {
        char s[SIZE];
        int len, i;
        cin.getline(s, sizeof(s));
        len = delnum(s);
        for (i = 0; i < len; i++)
            cout << ___(4)___ ;
        cout << endl;
        return 0;
    }
```

【分析】 对于本程序,需要遍历整个数组并判断当前字符,如果是数字字符,则将下标直接＋＋,如果是其他字符,则将其保留并将下标＋1。

程　　　序	分　　　析
```for (i = 0; s[i] != '\0'; i++) if (s[i] < '0'___(1)___ s[i] > '9') { s[j] = s[i]; ___(2)___ ; }return ___(3)___ ;```	(1)判断是否是数字字符,应大于 0 或小于 9; (2)将下标进行＋1 处理; (3)用于返回数组的长度
```for (i = 0; i < len; i++) cout << ___(4)___ ;```	(4)用于输出处理后的数组

【参考答案】

(1) ||

(2) j＋＋或 j＝j＋1 或＋＋j

(3) j

(4) s[i]

【核心知识点】 删除字符串中的数字。

```
int delnum(char * s) {
    int i, j;
    j = 0;
    for (i = 0; s[i] != '\0'; i++)
        if (s[i] < '0'___11___ s[i] > '9') {
```

```
            s[j] = s[i];
            ____j++____ ;
        }
    return ____j____ ;
}
```

【巩固】　输入一个字符串,将其中的数字利用英文替换,即碰到'0'用"zero"替换,碰到'1'用"one"替换。

_____

_____

_____

_____

_____

题目 7　2012 年阅读程序第 3 题

```cpp
#include <iostream>
using namespace std;
int n, i, j, a[100][100];
int solve(int x, int y)
{
    int u, v;
    if(x==n)
        return a[x][y];
    u=solve(x+1, y);
    v=solve(x+1, y+1);
    if(u>v)
        return a[x][y]+u;
    else
        return a[x][y]+v;
}
int main()
{
    cin>>n;
    for(i=1; i<=n; i++)
        for(j=1; j<=i; j++)
            cin>>a[i][j];
    cout<<solve(1, 1)<<endl;
    return 0;
}
```

输入:

5

2

```
-1 4
2 -1 -2
-1 6 4 0
3 2 -1 5 8
```

输出：_____

【分析】 本段程序的本质是找出从(1,1)开始的最大和,本题可以从下往上找,方法如图 7-4 所示。

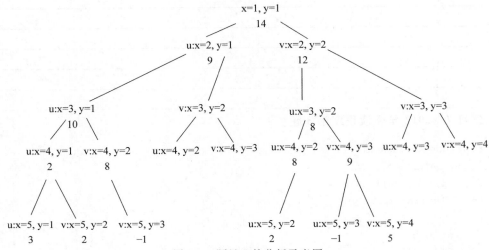

图 7-4 题目 7 的分析示意图

【参考答案】 14

【核心知识点】 递归函数的调用。

```
int solve(int x, int y)
{
    if(x==n)
        ruturn a[x][y];
    u=solve(x+1, y);
    return a[x][y]+u;
}
```

【巩固】 设计一个递归函数,倒序输出一个正整数(如输入：12345,输出：54321)。

_____

_____

_____

_____

_____

_____

题目 8　2012 年阅读程序第 4 题

```cpp
#include <iostream>
#include <string>
using namespace std;
int n,i,j,ans;
string s;
char get(int i)
{
    if(i<n) return s[i];
    else return s[i-n];
}
int main()
{
    cin>>s;
    n=s.size();
    ans=0;
    for(i=1;i<=n-1;i++)
    {
        for(j=0;j<=n-1;j++)
            if(get(i+j)<get(ans+j))
            {
                ans=i;
                break;
            }
            else if(get(i+j)>get(ans+j)) break;
    }
    for(j=0;j<=n-1;j++) cout<<get(ans+j);
    cout<<endl;
    return 0;
}
```

输入：

CBBADADA

输出：_____

【分析】　本段程序看似复杂,实则就是将字符串类比成一个环形,找出一个从某个位置开始长度为 n 的最小字典序字符串。

【参考答案】　ACBBADAD

【核心知识点】　字符环的操作。

```cpp
if(i<n)
    return s[i];
else
    return s[i-n];
```

【巩固】 编写一个程序：n 个人围成一圈,从第 1 个人开始报数(从 1 到 m 报数),凡报到 m 的人退出圈子,问最后留下的人是原来的第几号？

_____

_____

_____

_____

_____

题目9 2011 年阅读程序第 4 题

```cpp
#include<iostream>
using namespace std;
int solve(int n,int m)
{
    int i,sum;
    if(m==1) return 1;
    sum=0;
    for(i=1;i<n;i++)
        sum+=solve(i,m-1);
    return sum;
}
int main()
{
    int n,m;
    cin>>n>>m;
    cout<<solve(n,m)<<endl;
    return 0;
}
```

输入：

7 4

输出：_____

【分析】 对于递归算法,如果形参是两个变量,则可以采用表格法,整个过程如下表所示。

	$n=1$	$n=2$	$n=3$	$n=4$	$n=5$	$n=6$	$n=7$
$m=1$	1	1	1	1	1	1	1
$m=2$	0	1	2	3	4	5	6
$m=3$	0	0	1	3	6	10	15
$m=4$	0	0	0	1	4	10	20

【参考答案】 20

【核心知识点】　递归函数的应用。

```
int solve(int n,int m)
{
    if(m==1) return 1;
    for(i=1;i<n;i++)
        sum+=solve(i,m-1);
    return sum;
}
```

【巩固】　利用递归程序解决问题：有 5 个人坐在一起，问第 5 个人的年龄，他说他比第 4 个人大 2 岁。问第 4 个人的年龄，他说他比第 3 个人大 2 岁。问第 3 个人的年龄，他说他比第 2 个人大 2 岁。问第 2 个人的年龄，他说他比第 1 个人大 2 岁。如果第 1 个人是 10 岁，请问第 5 个人多少岁。

题目 10　2010 年阅读程序第 1 题

```
#include <iostream>
using namespace std;
void swap(int & a, int & b)
{
    int t;
    t =a;
    a =b;
    b =t;
}
int main()
{
    int a1, a2, a3, x;
    cin>>a1>>a2>>a3;
    if (a1 >a2)
        swap(a1, a2);
    if (a2 >a3)
        swap(a2, a3);
    if (a1 >a2)
        swap(a1, a2);
    cin>>x;
    if (x <a2)
        if (x <a1)
            cout<<x<<' '<<a1<<' '<<a2<<' '<<a3<<endl;
```

```
        else
            cout<<a1<<' '<<x<<' '<<a2<<' '<<a3<<endl;
    else
        if (x <a3)
            cout<<a1<<' '<<a2<<' '<<x<<' '<<a3<<endl;
        else
            cout<<a1<<' '<<a2<<' '<<a3<<' '<<x<<endl;
    return 0;
}
```

输入：

91 2 20

77

输出：_____

【分析】　本题主要利用判断语句比较 a1、a2、a3 的大小并将 a1、a2、a3 从小到大排序，再将 x 插入到适当位置，保持递增顺序并输出。

【参考答案】　2 20 77 91

【核心知识点】　判断语句和函数调用。

【巩固】　输入一个整数，将其插入到一个有序的数组中（数组有 10 个元素）。

题目 11　2010 年阅读程序第 2 题

```
#include <iostream>
using namespace std;
int rSum(int j)
{
    int sum =0;
    while (j !=0) {
        sum =sum * 10 +(j %10);
        j =j / 10;
    }
    return sum;
}
int main()
{
    int n, m, i;
    cin>>n>>m;
    for (i =n; i <m; i++)
```

```
        if (i ==rSum(i))
            cout<<i<<' ';
    return 0;
}
```

输入：

90 120

输出：＿＿＿＿＿＿

【分析】　本题的程序大家应该很熟悉了,找出区间[n,m)中正序等于逆序的整数,也就是回文数(90!＝09,99＝＝99,103!＝301)。

【参考答案】　99 101 111

【核心知识点】　将正序的整数逆序输出。

```
while (j !=0) {
    sum =sum * 10 +(j %10);
    j =j / 10;
}
```

【巩固】　输入一个数字字符串,把该字符串转换成整数并输出。例如输入字符串"345",则输出整数345。

_____

_____

_____

_____

_____

题目 12　2010 年阅读程序第 4 题

```
#include <iostream>
using namespace std;
const int NUM =5;
int r(int n)
{
    int i;
    if (n <=NUM)
        return n;
    for (i =1; i <=NUM; i++)
        if (r(n -i) <0)
            return i;
    return -1;
}
int main()
{
    int n;
```

```
    cin>>n;
    cout<<r(n)<<endl;
    return 0;
}
```

（1）

输入：

7

输出：_____（4 分）

（2）

输入：

16

输出：_____（4 分）

【分析】 本题使用了函数的递归调用，核心的程序段如下。

程序段 1：

```
if (n <=NUM)
    return n;
```

分析：如果 n＜＝5，输出 n。

程序段 2：

```
for (i =1; i <=NUM; i++)
    if (r(n -i) <0)
        return i;
return -1;
```

r(6)	r(7)	r(8)	r(16)
↓	↓	↓	↓
r(6–i), i=1 r(5)=5<0, no	r(7–i), i=1 r(6)=–1<0, yes	r(8–i), i=1 r(7)=1<0, no	... ...
↓	↓	↓	↓
r(6–i), i=2 r(4)=4<0, no	return i=1	r(8–i), i=2 r(6)=–1<0, yes	return i=4
↓		↓	
...		return i=2	
↓			
r(6–i), i=5 r(1)=1<0, no			
↓			
结束 for 循坏， return –1;			

分析：若 n<=5,则输出 n,若 n>5,则循环计数(-1,1,2,3,4,5)。

【参考答案】 (1)1；(2)4

【核心知识点】 函数的递归调用。

```
for (i =1; i <=NUM; i++)
        if (r(n - i) <0)
            return i;
return - 1;
```

【巩固】 输入 n 个整数,利用函数的递归调用找出其中最大的数。

_____

_____

_____

_____

题目 13 2009 年阅读程序第 1 题

```
#include <iostream>
using namespace std;
int a,b;
int work(int a,int b){
    if (a%b)
        return work(b,a%b);
    return b;
}
int main(){
    cin >>a >>b;
    cout <<work(a,b) <<endl;
    return 0;
}
```

输入：

20 12

输出：_____

【分析】 本题考查的是递归函数的调用,主要实现利用辗转相除法求最大公约数。

【参考答案】 4

【核心知识点】 辗转相除法。

```
int work(int a,int b){
    if (a%b)
        return work(b,a%b);
    return b;
}
```

【巩固】 已知有一块长 m 米、宽 n 米的长方形木板，现要将其切割成正方形木板，问最大面积的正方形木板能切几块？

_____

_____

_____

_____

_____

题目 14　2009 年阅读程序第 4 题

```cpp
#include <iostream>
#include <string.h>
using namespace std;
const int maxn=50;
void getnext(char str[])
{
    int l=strlen(str),i,j,k,temp;
    k=l-2;
    while(k>=0&&str[k]>str[k+1])
        k--;
    i=k+1;
    while(i<l&&str[i]>str[k])
        i++;
    temp=str[k];
    str[k]=str[i-1];
    str[i-1]=temp;
    for(i=l-1;i>k;i--)
        for(j=k+1;j<i;j++)
            if(str[j]>str[j+1])
            {
                temp=str[j];
                str[j]=str[j+1];
                str[j+1]=temp;
            }
    return ;
}
int main()
{
    char a[maxn];
    int n;
    cin >>a >>n;
    while(n>0)
    {
```

```
        getnext(a);
        n--;
    }
    cout <<a <<endl;
    return 0;
}
```

输入：

NOIP 3

输出：_____

【分析】　本题没有客观规律，采用模拟法可以轻松地解决这类题目。

【参考答案】　NPOI

【核心知识点】　以数据名作为实参的函数调用。

【巩固】　根据以下程序写出输出结果。

```
#include<stdio.h>
#include<string.h>
int setFlag(char str[],int iArrLen){
    int i;
    int iCnt=0;
    for(i=0;i<iArrLen;++i)
    {
        if(str[i]=='#')
        {
            str[i]='*';
            iCnt++;
        }
    }
    return iCnt;
}
main(){
    char str[]="123#456";
    int iCnt=setFlag(str,strlen(str));
    printf("%d\n",iCnt);
    printf("%s",str);
}
```

第8章 数据结构与算法

8.1 经典算法

经典算法之所以被称为经典,一方面是因为这些算法很难被超越,不论是运行效率还是书写方式;另一方面是因为通过这些算法能够解决很多问题。所以,经典算法经常出现在各类考试题目中,考生要重视并熟记这些算法,它们可以快速帮助考生解决问题。阅读该类程序的一般思路如下。

① 通读程序,大致把握程序的目的和算法。

② 猜测变量的作用,跟踪主要变量值的变化(列表)找出规律。

③ 将程序分段,厘清每一小段程序的作用和目的。

④ 看清输入,按照输出格式写出结果。

⑤ 带着结果重新运行程序进行检验。

对于根据程序写结果是题型,通常采用以下几种方法。

① 直接模拟。

② 先模拟几次循环后找出规律。

③ 直接看程序,了解算法功能。

④ 了解程序本质后换一个方法解决。

⑤ 抓住程序中的主要程序段 。

⑥ 如果不知道算法,则可以通过观察猜测。

8.2 常考算法

过去 10 年真题中所考查到的算法如表 8-1 所示。

表 8-1 2009—2018 年真题中所考查的算法

年份	算　　法	分值
2018	辗转相除法	14
2017	mod 规律公式＋快速幂、二分查找	14＋14
2016	二分法＋贪心算法	14

续表

年份	算　　法	分值
2015	二分法	14
2014	贪心算法	14
2013	时间复杂度＋空间复杂度、二叉查找树	14＋14
2012	贪心算法	14
2011	大整数开方＋高精度计算＋二分法	14
2010	哥德巴赫猜想、贪心算法	14＋14
2009	动态规划方法(国王放置)	14

从历年所考算法中可以看出,有些算法出现的概率很高,考生要重点掌握,如二分法、贪心算法;而有些算法出现得相对比较随机,要求考生具有一定的编程算法功底。下面列举一些有可能考查算法,希望考生有针对性地复习。

- 数值运算:筛选法求素数,高精度。
- 链表操作:约瑟夫问题。
- 递归算法:杨辉三角。
- 树:最小生成树,二叉排序树,最优二叉树。
- 图:拓扑排序,宽度搜索,深度搜索。
- 排序:冒泡排序,选择排序,插入排序,快速排序。
- 哈希表:哈希查找。

8.3　历年真题解析与知识点巩固

题目 1　2018 年完善程序第 1 题

(最大公约数之和)下列程序想要求解整数 n 的所有约数两两之间最大公约数的和对 10007 求余后的值,试补全程序。(第 1 空 2 分,其余 3 分)

举例来说,4 的所有约数是 1、2、4。1 和 2 的最大公约数为 1;2 和 4 的最大公约数为 2;1 和 4 的最大公约数为 1。于是答案为 $1+2+1=4$。

要求 getDivisor 函数的复杂度为 $O(\sqrt{n})$,gcd 函数的复杂度为 $O(\log \max(a,b))$。

```cpp
#include<iostream>
using namespacestd;
const int N =110000, P =10007;
int n;
int a[N], len;
int ans;
void getDivisor(){
```

```
len =0;
for(int i=1;   (1)   <=n;++i)
    if (n %i ==0) {
        a[++len] =i;
        if(   (2)   !=i)a[++len]=n/i;
    }
}
int gcd(int a,int b) {
    if (b ==0) {
          (3)  ;
    }
    return gcd(b,   (4)  );
}
int main() {
    cin >>n;
    getDivisor();
    ans =0;
    for (int i =1; i <=len; ++i) {
        for (int j =i +1; j <=len; ++j) {
            ans=(   (5)   )%P;
        }
    }
    cout <<ans <<endl;
    return 0;
}
```

【分析】 此题的基础算法是辗转相除法。首先通过一个实例进行介绍。

问题示例：

定义 m 和 n 两个整数（m 和 n 都大于 0），使用辗转相除法，求 m 和 n 的最大公约数和最小公倍数。

算法的数据流程如图 8-1 所示。

定义 3 个辅助变量 i、j 和 a。

将 m 和 n 中较大的值赋给 i，较小的值赋给 j，令 a＝i％j。

按照以下步骤循环：

① 若 a＝＝0，则 j 为 m 和 n 的最大公约数；

② 若 a！＝0，则令 i＝j，j＝a，a＝i％j，退回①继续执行。

最小公倍数＝（m＊n)/最大公约数。

代码如下。

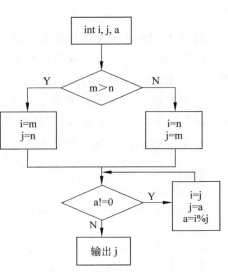

图 8-1　辗转相除求最大公约数流程图

```
#include <iostream>
using namespace std;
void f(int m, int n){
    if(m > 0 && n > 0){
        int i, j, a;
        if(m >= n){
            i = m;
            j = n;
        }else{
            i = n;
            j = m;
        }
        a = i % j;
        while(a != 0){
            i = j;
            j = a;
            a = i % j;
        }
        cout << "最大公约数为:" << j << endl;
        cout << "最小公倍数为:" << (m * n) / j << endl;
    }
}
int main(){
    int m, n;
    cout << "请输入两个整数" << endl;
    cin >> m >> n;
    f(m, n);
    return 0;
}
```

对于本题，getDivisor() 函数存储了 n 的所有约数，空(1)处 i * i<＝n，指将所有满足条件的 i 保存，因为 i 已经是 n 的约数了。空(2)处的 if 判断是指当满足 i 是 n 的约数时，n/i 的结果也一定是 n 的约数，并将 len＋＋，得出 n 的约数的个数。

gcd(int a,int b) 函数是指通过递归调用进行辗转相除 a%b，并重新赋值得出 a 和 b 的最大公约数，如果 b==0，那么变化后的 a 就是初始 a 和 b 的最大公约数。由此可得出空(3)和空(4)的答案。

main() 函数中的 ans 用于约数的累加，最后对 P 取余。

【参考答案】

(1) i * i

(2) n/i

(3) return a

(4) a％b

(5) ans＋gcd(a[i],a[j])

【核心知识点】 最大公约数。

```
int gcd(int a,int b) {
    if (b ==0) {
        return a;
    }
    return gcd(b, a%b);
}
```

【巩固】 编写一个程序,验证输入的任何两个数 a 和 b 都满足 a×b 等于两个数的最小公倍数×最大公约数。

_____

_____

_____

_____

_____

题目 2　2018 年完善程序第 2 题

对于一个 1～n 的排列 p(即 1～n 中的每一个数在 p 中恰好出现了一次),令 q_i 为第 i 个位置之后第一个比 p_i 的值更大的位置,如果不存在这样的位置,则 $q_i＝n＋1$。

举例来说,如果 n＝5 且 p 为(1,5,4,2,3),则 q 为(2,6,6,5,6)。

下列程序已经读入了排列 p,并使用双向链表求解出了答案。试补全程序。(第 2 空 2 分,其余 3 分)

数据范围: $1≤n≤105$。

```
#include<iostream>
using namespace std;
const int N =100010;
int n;
int L[N],R[N],a[N];
int main(){
    cin>>n;
    for(int i=1;i<=n;++i)
    {
        int x;
        cin>>x;
        __(1)__;
    }
    for(int i=1;i<=n;++i)
    {
        R[i]=__(2)__;
```

```
            L[i]=i-1;
    }
    for(int i=1;i<=n;++i)
    {
        L[___(3)___]=L[a[i]];
        R[L[a[i]]]=R[___(4)___];
    }
    for(int i=1;i<=n;++i)
    {
        cout<<___(5)___<<" ";
    }
    cout<<endl;
    return 0;
}
```

【分析】

本题第(1)空很关键,填写:

```
a[x]=i;
```

用下标作为数组的值,这是桶排序,其时间复杂度是 $O(n)$,即通过一重循环就可以将数组 a 从小到大排序。

排序后,即可进行从小到大删数。当某个数被删时,链表中不存在比它更小的数,因此后面的数据又是递增的,R[i]就可以找到第一个比 Pi 值大的位置了。

本题空(3)(4)是双向链表的删除操作:

```
L[R[a[i]]]=L[a[i]];
R[L[a[i]]]=R[a[i]];
```

下面简单模拟整个程序的实现过程。

当删除第 1 个数"1"时,a[1]=1,第 1 个出现。

```
L[a[i]]=L[1]=0;
L[R[a[i]]]=L[R[1]]=L[2]=0;
R[a[i]]=R[1]=2;
R[L[a[i]]]=R[L[1]]=R[0]=2;
```

于是可以得出第一个数据的结果是 2。

当删除第二小的数时,即"2"。

a[ ]数组中,a[2] = 4,记录的是数字 2 在原序列中第 4 个出现。删除这个节点,R[4]=5,这个代表了第 4 个位置后比 P4 值大的第一个位置是 5。然后,更新第 4 个节点后继的前驱 L[R[4]] = L[4],更新第 4 个节点前驱的后继 R[L[4]] = R[4]。

下面的数据大家可以自己模拟,也可以直接利用双向链表进行模拟。

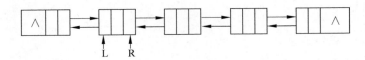

L   R

【参考答案】

(1) a[x]＝i

(2) i+1

(3) R[a[i]]

(4) a[i]

(5) R[i]

【核心知识点】

```
for(int i=1;i<=n;++i)
{
    R[i]=  i+1  ;
    L[i]=i-1;
}
for(int i=1;i<=n;++i)
{
    L[  R[a[i]]  ]=L[a[i]];
    R[L[a[i]]]=R[  a[i]  ];
}
```

【巩固】 用数组实现链表操作,输出一个数组 a,输出 a 中元素对应的数组下标位。例如输入 a[]＝{5,8,2,9,7,1,4,3,6},输出 b[]＝{7,3,8,6,4,5,9,2,1}。

_____

_____

_____

_____

_____

题目 3   2017 年完善程序第 1 题

(快速幂)请完善下面的程序,该程序使用分治法求 $x^p \bmod m$ 的值。(第一空 2 分,其余 3 分)

输入:三个不超过 10000 的正整数 x,p,m。

输出:$x^p \bmod m$ 的值。

提示:若 p 为偶数,$x^p＝(x^2)^{p/2}$;若 p 为奇数,$x^p＝x*(x^2)^{p-1/2}$

```
#include <iostream>
using namespace std;
int x,p,m,i,result;
int main(){
```

```
        cin>>x>>p>>m;
        result=__(1)__;
        while(__(2)__){
            if(p%2==1)
                result=__(3)__;
            p/=2;
            x=__(4)__;
        }
        cout<<__(5)__<<endl;
        return 0;
    }
```

【**分析**】　对于本题,要了解两个算法,一个是快速幂,另一个是分治法。

快速幂:快速幂就是指快速求幂,其时间复杂度为 $O(\log_2 N)$,与朴素的 $O(N)$ 相比效率有了大幅提高。

例如:计算 a^b,正常的计算方法为将 a 连续乘以 b 次,其时间复杂度为 $O(b)$。还有一种更高效的方法,那就是利用二进制的移位运算实现。

设 b=13,表示成二进制后是 1101。

a^{13} 表示成二进制后为 $a^{1101} = a^1 * a^{100} * a^{1000}$。

原来的 13 次乘方,现在可以归结成 3 次乘法运算,具体实现代码如下。

```
int poww(int a,int b){
    int ans=1,base=a;
    while(b!=0){
        if(b&1!=0)
            ans*=base;
        base*=base;
        b>>=1;
    }
    return ans;
}
```

分治法指把一个复杂的问题分成两个或更多的相同或相似的子问题。

分治法能解决的问题一般具有以下几个特征:

• 规模缩小到一定程度就可以容易地解决;

• 可以分解为若干个规模较小的相似问题,即该问题具有最优子结构性质;

• 分解出的子问题的解可以合并为该问题的解;

• 分解出的各个子问题是相互独立的,即子问题之间不包含公共的子问题。

分治法在每一层递归上都有以下三个步骤。

① **分解**:将原问题分解为若干个规模较小、相互独立且与原问题形式相同的子问题。

② **解决**:若子问题规模较小且容易被解决则直接解,否则递归地求解各个子问题。

③ **合并**:将各个子问题的解合并为原问题的解。

原理如下。

```
int ans =1;
for(int i =1;i<=b;i++)
{
    ans =ans * a;
}
ans =ans % c;
```

设 a=9,b=10,c=6。

传统计算过程为 ans=9^{10}%6，这样计算不仅会超出数值的表示范围，也使得程序的运行效率更低。分治法可以有效地解决这一问题，先看看有关分治法取余的三个公式。

设 a=9,b=10,c=6，带入公式(8-1)。

$$ab \bmod c = (a \bmod c)b \bmod c \tag{8-1}$$

检验：

ab mod c=9 * 10 mod 6=90 mod 6=0

(a mod c)b mod c=(9 mod 6) * 10 mod 6=30 mod 6=0

从这个简单的检验中就可发现难度有了很大的降低。

$$(ab)\bmod c = [(a \bmod c) \times (b \bmod c)]\bmod c \tag{8-2}$$

证明：

a mod c=d➡a=tc+d

b mod c=e➡b=kc+e

ab mod c=(tc+d)(kc+e) mod c

=(tkc^2+(te+dk)c+de)mod c

=de mod c

=[(a mod c)(b mod c)] mod c

$$a^b \bmod c = (a \bmod c)^b \bmod c \tag{8-3}$$

证明：

[$(a \bmod c)^b$] mod c

=[$((a \bmod c)\bmod c)^b$] mod c （由公式(8-3)迭代求得）

[$(a \bmod c)^b$]mod c=a^b mod c

证明了以上公式以后，可以先让 a 关于 c 取余，这样可以大大减小 a 的值。

a^b mod c=$((a^2)^{b/2})$mod c,b 是偶数。

a^b mod c=$((a^2)^{b/2}a)$mod c,b 是奇数。

有了上述两个公式后，可以得出以下结论。

① 如果 b 是偶数，可以记 k=a^2 mod c，那么求$(k)^{b/2}$ mod c 即可。

② 如果 b 是奇数，也可以记 k=a^2 mod c，那么求$((k)^{b/2}$ mod ca) mod c=$((k)^{b/2}$ mod ca) mod c 即可。

```
int ans =1;
a =a % c;
```

```
    if(b%2==1)
ans =(ans * a) mod c;            //如果是奇数,要多求一步,可以提前算到 ans 中
    k=(a * a) %c;                //取 a² 而不是 a
for(int i =1;i<=b/2;i++){
    ans =(ans * k) %c;
}
    ans =ans%c;
```

可以看到复杂度变成了 $O(b/2)$。当 $k=(a * a)$ mod c 时,状态已经发生了变化,最终结果为 $(k)^{b/2}$ mod c,而不是原来的 ab mod c,所以这个过程是可以迭代下去的。对于奇数的情形会多出一项 a mod c,所以为了完成迭代,当 b 是奇数时,需要通过 ans＝(ans * a) ％ c;弥补多出来的这一项,此时剩余的部分就可以进行迭代了。当 b＝0 时,所有因子都已经相乘,算法结束。于是便可以在 $O(\log b)$ 的时间内完成了。

【参考答案】

(1) 1

(2) p＞0 或 p!=0 或 p

(3) result * x％m

(4) x * x％m

(5) result

【核心知识点】　快速幂算法。

```
cin>>x>>p>>m;
result=__1__;
while(__p__){
    if(p%2==1)
        result=__result * x%m__;
    p/=2;
    x=__x * x%m__;
}
cout<<__result__<<endl;
```

【巩固】　输入一个十进制整数,输出这个整数的二进制数。

_____

_____

_____

_____

_____

_____

题目 4　2017 年完善程序第 2 题

(切割绳子)有 n 条绳子,每条绳子的长度已知且均为正整数。绳子可以以任意正整数长度切割,但不可以连接。现在要从这些绳子中切割出 m 条长度相同的绳段,求绳段的最大长度是多少?(第一、二空 2.5 分,其余 3 分)

输入：第 1 行是一个不超过 100 的正整数 n，第 2 行是 n 个不超过 10^6 的正整数，表示每条绳子的长度，第 3 行是一个不超过 10^8 的正整数 m。

输出：绳段的最大长度，若无法切割，则输出 Failed。

```cpp
#include <iostream>
using namespace std;
int n,m,i,lbound,ubound,mid,count;
int len[100];                              //绳子长度
int main(){
    cin>>n;
    count=0;
    for(i=0;i<n;i++){
        cin>>len[i];
        __(1)__;
    }
    cin>>m;
    if(__(2)__){
        cout<<"Failed"<<endl;
        return 0;
    }
    lbound=1;
    ubound=1000000;
    while(__(3)__){
        mid=__(4)__;
        count=0;
        for(i=0;i<n;i++)
            __(5)__;
        if(count<m)
            ubound=mid-1;
        else
            lbound=mid;
    }
    cout<<lbound<<endl;
    return 0;
}
```

【分析】　根据题意和示例程序中的关键字，如 mid、lbound 和 ubound，可以推断出该题是一个二分查找的典型应用。

二分查找也称折半查找（Binary Search），是一种效率较高的查找方法。但二分查找有两个先决条件：一是要求线性表必须采用顺序存储结构，二是要求表中元素必须按关键字有序排列。

下面利用具体的实例介绍二分查找的基本思想。假设有一组数据：5,11,22,32,36,38,44,53,57,85,94，二分查找的基本过程如下。

（1）设 R[low..high]是当前的查找区间，low 初始为数据的第一个数据地址，high 初始为数据的最后一个数据地址，根据这两个地址确定该区间的中点位置，即

$$mid=(low+high)/2$$

根据 mid=(1+11)/2=6，所以数据的初始位置示意如下。

5	11	22	32	36	38	44	53	57	85	94
↑low					↑mid					↑high

（2）将待查的 K 值与 R[mid].key 进行比较：若相等，则查找成功并返回此位置，否则确定新的查找区间，并重新计算 mid 的值。确定新查找空间的方法如下。

① 若 R[mid].key>K，则由表的有序性可知 R[mid..n].keys 均大于 K，因此若表中存在关键字等于 K 的节点，则该节点必定是在位置 mid 左边的子表 R[1..mid-1]中，故新的查找区间是左子表 R[1..mid-1]。

② 若 R[mid].key<K，则要查找的 K 必在 mid 的右子表 R[mid+1..n]中，即新的查找区间是右子表 R[mid+1..n]。下一次查找是针对新的查找区间进行的。

因为要查找的数据是 53，而 38<53，所以应该在 R[7,11]区间中寻找，此时需要改变 low 的位置指向，并且根据变化的 low 值重新计算 mid 值。由于 mid=(7+11)/2=9，所以第（2）步的查找示意图如下。

5	11	22	32	36	38	44	53	57	85	94
						↑low		↑mid		↑high

（3）循环判断 K 值与 R[mid].key，若相等，则返回，否则继续利用第（2）步的方法查找，直到找到为止。

到此，mid 的值为 57，57>53，所以确定新的空间为 R[7,8]，此时 mid=(7+8)/2=7，第 3 步的示意图如下。

5	11	22	32	36	38	44	53	57	85	94
						↑low ↑mid	↑high			

此时 mid 的值为 44，44<53，所以确定新的空间为 R[8,8]，此时 mid=(8+8)/2=8，第（4）步的示意图如下。

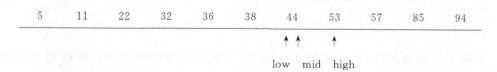

此时，mid 的值为 53，在第（4）步找到所需要的值，返回 mid 的值 8。

从该题可以看出,从初始的查找区间 R[1,n]开始,每经过一次与当前查找区间的中点位置上的节点关键字的比较,即可确定查找是否成功,成功则直接返回,不成功则当前的查找区间缩小一半,这一过程重复直至找到关键字为 K 的节点,或者直至当前的查找区间为空(即查找失败)时为止。

二分查找的核心代码如下。

```
while(low<=high)
{
    mid=(high+low)/2;
    if(R[mid]>K)
        high=mid-1;
    else if(R[mid]<K)
        low=mid+1;
    else
        return mid;
}
```

另外,二分查找还有递归的写法,核心代码如下。

```
int BinarySearch (int low,int high)
{
    int mid=(low+high)/2;
    if(low>high)
        return -1;
    else
    {
        if(R[mid]==K)
            return mid;
        else if(R[mid]>K)
            return BinarySearch (low,mid-1);
        else
            return BinarySearch (mid+1,high);
    }
}
```

了解了二分法的原理,该题目 1~1000000 利用二分法依次尝试能够切割的线段长度。

【参考答案】

(1) count＝count＋len[i]或 count＋＝len[i]

(2) count＜m 或 m＞count

(3) lbound＜ubound 或 ubound＞lbound

(4) (lbound＋ubound＋1)/2 或(lbound＋ubound＋1)＞＞1 或(lbound＋ubound)/2＋1

(5) count＝count＋len[i]/mid 或 count＋＝len[i]/mid

【核心知识点】 二分查找算法。

```
while(__lbound<ubound__){
    mid=__(lbound+ubound+1)/2__;
    count=0;
    for(i=0;i<n;i++)
        __count+=len[i]/mid__;
    if(count<m)
        ubound=mid-1;
    else
        lbound=mid;
}
```

【巩固】 采用二分法求任意一个正整数的开平方根的最近似数值,如输入 9,则输出 3;输入 27,则输出 5。

题目 5 2016 年完善程序第 2 题

(郊游活动)有 n 名同学参加学校组织的郊游活动,已知学校给这 n 名同学的郊游总经费为 A 元,与此同时第 i 位同学自己携带了 Mi 元。为了方便郊游,活动地点提供 B(≥ n)辆自行车供人租用,租用第 j 辆自行车的价格为 Cj 元,每位同学可以使用自己携带的钱或者学校的郊游经费,为了方便账务管理,每位同学只能为自己租用自行车,且不会借钱给他人,他们想知道最多有多少位同学能够租用到自行车。(第四、五空 2.5 分,其余 3 分)

本题采用二分法。对于区间[l, r],取中间点 mid 并判断租用到自行车的人数能否达到 mid。判断的过程是利用贪心算法实现的。

```cpp
#include <iostream>
using namespace std;
#define MAXN 1000000
int n, B, A, M[MAXN], C[MAXN], l, r, ans, mid;
bool check(int nn) {
    int count =0, i, j;
    i= __(1)__;
    j=1;
    while (i <=n) {
        if ( __(2)__ )
            count +=C[j] -M[i];
        i++;
        j++;
```

```
        }
        return    (3)   ;
    }
    void sort(int a[], int l, int r) {
        int i = l, j = r, x = a[(l + r) / 2], y;
        while (i <= j) {
            while (a[i] < x)
                i++;
            while (a[j] > x)
                j--;
            if (i <= j) {
                y = a[i];
                a[i] = a[j];
                a[j] = y;
                i++;
                j--;
            }
        }
        if (i < r)
            sort(a, i, r);
        if (l < j)
            sort(a, l, j);
    }
    int main() {
        int i;
        cin >> n >> B >> A;
        for (i = 1; i <= n; i++)
            cin >> M[i];
        for (i = 1; i <= B; i++)
            cin >> C[i];
        sort(M, 1, n);
        sort(C, 1, B);
        l = 0;
        r = n;
        while (l <= r) {
            mid = (l + r) / 2;
            if (   (4)   ) {
                ans = mid;
                l = mid + 1;
            }
            else
                r =    (5)   ;
        }
        cout << ans << endl;
```

```
        return 0;
    }
```

【分析】　本题主要采用二分法＋贪心算法。二分法的原理请参考本章题目 4 的解析。

贪心算法是指在对问题求解时做出当前看来最优的选择。也就是说,不从整体最优上加以考虑,求出的仅是在某种意义上的局部最优解。

实例介绍：假如需要找零 99 分钱,现有面值分别为 25、10、5、1 的硬币若干,怎样才能使找零用到的硬币数最少？

分析：首先找面值为 25 的硬币 3 个,其次再找面值为 10 的硬币 2 个,最后找面值为 1 的硬币 4 个。

代码如下：

```cpp
#include <iostream>
using namespace std;
int main()
{
    int money[]={1,5,10,25};          //零钱的种类
    int changeNum[]={0,0,0,0};        //每种零钱的个数
    int n,remain;                     //需要找零的钱数
    cin>>n;
    for(int i=4;i>0;i--)
    {
        changeNum[i-1]=n/money[i-1];
        n=n% money[i-1];
    }
    for(int i=0;i<4;i++)
    {
        cout<<"零钱"<<money[i]<<"的数量是:";
        cout<<changeNum[i]<<""<<endl;
    }
    return 0;
}
```

要求硬币数最少,为什么要考虑从最大面值的硬币找起呢？这就是贪心算法。贪心算法是一种思路,它没有固定的公式。

【参考答案】

(1) n－nn＋1

(2) M[i]<C[j] 或 M[i]<＝C[j]

(3) count<＝A

(4) check(mid)

(5) mid－1

【核心知识点】 二分查找算法与快速排序算法。

【巩固】 输入一组有序整数,并判断首位两个整数的平均数是否能够在该序列中找到,若找到则返回其下标,否则输出"There is no answer!"。

_____

_____

_____

_____

_____

题目 6　2015 年完善程序第 2 题

(中位数)给定 n(n 为奇数且小于 1000)个整数,整数的范围为 $0 \sim m$($0 < m < 231$),请使用二分法求这 n 个整数的中位数。中位数是指将这 n 个数排序之后排在正中间的数。(第五空 2 分,其余 3 分)

```cpp
#include <iostream>
using namespace std;
const int MAXN =1000;
int n, i, lbound, rbound, mid, m, count;
int x[MAXN];
int main() {
    cin >>n >>m;
    for (i =0; i <n; i++)
        cin >>x[i];
    lbound =0;
    rbound =m;
    while (_____(1)_____) {
        mid =(lbound +rbound)/2;
        _____(2)_____;
        for (i =0; i <n; i++)
            if (_____(3)_____)
                _____(4)_____;
        if (count >n / 2)
            lbound =mid +1;
        else
            _____(5)_____;
    }
    cout <<rbound <<endl;
    return 0;
}
```

【分析】 本题算法采用二分法,原理见本章题目 4。

【参考答案】

（1）lbound＜rbound 或 rbound＞lbound

（2）count＝0

（3）x[i]＞mid

（4）count＝count＋1 或 count＋＋或＋＋count

（5）rbound＝mid

【核心知识点】 二分查找算法。

```
lbound = 0;
rbound = m;
while (____lbound<rbound____) {
    mid = (lbound +rbound)/2;
    ____count=0____;
    for (i =0; i <n; i++)
        if (____x[i]>mid____)
            ____count++;____;
    if (count >n / 2)
        lbound =mid +1;
    else
        ____rbound=mid____;
}
```

【巩固】 一件商品的价格在 500～1000 元之间,如何用最少的次数猜出价格,试编写一个程序完成。注:随机生成一个 500～1000 的整数代表价格,通过输入一个整数代表猜测的价格,猜大或猜小都会有提示,猜中则输出猜测的次数。

_____

_____

_____

_____

_____

_____

题目7 2014 年完善程序第 2 题

（最大子矩阵和）给定 m 行 n 列的整数矩阵,求最大的子矩阵和(子矩阵不能为空)。输入第 1 行包含两个整数 m 和 n,即矩阵的行数和列数。之后的 m 行每行有 n 个整数,试描述整个矩阵,程序最终输出最大的子矩阵和。(最后一空 4 分,其余 3 分,共 16 分)

```
#include <iostream>
using namespace std;
const int SIZE =100;
int matrix[SIZE +1][SIZE +1];
int rowsum[SIZE +1][SIZE +1];    //rowsum[i][j]记录第 i 行前 j 个数的和
```

```
int m, n, i, j, first, last, area, ans;
int main() {
    cin >>m >>n;
    for (i =1; i <=m; i++)
        for (j =1; j <=n; j++)
            cin >>matrix[i][j];
    ans =matrix____(1)____;
    for (i =1; i <=m; i++)
        ____(2)____;
    for (i =1; i <=m; i++)
        for (j =1; j <=n; j++)
            rowsum[i][j] =____(3)____;
    for (first =1; first <=n; first++)
        for (last =first; last <=n; last++) {
            ____(4)____;
            for (i =1; i <=m; i++) {
                area +=____(5)____;
                if (area >ans)
                    ans =area;
                if (area <0)
                    area =0;
            }
        }
    cout <<ans <<endl;
    return 0;
}
```

【分析】　计算数组 rowsum，使用枚举子矩阵的 first 和 last 将原问题转换为求解一维最大子段和的问题，可以使用贪心算法。

对于本程序，具体分析如表 8-2 所示。

表 8-2　程序分析

程　　　序	分　　　析

for (i =1; i <=m; i++)
　　for (j =1; j <=n; j++)
　　　　cin >>matrix[i][j];
ans =matrix____(1)____;
	空(1)用于保存第一个子段的和，也就是第一个值

for (i =1; i <=m; i++)
　　for (j =1; j <=n; j++)
　　　　rowsum[i][j] =____(3)____;
	rowsum[i][j]用来保存每行的最大子矩阵的和

续表

程　　序	分　　析

``
for (first =1; first <=n; first++)
    for (last =first; last <=n;   last++) {
            (4)   ;
        for (i =1; i <=m; i++) {
            area +=   (5)   ;
            if (area >ans)
                ans =area;
            if (area <0)
                area =0;
        }
    }
``
	此部分代码是将每个矩阵每行的最大子矩阵当作一个区域(area)以累加比较得出最大子矩阵

空(4)和空(5)处使用了贪心算法求局部的最大子矩阵。贪心算法请参考本章题目 5。

【参考答案】

(1) [1][1]

(2) rowsum[i][0]＝0

(3) rowsum[i][j−1]＋matrix[i][j]

(4) area＝0

(5) rowsum[i][last]−rowsum[i][first−1]

【核心知识点】　求最大子矩阵算法。

```
for (first =1; first <=n; first++)
    for (last =first; last <=n; last++) {
        ___area=0___ ;
        for (i =1; i <=m; i++) {
            area +=  rowsum[i][last]-rowsum[i][first-1]  ;
            if (area >ans)
                ans =area;
            if (area <0)
                area =0;
        }
    }
```

【巩固】　输入一个分数,将分数化为 3 个单位分数的和。如输入 3/7,则输出 1/3＋1/11＋1/231;输入 13/23,则输出 1/2＋1/16＋1/368。

题目 8　2013 年完善程序第 1 题

（序列重排）全局数组变量 a 的定义如下。

```
const int SIZE =100;
int a[SIZE], n;
```

全局数组变量 a 记录了一个长度为 n 的序列：a[1]，a[2]，…，a[n]。

现在需要一个函数，以整数 p(1≤p≤n) 为参数，实现如下功能：将序列 a 的前 p 个数与后 n−p 个数对调，且不改变这 p 个数（或 n−p 个数）之间的相对位置。例如，长度为 5 的序列 1,2,3,4,5，当 p＝2 时，重排结果为 3,4,5,1,2。

有一种朴素算法可以实现这一需求，其时间复杂度为 $O(n)$、空间复杂度为 $O(n)$。

```
void swap1(int p)
{
    int i, j, b[SIZE];
    for (i =1; i <=p; i++)
        b[___(1)___] =a[i];              //(3分)
    for (i =p +1; i <=n; i++)
        b[i -p] =___(2)___;              //(3分)
    for (i =1; i <=___(3)___; i++)       //(2分)
        a[i] =b[i];
}
```

也可以将时间换为空间，使用时间复杂度为 $O(n^2)$、空间复杂度为 $O(1)$ 的算法求解。

```
void swap2(int p)
{
    int i, j, temp;
    for (i =p +1; i <=n; i++)
    {
        temp =a[i];
        for (j =i; j >=___(4)___; j--)   //( 3分)
            a[j] =a[j -1];
        ___(5)___ =temp;                 //( 3分)
    }
}
```

【分析】　对于本题，首先要了解朴素算法。朴素算法又称暴力算法，即通过穷举法匹配是否满足条件，通常称为暴力破解算法。

例如从区间[1,10000000]找一个数，使用朴素算法将遍历整个区间，即一个个地比较直至找到。如果要找到 10000000 这个数，那么就要循环 10000000 次，相当耗费计算机内存。

```
cin<<n;
for(i=1;i<=10000000;i++)
        if(n==i)
```

```
        return 1;
    return 0;
```

如果使用二分查找法(参考本章题目 4),则不需要遍历整个区间,可以节省大量的时间和空间。

其次要了解时间复杂度和空间复杂度。

(1) 时间复杂度

时间复杂度指在处理同一问题时可采用不同的算法解决,而一个算法的质量优劣将影响算法甚至程序的效率。算法分析的目的在于选择合适的算法和改进算法。

在进行算法分析时,语句的总执行次数 $T(n)$ 是关于问题规模 n 的函数,进而分析 $T(n)$ 随 n 的变化情况,确定 $T(n)$ 的数量级。算法的时间复杂度也就是算法的时间量度,记作 $T(n)=O(f(n))$,它表示随着问题规模 n 的增大,算法执行时间的增长率和 $f(n)$ 的增长率相同,称为算法的渐近时间复杂度,简称时间复杂度。其中,$f(n)$ 是问题规模 n 的某个函数。

(2) 空间复杂度

空间复杂度(Space Complexity)指对一个算法在运行过程中临时占用的存储空间的量度,记作 $S(n)=O(f(n))$。例如直接插入排序的时间复杂度是 $O(n^2)$,空间复杂度是 $O(1)$,而一般的递归算法则需要 $O(n)$ 的空间复杂度,因为其每次递归都要存储返回信息。

一个算法的优劣主要从算法的执行时间和所需要占用的存储空间这两个方面衡量。

常见的时间复杂度和空间复杂度如表 8-3 所示。

表 8-3 常见的时间复杂度和空间复杂度

排序方法	时间复杂度(平均)	时间复杂度(最坏)	时间复杂度(最好)	空间复杂度	稳定性	复杂性
直接插入排序	$O(n^2)$	$O(n^2)$	$O(n)$	$O(1)$	稳定	简单
希尔排序	$O(n\log_2 n)$	$O(n^2)$	$O(n)$	$O(1)$	不稳定	较复杂
直接选择排序	$O(n^2)$	$O(n^2)$	$O(n^2)$	$O(1)$	不稳定	简单
堆排序	$O(n\log_2 n)$	$O(n\log_2 n)$	$O(n\log_2 n)$	$O(1)$	不稳定	较复杂
冒泡排序	$O(n^2)$	$O(n^2)$	$O(n)$	$O(1)$	稳定	简单
快速排序	$O(n\log_2 n)$	$O(n^2)$	$O(n\log_2 n)$	$O(n\log_2 n)$	不稳定	较复杂
归并排序	$O(n\log_2 n)$	$O(n\log_2 n)$	$O(n\log_2 n)$	$O(n)$	稳定	较复杂
基数排序	$O(d(n+r))$	$O(d(n+r))$	$O(d(n+r))$	$O(n+r)$	稳定	较复杂

本题的程序分析如下。

朴素算法的代码如下。

```
for (i =1; i <=p; i++)
    b[ n-p+i ] =a[i];              //将下标为 1~p 的值赋值到 n-p+i 的位置
for (i =p +1; i <=n; i++)
```

```
    b[i -p] = __a[i]__ ;              //将 a[i]剩下的部分再赋值到 b[i-p]的位置
for (i =1; i <= __n__ ; i++)          //b[i]重新覆盖 a[i]
    a[i] =b[i];
```

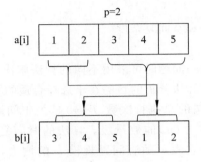

改良算法的代码如下。

```
void swap2(int p)
{
    int i, j, temp;
    for (i =p +1; i <=n; i++)
    {
        temp =a[i];
        for (j =i; j >= __i-p+1__ ; j--)
            a[j] =a[j -1];
        __a[i-p]__ =temp;
    }
}
```

改良的程序没有通过第 2 个数组赋值,而是直接通过下标将值赋值给 temp,移动其他数值后再插入 temp。

【参考答案】

(1) n－p＋i

(2) a[i]

(3) n

(4) i－p＋1

(5) a[i－p]

【核心知识点】 改变后的序列重排算法。

```
void swap2(int p)
{
    int i, j, temp;
    for (i =p +1; i <=n; i++)
    {
        temp =a[i];
        for (j =i; j >= __i-p+1__ ; j--)
```

```
        a[j] = a[j -1];
      a[i-p]  =temp;
    }
}
```

【巩固】　实现将一组数据逆序重排,如原序列为 1,2,3,4,5,则逆序输出 5,4,3,2,1。

_____

_____

_____

_____

_____

题目 9　2013 年完善程序第 2 题

（二叉查找树）二叉查找树具有如下性质：每个节点的值都大于其左子树上所有节点的值且小于其右子树上所有节点的值。试判断一棵树是否为二叉查找树。

输入的第 1 行包含一个整数 n,表示这棵树有 n 个顶点,编号分别为 $1,2,\cdots,n$,其中编号为 1 的是根节点。之后的第 i 行有三个数：value, left_child , right_child ,分别表示该节点关键字的值、左子节点的编号、右子节点的编号；如果不存在左子节点或右子节点,则用 0 代替。输出 1 表示这棵树是二叉查找树,输出 0 则表示不是。

```
#include <iostream>
using namespace std;
const int SIZE =100;
const int INFINITE =1000000;
struct node
{
    int left_child, right_child, value;
};
node a[SIZE];
int is_bst(int root, int lower_bound, int upper_bound)
{
    int cur;
    if(root ==0)
    return 1;
    cur =a[root].value;
    if((cur> lower_bound) && ( __(1)__ ) && (is_bst(a[root].left_child, lower_
    bound, cur) ==1) && (is_bst( __(2)__ , __(3)__ , __(4)__ ) ==1))
        return 1;
    return 0;
}
int main()
{
    int i, n;
```

```
cin>>n;
for (i =1; i <=n; i++)
    cin>>a[i].value>>a[i].left_child>>a[i].right_child;
cout<<is_bst(  (5)  , -INFINITE, INFINITE)<<endl;
return 0;
}
```

【分析】　本题考查的是二叉查找树（Binary Search Tree），又称二叉搜索树，是指一棵空树或者具有下列性质的二叉树。

- 若任意节点的左子树非空，则左子树上所有节点的值均小于它的根节点的值。
- 若任意节点的右子树非空，则右子树上所有节点的值均大于它的根节点的值。
- 任意节点的左、右子树也分别为二叉查找树。
- 没有键值相等的节点。

例如，设 x 为二叉查找树中的一个节点，x 节点包含关键字 key，节点 x 的 key 值记为 key[x]。如果 y 是 x 的左子树中的一个节点，则 key[y] <= key[x]；如果 y 是 x 的右子树中的一个节点，则 key[y] >= key[x]。图 8-2 所示就是一棵二叉查找树。

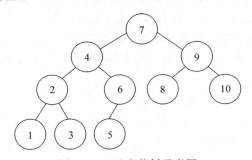

图 8-2　二叉查找树示意图

对于本题，主要程序段为 is_bst() 函数，该调用函数实现的功能是使用递归调用判断当前的 cur（根）> lower_bound（左），并且 cur < upper_bound（右），不断地执行递归操作，如果符合二叉查找树的条件，则 return 1，表示当前的子树是二叉查找树。

【参考答案】

（1）cur < upper_bound

（2）a[root].right_child

（3）cur

（4）upper_bound

（5）1

【核心知识点】　二叉查找树的判断算法。

```
int is_bst(int root, int lower_bound, int upper_bound)
{
    int cur;
    if(root ==0)
```

```
        return 1;
        cur =a[root].value;
        if((cur> lower_bound) && ( ___cur< upper-bound___ ) && (is_bst (a [root].left_
        child, lower_bound, cur) ==1) && (is_bst( ___a[root].right-child___ , ___cur___ ,
        ___upper-bound___ ) ==1))
            return 1;
        return 0;
}
```

【巩固】　将该题修改成非递归形式。

_____

_____

_____

_____

_____

_____

题目 10　2012 年完善程序第 1 题

（坐标统计）输入 n 个整点在平面上的坐标。对于每个点，可以控制所有位于它左下方的点（即 x、y 坐标都比它小），它可以控制的点的数目称为战斗力。依次输出每个点的战斗力，最后输出战斗力最高的点的编号（如果若干个点的战斗力并列最高，则输出其中最大的编号）。

```cpp
#include <iostream>
using namespace std;
const int SIZE =100;
int x[SIZE],y[SIZE],f[SIZE];
int n,i,j,max_f,ans;
int main()
{
    cin>>n;
    for(i=1;i<=n;i++)
        cin>>x[i]>>y[i];
    max_f=0;
    for(i=1;i<=n;i++)
    {
        f[i]=   (1)   ;
        for(j=1;j<=n;j++)
        {
            if(x[j]<x[i] &&  (2)  )
                  (3)   ;
        }
        if(     (4)   )
        {
            max_f=f[i];
```

```
            (5)   ;
        }
    }
    for(i=1;i<=n;i++)
        cout<<f[i]<<endl;
    cout<<ans<<endl;
    return 0;
}
```

【分析】 分析程序可以得出 x[SIZE] 和 y[SIZE]，用于存放坐标，f[i] 用于存放第 i 个点的战斗力，ans 是战斗力最高的点的编号，max_f 是战斗力最高的点的战斗力。下面是对主要程序段的分析。

空(1)处存储每个点的初始战斗力，明显是赋初值，即 f[i]＝0;。

空(2)处是战斗力判断，两个条件：x[i]＜x[i] 和 y[i]＜y[i]。

根据题意可以知道，当点 j 被 i 控制时，空(3)处 i 的战斗力＋1。

如果当前的 i 处的战斗力大于或等于最大战斗力，则将空(4)处的最大战斗力重新赋值，并且在空(5)处将保存最高战斗力的编号 i 赋值给 ans。

注意空(4)处必须加等号，因为题目要求输出最后战斗力最高的点的编号。

【参考答案】

(1) 0

(2) y[j]＜y[i]

(3) f[i]＋＋或＋＋f[i]或 f[i]＝f[i]＋1

(4) f[i]＞＝max_f

(5) ans＝i

【核心知识点】 最高战斗力判断算法。

```
for(i=1;i<=n;i++)
    {
        f[i]=   0   ;
        for(j=1;j<=n;j++)
        {
            if(x[j]<x[i] &&   y[j]< y[i]   )
              f[i]++   ;
        }
        if(   f[i]>=max-f   )
        {
            max_f=f[i];
              ans=i   ;
        }
    }
```

【巩固】 已知一个 $n \times n$ 的矩阵，输出矩阵各元素与 $(0,0)$ 点所构成的子矩阵的和。

例如，矩阵 $\begin{bmatrix} 1 & 2 \\ 3 & 4 \end{bmatrix}$ 的各输出值。

元素 1 与(0,0)点构成一个 1×1 的子矩阵，和为 1。

元素 2 与(0,0)点构成一个 1×2 的子矩阵，和为 3。

元素 3 与(0,0)点构成一个 1×2 的子矩阵，和为 4。

元素 4 与(0,0)点构成一个 2×2 的子矩阵，和为 10。

_____

_____

_____

_____

_____

题目 11 2012 年完善程序第 2 题

（排列数）输入两个正整数 n 和 m（$1 < n < 20$，$1 < m < n$），在 $1 \sim n$ 中任取 m 个数，按字典排序从小到大输出所有这样的排列，示例如下。

输入：

3 2

输出：

1 2

1 3

2 1

2 3

3 1

3 2

代码如下。

```cpp
#include <iostream>
#include <cstring>
using namespace std;
const int SIZE =25;
bool used[SIZE];
int data[SIZE];
int n,m,i,j,k;
bool flag;
int main()
{
    cin>>n>>m;
    memset(used,false,sizeof(used));
    for(i=1;i<=m;i++)
    {
```

```
            data[i]=i;
            used[i]=true;
        }
    flag=true;
    while(flag)
    {
        for(i=1;i<=m-1;i++)
            cout<<data[i]<<" ";
        cout<<data[m]<<endl;
        flag=_____(1)_____;
        for(i=m;i>=1;i--)
        {
            _____(2)_____;
            for(j=data[i]+1;j<=n;j++)
                if(!used[j])
                {
                    used[j]=true;
                    data[i]=_____(3)_____;
                    flag=true;
                    break;
                }
            if(flag)
            {
                for(k=i+1;k<=m;k++)
                    for(j=1;j<=_____(4)_____;j++)
                        if(!used[j])
                        {
                            data[k]=j;
                            used[j]=true;
                            break;
                        }
                _____(5)_____;
            }
        }
    }
    return 0;
}
```

【分析】 本题没有涉及较难的算法，题目的一开始有一个 memset 函数，可能会令部分考生为难，其主要含义是为数组 used 赋初值。

memset 函数的用法如下。

memset(数组名,数值,数组大小)

所以本题 memset(used,false,sizeof(used));这句代码的意思就是对 used 数组中的

sizeof(used)赋值为 false,即初始化布尔类型的 used 数组为 false。

空(1)处将 flag 标记位重新赋值为 false。

空(2)处较难理解,表示当前数字 i 还没有被使用过,每次倒序找到第一个能变大的数字并将其变大,然后把后面的数字直接从小到大地输出,生成一个新的组合。

空(3)处表示当前的 j 可取。

空(4)处指 1~n 遍历。

空(5)处如果已经生成组合,则跳出循环,执行下一步操作。

【参考答案】

(1) false

(2) used[data[i]]=false

(3) j

(4) n

(5) break

【核心知识点】　序列数据使用一次算法。

```
for(j=data[i]+1;j<=n;j++)
    if(!used[j])
    {
        used[j]=true;
        data[i]=  j  ;
        flag=true;
        break;
    }
```

【巩固】　在一个整数数组中,输出所有的子序序列且子序序列是降序。例如,数组中有 5 个元素 9,6,3,8,4,则输出 9,6,3;9,6;9,6,4;9,3;9,8,4;9,8;9,4;6,3;6,4;8,4;。

_____

_____

_____

_____

_____

题目 12　2011 年完善程序第 1 题

(子矩阵)输入一个 n1×m1 的矩阵 a 和 n2×m2 的矩阵 b,问 a 中是否存在子矩阵和 b 相等。若存在,则输出所有子矩阵左上角的坐标;否则输出"There is no answer"。

```
#include<iostream>
using namespace std;
const int SIZE =50;
int n1,m1,n2,m2,a[SIZE][SIZE],b[SIZE][SIZE];
int main()
```

```
{
    int i,j,k1,k2;
    bool good , haveAns;
    cin>>n1>>m1;
    for(i=1;i<=n1;i++)
        for(j=1;j<=m1;j++)
            cin>>a[i][j];
    cin>>n2>>m2;
    for(i=1;i<=n2;i++)
        for(j=1;j<=m2;j++)
            ___(1)___;
    haveAns=false;
    for(i=1;i<=n1-n2+1;i++)
        for(j=1;j<=___(2)___;j++){
            ___(3)___;
            for(k1=1;k1<=n2;k1++)
                for(k2=1;k2<=___(4)___;k2++){
                    if(a[i+k1-1][j+k2-1]!=b[k1][k2])
                        good=false;
                }
            if(good){
                cout<<i<<' '<<j<<endl;
                ___(5)___;
            }
        }
    if(!haveAns)
        cout<<"There is no answer"<<endl;
    return 0;
}
```

【分析】 本题的思路比较清晰，首先给矩阵赋初值，然后依次比较，最后输出结果。

空（1）处通过程序可以看出是为 b 数组赋值。

空（2）和空（4）处用来遍历查找数组 a 中是否存在数组 b。

空（3）处用于初始赋值 good 这一枚举变量。

空（5）处用于改变 haveAns 的值，用作最后判断是否存在子矩阵。

整个程序并不难，只要了解程序每个部分实现了什么功能，就能轻易地解决本题。

【参考答案】

（1）cin＞＞b[i][j]

（2）m1－m2＋1

（3）good＝true 或 good＝1

（4）m2

（5）haveAns＝true 或 haveAns＝1

【核心知识点】 遍历矩阵算法。

```
for(i=1;i<=n1-n2+1;i++)
    for(j=1;j<=__m1-m2+1__;j++){
        __good=true__;
        for(k1=1;k1<=n2;k1++)
            for(k2=1;k2<=__m2__;k2++){
                if(a[i+k1-1][j+k2-1]!=b[k1][k2])
                    good=false;
    }
```

【巩固】 修改本程序，实现判断 a 中是否有子矩阵的所有元素之和相等，即 a 中与 b 同阶的子矩阵所有元素相加之和是否相等。若有，则输出子矩阵的左上角坐标；否则输出 "There is no answer"。

_____

_____

_____

_____

_____

题目 13 2011 年完善程序第 2 题

（大整数开方） 输入一个正整数 $n(1 \leqslant n \leqslant 10100)$，试用二分法计算它的平方根的整数部分。

```
#include<iostream>
#include<cstring>
using namespace std;
const int SIZE=200;
struct hugeint{
    int len,num[SIZE];
};
//其中 len 表示大整数的位数;num[1]表示个位,num[2]表示十位,依此类推
hugeint times(hugeint a,hugeint b)
// 计算大整数 a 和 b 的乘积
{
    int i,j;
    hugeint ans;
    memset(ans.num,0,sizeof(ans.num));
    for(i=1;i<=a.len;i++)
        for(j=1;j<=b.len;j++)
            ____(1)____+=a.num[i] * b.num[j];
    for(i=1;i<=a.len+b.len;i++){
        ans.num[i+1]+=ans.num[i]/10;
        ____(2)____;
```

```
        }
        if(ans.num[a.len+b.len]>0)
            ans.len=a.len+b.len;
        else
            ans.len=a.len+b.len-1;
        return ans;
    }
hugeint add(hugeint a,hugeint b)
//计算大整数 a 和 b 的和
{
    int i;
    hugeint ans;
    memset(ans.num,0,sizeof(ans.num));
    if(a.len>b.len)
        ans.len=a.len;
    else
        ans.len=b.len;
    for(i=1;i<=ans.len;i++){
        ans.num[i]+=_____(3)_____;
        ans.num[i+1]+=ans.num[i]/10;
        ans.num[i]%=10;
    }
    if(ans.num[ans.len+1]>0)
        ans.len++;
    return ans;
}
hugeint average(hugeint a,hugeint b)
//计算大整数 a 和 b 的平均数的整数部分
{
    int i;
    hugeint ans;
    ans=add(a,b);
    for(i=ans.len;i>=2;i--){
        ans.num[i-1]+=(_____(4)_____)*10;
        ans.num[i]/=2;
    }
    ans.num[1]/=2;
    if(ans.num[ans.len]==0)
        ans.len--;
    return ans;
}
hugeint plustwo(hugeint a)
// 计算大整数 a 加 2 之后的结果
```

```
{
    int i;
    hugeint ans;
    ans=a;
    ans.num[1]+=2;
    i=1;
    while( (i<=ans.len)&&(ans.num[i]>=10) ){
        ans.num[i+1]+=ans.num[i]/10;
        ans.num[i]%=10;
        i++;
    }
    if(ans.num[ans.len+1]>0)
        _____(5)_____;
    return ans;
}
bool over(hugeint a,hugeint b)
// 若大整数 a>b,则返回 true,否则返回 false
{
    int i;
    if( _____(6)_____ )
        return false;
    if( a.len>b.len )
        return true;
    for(i=a.len;i>=1;i--){
        if(a.num[i]<b.num[i])
            return false;
        if(a.num[i]>b.num[i])
            return true;
    }
    return false;
}
int main()
{
    string s;
    int i;
    hugeint target,left,middle,right;
    cin>>s;
    memset(target.num,0,sizeof(target.num));
    target.len=s.length();
    for(i=1;i<=target.len;i++)
        target.num[i]=s[target.len-i]-(_____7_____);
    memset(left.num,0,sizeof(left.num));
    left.len=1;
```

```
        left.num[1]=1;
        right=target;
        do{
            middle=average(left,right);
            if(over( _____(8)_____ ))
                right=middle;
            else
                left=middle;
        }while(!over(plustwo(left),right) );
        for(i=left.len;i>=1;i--)
            cout<<left.num[i];
        return 0;
    }
```

【分析】　本题利用了二分查找法，该算法可参考本章题目 4。大整数开方的基本思想是利用数组一位位地操作。

从主函数看起，空(7)处是将字符转换为数字。

空(8)处比较 middle 的平方与 target。

空(3)处用于将 add 函数中的两数相加。

空(1)、(2)处主要是乘法，即 a∗b 的高精度乘法函数。

进入 middle＝average(left,right)函数，这是求 a 和 b 的平均值，可以轻松得出空(4)处所在的循环是 ans 且已经等于 a＋b 了，现在正在除以 2，可以知道空(4)处是退位，可以用 ans.num[i]％2。

```
    for(i=ans.len;i>=2;i--){
        ans.num[i-1]+=( _____(4)_____ ) * 10;
        ans.num[i]/=2;
    }
    if(ans.num[ans.len+1]>0)
        _____(5)_____ ;
    return ans;
```

空(5)处所在的 if 语句用于对 ans.len 进行修正。

```
bool over(hugeint a,hugeint b)
//若大整数 a>b,则返回 true,否则返回 false
{
    int i;
    if( _____(6)_____ )
        return false;
    if( a.len>b.len)
        return true;
    for(i=a.len;i>=1;i--){
```

```
        if(a.num[i]<b.num[i])
            return false;
        if(a.num[i]>b.num[i])
            return true;
    }
    return false;
}
```

over 函数是用于二分查找的判断函数,所以空(6)处可以通过第二个 if 判断语句知道 a>b return true;那么第一个判断即为 a<b return false,从而得出空(6)。

【参考答案】

(1) ans.num[i+j−1]

(2) ans.num[i]%=10 或 ans.num[i]=ans.num[i]%10

(3) a.num[i]+b.num[i]

(4) ans.num[i]%2 或 ans.num[i]&1

(5) ans.len++ 或 ++ans.len 或 ans.len+=1 或 ans.len=ans.len+1

(6) a.len<b.len

(7) '0'或 48

(8) times(middle,middle),target

【核心知识点】 大整数的各种运算算法。

```
hugeint times(hugeint a,hugeint b);        //a×b
hugeint add(hugeint a,hugeint b);          //a+b
hugeint average(hugeint a,hugeint b);      //(a+b)/2
hugeint plustwo(hugeint a);                //a+2
bool over(hugeint a,hugeint b);            //a>b 则返回 True
```

本题的核心就是将大整数拆开放入数组中。例如:a=7387288392847387,则数组 [b]={7,3,8,7,2,8,8,3,9,2,8,4,7,3,8,7}。

【巩固】 输入两个大整数 m 和 $n(1\leqslant m,n\leqslant 10^{100})$,试输出两数之和。

_____

_____

_____

_____

_____

_____

题目 14　2010 年完善程序第 1 题

(哥德巴赫猜想)哥德巴赫猜想是指任一大于 2 的偶数都可以写成两个质数之和。迄今为止,这仍然是一个著名的世界难题,被誉为数学王冠上的明珠。试编写程序,验证任一大于 2 且不超过 n 的偶数都能写成两个质数之和。

```cpp
#include <iostream>
using namespace std;
int main()
{
    const int SIZE = 1000;
    int n, r, p[SIZE], i, j, k, ans;
    bool tmp;
    cin>>n;
    r = 1;
    p[1] = 2;
    for (i = 3; i <= n; i++) {
        _____(1)_____ ;
        for (j = 1; j <= r; j++)
            if (i % ____(2)____ == 0) {
                tmp = false;
                break;
            }
        if (tmp) {
            r++;
            ____(3)____ ;
        }
    }
    ans = 0;
    for (i = 2; i <= n / 2; i++) {
        tmp = false;
        for (j = 1; j <= r; j++)
            for (k = j; k <= r; k++)
                if (i + i == ____(4)____) {
                    tmp = true;
                    break;
                }
        if (tmp)
            ans++;
    }
    cout<<ans<<endl;
    return 0;
}
```

若输入 $n = 2010$，则输出 ___(5)___ 时表示验证成功，即大于 2 且不超过 2010 的偶数都满足哥德巴赫猜想。

【分析】　本题是一道经典题目，涉及素数判断、朴素算法等，但题目并不是很难，程序的分析可以分成下面两段。

段号	程 序 段	分 析
1	```for (i = 3; i <=n; i++) { (1) ; for (j =1; j <= r; j++) if (i % (2) ==0) { tmp =false; break; } if (tmp) { r++; (3) ; } }```	本段实现的功能是找出所有不大于 n 的素数 空(1)处对标记 tmp 赋值 空(2)处判断若所有小于 i 的素数均不能被它整除,则 i 为素数 空(3)处是将这些素数存储到数组 p 中
2	```ans =0; for (i =2; i <=n / 2; i++) { tmp =false; for (j =1; j <= r; j++) for (k =j; k <= r; k++) if (i + i == (4)) { tmp =true; break; } if (tmp) ans++; }```	i+i 是当前需要验证的偶数,j 和 k 是枚举 p 中的项,若有 p[j]+p[k]=i+i,则表示 i+i 满足哥德巴赫猜想,并将 ans++

空(5)处是 1004 个偶数,因为要排除一个 2。

【参考答案】

(1) tmp＝true

(2) p[j]

(3) p[r]＝i

(4) p[j]＋p[k]

(5) 1004

【核心知识点】 素数判断算法。

素数判断:

```
for (j =1; j<=r; j++)
    if (i%p[j] ==0) {
        tmp =false;
        break;
    }
```

【巩固】 输出所有 3 位数的超级素数,超级素数是指一个 n 位正整数,其前 n 位均为素数。例如,237 就是一个 3 位数的超级素数,因为 2,23,237 都是素数。

_____

_____

_____

_____

_____

_____

题目 15 2010 年完善程序第 2 题

（过河问题）在一个月黑风高的夜晚，有一群人在河的右岸，想通过唯一的一座独木桥走到河的左岸。在这伸手不见五指的黑夜里，过桥时必须借助灯光照明，很不幸的是，他们只有一盏灯。另外，独木桥上最多承受两个人同时经过，否则将会坍塌。每个人单独过桥都需要一定时间，不同的人需要的时间可能不同。当两个人一起过桥时，由于只有一盏灯，所以需要的时间是较慢的那个人单独过桥时所花费的时间。现输入 $n(2 \leqslant n < 100)$ 和这 n 个人单独过桥需要的时间，请计算最少需要多少时间他们才能全部到达河的左岸？

例如，有甲、乙、丙 3 个人，他们单独过桥的时间分别为 1、2、4，则最少需要的时间为 7。具体方法是：甲、乙一起过桥到河的左岸，甲单独回到河的右岸将灯带回，然后甲、丙再一起过桥到河的左岸，总时间为 $2+1+4=7$。

```cpp
#include <iostream>
using namespace std;
const int SIZE = 100;
const int INFINITY = 10000;
const bool LEFT = true;
const bool RIGHT = false;
const bool LEFT_TO_RIGHT = true;
const bool RIGHT_TO_LEFT = false;
int n, hour[SIZE];
bool pos[SIZE];
int max(int a, int b)
{
    if (a > b)
        return a;
    else
        return b;
}
int go(bool stage)
{
    int i, j, num, tmp, ans;
    if (stage == RIGHT_TO_LEFT) {
        num = 0;
        ans = 0;
        for (i = 1; i <= n; i++)
            if (pos[i] == RIGHT) {
```

```
                    num++;
                    if (hour[i] >ans)
                        ans =hour[i];
            }
        if (__(1)__)
            return ans;
        ans =INFINITY;
        for (i =1; i <=n - 1; i++)
            if (pos[i] ==RIGHT)
                for (j =i +1; j <=n; j++)
                    if (pos[j] ==RIGHT) {
                        pos[i] =LEFT;
                        pos[j] =LEFT;
                        tmp =max(hour[i], hour[j]) +__(2)__;
                        if (tmp <ans)
                            ans =tmp;
                        pos[i] =RIGHT;
                        pos[j] =RIGHT;
                    }
        return ans;
    }
    if (stage ==LEFT_TO_RIGHT) {
        ans =INFINITY;
        for (i =1; i <=n; i++)
            if (__(3)__) {
                pos[i] =RIGHT;
                tmp =__(4)__;
                if (tmp <ans)
                    ans =tmp;
                __(5)__;
            }
        return ans;
    }
    return 0;
}
int main()
{
    int i;
    cin>>n;
    for (i =1; i <=n; i++) {
        cin>>hour[i];
        pos[i] =RIGHT;
    }
    cout<<go(RIGHT_TO_LEFT)<<endl;
```

```
        return 0;
    }
```

【分析】 本题属于比较经典的贪心算法。

（1）问题描述

在漆黑的夜里,甲、乙、丙、丁四位旅行者来到了一座狭窄而且没有护栏的桥边。如果不借助灯光,大家是无论如何也不敢过桥的。不幸的是,四个人一共只有一盏灯,而桥窄得只够让两个人同时通过。如果各自单独过桥,四人所需要的时间分别是 1、2、5、8 分钟;而如果两人同时过桥,所需要的时间就是走得比较慢的那个人单独过桥时所需的时间。问题:如何让这四人尽快过桥。

（2）问题答案

两人过桥后,需要把灯送回,最容易想到的是让最快的人来回送灯。因此,第一种办法:先让甲和乙过去(2 分钟),甲回来(1 分钟),甲和丙过去(5 分钟),甲回来(1 分钟),甲和丁再过去(8 分钟),总共需要 17 分钟就可以让四个人都过去。

而正确答案是第二种办法:先让甲和乙过去(2 分钟),甲回来(1 分钟),丙和丁过去(8 分钟),乙回来(2 分钟),甲和乙再过去(2 分钟),总共需要 15 分钟就可以让四个人都过去。这种方法的关键点是让两个最慢的人同时过桥。

（3）扩展

把四人所需要的时间改变为 1、4、5、8 分钟。

第一种方法:首先甲和乙过去(4 分钟),甲回来(1 分钟),甲和丙过去(5 分钟),甲回来(1 分钟),甲和丁再过去(8 分钟),总共需要 19 分钟就可以让四个人都过去。

第二种方法:先让甲和乙过去(4 分钟),甲回来(1 分钟),丙和丁过去(8 分钟),乙回来(4 分钟),甲和乙再过去(4 分钟),总共需要 21 分钟就可以让四个人都过去。

这一次,两个最慢的人一起过去反而更慢了。

这两次方案的差异是:第二快的人要不要也传递一次灯。

假设四个人过河的时间是 $T1,T2,T3,T4$ 且 $T1<T2<T3<T4$。

第一种过河方法的总时间为 $T2+T1+T3+T1+T4$。

第二种过河方法的总时间为 $T2+T1+T4+T2+T2$。

二者之差为 $(T1+T3)-2T2$。

结论:如果 $T1+T3$ 大于 $2T2$,则第二种方法更优;如果 $T1+T3$ 小于 $2T2$,则第一种方法更优;如果 $T1+T3$ 等于 $2T2$,则两种方法无差异。

（4）问题推广

现在把这个问题推广:如果有 $N(N\geqslant4)$ 个旅行者,假设他们各自过桥的时间有快有慢,各不相同。在只有一盏灯的情况下,要过上述的一座桥,怎样才能找到最快的过桥方案。

现在假设 N 个人单独过桥的时间分别是 $T1,T2,T3,\cdots,Tn$,且满足 $T1<T2<T3<\cdots<Tn$。

经过分析,要想以最短的时间过桥,合理的安排应满足以下几点。

① 让最快的人送灯的次数尽可能多一些。

② 某些方案中,第二快的人也要尽可能多地送灯。

③ 让慢的人过桥的次数尽可能少一些。

④ 最快的两个人先过桥,以保证此二人能来回送灯。

借助上述结论,逐步分析多人情形。

当 $N = 5$ 时,第一次先让 $T1$、$T2$ 两人过桥,$T1$ 把灯送回,没过桥的人又变成了 $T1$、$T3$、$T4$、$T5$ 的 4 人情形。这个时候,需要比较 $T1 + T4$ 与 $2T3$ 的大小吗?

第一种方案:选择 $T1$ 来回送灯,过桥总时间为 $T2 + T3 + T1 + T4 + T1 + T5$。

第二种方案:让慢的人一起走,但因为送回灯的人不是 $T3$,而是更快一点的 $T2$,因此总过桥时间为 $T2 + T5 + T2 + T3 + T1 + T2$。

两种方案之差为 $T1 + T4 - 2T2$,与 $T3$ 没有关系。

当 $N = 6$ 时,第一次先让 $T1$、$T2$ 两人过桥,$T1$ 把灯送回,没过桥的人又变成了 $T1$、$T3$、$T4$、$T5$、$T6$ 的 5 人情形。按照刚才的分析,要比较 $T1 + T5 - 2T2$ 的大小。

依此类推,两种方案的差异只与最快的人、次快的人和次慢的人单独过桥的时间有关,而与其他人的快慢无关。

本题主要使用 go 函数,且分为两部分,一是从右往左走,二是从左往右走,最后状态肯定是两个人从右往左走。空(1)上面的 ans 是寻找目标在右边的人的最长过桥时间,并统计在右边的人数,当 num≤2 时,右边的人全部走到左边,任务就结束了。空(2)是一个普通的回溯,是此次过桥时间+未知的后续过桥时间,由此将问题缩小规模(贪心算法)。当需要从左往右走时,显然只需要一个人,这时除了人数以外,与从右往左走相同,判断人是否在左边,然后将状态赋值为 RIGHT 并递归,最后将状态修改回来。

【参考答案】

(1) num<=2 或 num<3 或 num=2

(2) go(LEFT_TO_RIGHT)

(3) pos[i]==LEFT 或 LEFT=pos[i]

(4) hour[i]+go(RIGHT_TO_LEFT) 或 go(RIGHT_TO_LEFT)+hour[i]

(5) pos[i]=LEFT

【核心知识点】 递归求过河问题算法。

```
for (i =1; i <=n -1; i++)
        if (pos[i] ==RIGHT)
            for (j =i +1; j <=n; j++)
                if (pos[j] ==RIGHT) {
                    pos[i] =LEFT;
                    pos[j] =LEFT;
                    tmp =max(hour[i], hour[j]) +  go(LEFT_TO_RIGHT) ;
                    if (tmp <ans)
                        ans =tmp;
                    pos[i] =RIGHT;
                    pos[j] =RIGHT;
```

```
        }
    return ans;
```

【巩固】 一个农民携带着一只狼、一只羊和一棵白菜，要借助一条小船过河。小船上除了农民，只能再带狼、羊、白菜中的一种。当农民不在的时候，狼会吃羊，羊会吃白菜。农民如何才能过河呢？

_____

_____

_____

_____

_____

题目 16 2009 年完善程序第 1 题

（最大连续子段和）给出一个数列（元素个数不多于 100），数列元素均为负整数、正整数、0。请找出数列中的一个连续子数列，使得这个子数列中包含的所有元素之和最大，在和最大的前提下还要求该子数列包含的元素个数最多，并输出这个最大和以及该连续子数列中元素的个数。例如，当数列为 4，−5，3，2，4 时，输出 9 和 3；当数列为 1，2，3，−5，0，7，8 时，输出 16 和 7。

```cpp
#include <iostream>
using namespace std;
int a[101];
int n,i,ans,len,tmp,beg;
int main(){
    cin >>n;
    for (i=1;i<=n;i++)
        cin >>a[i];
    tmp=0;
    ans=0;
    len=0;
    beg=  (1)
    for (i=1;i<=n;i++){
        if (tmp+a[i]>ans){
            ans=tmp+a[i];
            len=i-beg;
        }
        else if (  (2)  &&i-beg>len)
            len=i-beg;
        if (tmp+a[i]  (3)  ){
            beg=  (4)  ;
            tmp=0;
        }
        else
```

```
        (5)  ;
    }
    cout <<ans <<" " <<len <<endl;
    return 0;
}
```

【分析】　对于本题,不仅要得到最大的和,还要使其序列最长。beg 存储的是当前最优数列的首项的前一项序号。

空(1)处对 beg 赋初值 0。

空(2)处判断的是如果 tmp+a[i]==ans,则长度取最长。

空(3)处判断加上当前的值后,若 ans<0,则记录它的下标,并将 tmp 重新赋值 0,tmp 存储的是由负数变为正数的和。

本题采用模拟法,具体模拟后的数据如下。

i	1	2	3	4	5
tmp=0	4	0	3	5	9
ans=0	4	4	4	5	9
len=0	1	1	1	2	3
beg=0	0	2	2	2	2

此类题目没有具体的算法思路,也没有难点,主要依靠细心模拟,要求了解 for 循环语句和 if 语句的操作。

拓展示例 1　利用暴力算法求最大子段和问题

```
int maxSum(int a[],int n){
    int maxSum =0;
    int sum =0;
    for(int i =0; i <n; i++)              //从第一个数开始算起
    {
        for(int j =i +1; j <n; j++)        //从 i 的第二个数开始算起
        {
            sum =a[i];
            a[i]+=a[j];
            if(a[i] >sum)
            {
                sum =a[i];                 //每一趟的最大值
            }
        }
        if(sum >maxSum)
        {
        maxSum =sum;
        }
```

```
    }
    return maxSum;
}
```

拓展示例 2 利用分治法求最大子段和问题

```
int maxSum(int a[],int left, int right)
{
    int sum = 0;
    if(left == right)                                  //如果序列长度为 1,直接求解
    {
        if(a[left] > 0) sum = a[left];
        else sum = 0;
    }
    else
    {
        int center = (left + right) / 2;               //划分
        int leftsum = maxSum(a, left, center);         //对应情况 1,递归求解
        int rightsum = maxSum(a, center + 1, right);   //对应情况 2,递归求解
        int s1 = 0;
        int lefts = 0;
        for(int i = center; i >= left; i--)            //求解 s1
        {
            lefts += a[i];
            if(lefts > s1) s1 = lefts;                 //左边的最大值放在 s1
        }
        int s2 = 0;
        int rights = 0;
        for(int j = center + 1; j <= right; j++)       //求解 s2
        {
            rights += a[j];
            if(rights > s2) s2 = rights;
        }
        sum = s1 + s2;                                 //计算第三种情况的最大子段和
        if(sum < leftsum) sum = leftsum;//合并,在 sum、leftsum、rightsum 中取最大值
        if(sum < rightsum) sum = rightsum;
    }
    return sum;
}
```

拓展示例 3 利用动态规划法求最大子段和问题

```
int DY_Sum(int a[],int n)
{
    int sum = 0;
    int * b = (int *) malloc(n * sizeof(int));         //动态为数组分配空间
```

```
        b[0] = a[0];
        for(int i = 1; i < n; i++)
        {
            if(b[i-1] > 0)
                b[i] = b[i-1] + a[i];
            else
                b[i] = a[i];
        }
        for(int j = 0; j < n; j++)
        {
            if(b[j] > sum)
                sum = b[j];
        }
        delete []b;                                    //释放内存
        return sum;
    }
```

【参考答案】

(1) 0

(2) tmp+a[i]==ans

(3) <0

(4) i

(5) tmp+=a[i]或者 tmp=tmp+a[i]

【核心知识点】 最大连续子段和算法。

```
for (i=1;i<=n;i++){
    if (tmp+a[i]>ans){
        ans=tmp+a[i];
        len=i-beg;
    }
    else if (__tmp+a[i]==ans__ &&i-beg>len)
        len=i-beg;
    if (tmp+a[i]__<0__){
        beg=__i__;
        tmp=0;
    }
    else
        __tmp+=a[i]__;
}
```

【巩固】 (最大连续子矩阵之和)有一个 $n \times n$ 的矩阵,求其中连续的 $m \times m$ 子矩阵中各元素之和最大的子矩阵,输出子矩阵的位置及大小。

例如:

$$\begin{array}{ccc} 1 & 2 & -1 \\ 3 & -2 & -6 \\ 7 & -3 & 4 \end{array}$$

最大子矩阵为 1×1 的 7，位置在 $(2,0)$。

_____

_____

_____

_____

_____

题目 17　2009 年完善程序第 2 题

（国王放置）在 $n \times m$ 的棋盘上放置 k 个国王，要求 k 个国王互相不攻击，有多少种不同的放置方法。假设国王放置在第 (x,y) 格，国王的攻击区域是 $(x-1,y-1)$，$(x-1,y)$，$(x-1,y+1)$，$(x,y-1)$，$(x,y+1)$，$(x+1,y-1)$，$(x+1,y)$，$(x+1,y+1)$。输入 3 个数 n,m,k，输出答案。本题利用回溯法求解。棋盘行标号为 $0 \sim n-1$，列标号为 $0 \sim m-1$。

```cpp
#include <iostream>
#include<cstring>
using namespace std;
int n,m,k,ans;
int hash[5][5];
void work(int x,int y,int tot){
    int i,j;
    if(tot==k){
        ans++;
        return;
    }
    do{
        while(hash[x][y]){
            y++;
            if (y==m){
                x++;
                y=   (1)   ;
            }
            if (x==n)
                return;
        }
        for (i=x-1;i<=x+1;i++)
            if (i>=0&&i<n)
                for (j=y-1;j<=y+1;j++)
                    if (j>=0&&j<m)
```

```
                      (2)  ;
               (3)  ;
        for (i=x-1;i<=x+1;i++)
            if (i>=0&&i<n)
                for (j=y-1;j<=y+1;j++)
                    if (j>=0&&j<m)
                          (4)  ;
        y++;
        if (y==m){
            x++;
            y=0;
        }
        if (x==n)
            return;
    }while (1);
}
int main(){
    cin >>n >>m >>k;
    ans=0;
    memset(hash,0,sizeof(hash));
      (5)  ;
    cout <<ans <<endl;
    return 0;
}
```

【分析】 搜索回溯算法通常有以下两个固定的模式。

模式一：

```
int Search(int k)
{
    for (i=1;i<=算符种数;i++)            //搜索
      if (满足条件)
        {
          保存结果
          if (到目的地) 输出解;
              else Search(k+1);
          恢复:保存结果之前的状态{回溯一步}    //回溯
        }
}
```

模式二：

```
int Search(int k)
{
    if  (到目的地)
```

```
      输出解;
      else
            for (i=1;i<=算符种数;i++)                    //搜索
                if (满足条件)
                    {
                        保存结果;
                                Search(k+1);
                        恢复:保存结果之前的状态{回溯一步}   //回溯
                    }
      }
```

对于本题，主要利用模式二。

```
if(tot==k){                         //到目的地
      ...                           //解的个数加1
   }
do{                                 //进入循环
      while(hash[x][y]){   //hash用来标记x和y的位置是否被访问过
          ...                //访问的顺序是先沿y轴方向到y轴尽头,转下一行x轴…
      }
      for (i=x-1;i<=x+1;i++)
          if (i>=0&&i<n)
              for (j=y-1;j<=y+1;j++)
                  if (j>=0&&j<m)
                          hash[x][y]++;         //保存结果,x和y点已经访问
                  work(x,y,tot+1) ;             //搜索下一层
      for (i=x-1;i<=x+1;i++)
          if (i>=0&&i<n)
              for (j=y-1;j<=y+1;j++)
                  if (j>=0&&j<m)
                          Hash[x][y]--;          //恢复到保存结果的上一个状态
      ……//继续访问下一个节点
   }while (1);
```

【参考答案】

(1) 0

(2) hash[i][j]++

(3) work(x,y,tot+1)

(4) hash[i][j]--

(5) whork(0,0,0)

【核心知识点】 搜索回溯算法。

```
do{
      while(hash[x][y]){
          y++;
```

```
        if (y==m){
            x++;
            y=    (1)   ;
        }
        if (x==n)
            return;
    }
    for (i=x-1;i<=x+1;i++)
        if (i>=0&&i<n)
            for (j=y-1;j<=y+1;j++)
                if (j>=0&&j<m)
                        (2)   ;
                    (3)   ;
    for (i=x-1;i<=x+1;i++)
        if (i>=0&&i<n)
            for (j=y-1;j<=y+1;j++)
                if (j>=0&&j<m)
                        (4)   ;
    y++;
    if (y==m){
        x++;
        y=0;
    }
    if (x==n)
        return;
}while (1);
```

【巩固】　数独问题，现有一个 3×3 的矩阵，将 $1 \sim 9$ 写入矩阵，使矩阵的横、竖、斜方向上的数字相加都等于 15。

附录 A 2017—2018 年 NOIP 初赛真题试卷

第二十三届全国青少年信息学奥林匹克联赛初赛

普及组 C++ 语言试题

竞赛时间：2017 年 10 月 14 日 14:30～16:30

选手注意：

- 试题纸共有 7 页，答题纸共有 2 页，满分为 100 分。请在答题纸上作答，写在试题纸上的一律无效。
- 不得使用任何电子设备(如计算器、手机、电子词典等)或查阅任何书籍资料。

一、单项选择题(共 20 题，每题 1.5 分，共计 30 分；每题有且仅有一个正确选项)

1. 在 8 位二进制补码中，10101011 表示的数是十进制下的(　　　　)。

 A. 43 　　　　　　 B. −85 　　　　　　 C. −43 　　　　　　 D. −84

2. 计算机存储数据的基本单位是(　　　　)。

 A. bit 　　　　　　 B. Byte 　　　　　　 C. GB 　　　　　　 D. KB

3. 下列协议中与电子邮件有关的是(　　　　)。

 A. POP3 　　　　　　 B. SMTP 　　　　　　 C. WTO 　　　　　　 D. IMAP

4. 分辨率为 800×600、16 位色的位图，存储图像信息所需的空间为(　　　　)。

 A. 937.5KB 　　　　 B. 4218.75KB 　　　　 C. 4320KB 　　　　 D. 2880KB

5. 计算机应用最早的领域是(　　　　)。

 A. 数值计算 　　　　 B. 人工智能 　　　　 C. 机器人 　　　　 D. 过程控制

6. 下列不属于面向对象程序设计语言的是(　　　　)。

 A. C 　　　　　　 B. C++ 　　　　　　 C. Java 　　　　　　 D. C♯

7. NOI 的中文意思是(　　　　)。

 A. 中国信息学联赛

 B. 全国青少年信息学奥林匹克竞赛

C. 中国青少年信息学奥林匹克竞赛　　　　　D. 中国计算机协会

8. 2017 年 10 月 1 日是星期日，1999 年 10 月 1 日是（　　）。

　　A. 星期三　　　　　　B. 星期日　　　　　　C. 星期五　　　　　　D. 星期二

9. 甲、乙、丙三位同学选修课程，在 4 门课程中，甲选修 2 门，乙、丙各选修 3 门，则不同的选修方案共有（　　）种。

　　A. 36　　　　　　　　B. 48　　　　　　　　C. 96　　　　　　　　D. 192

10. 设 G 是有 n 个节点、m 条边（$n \leqslant m$）的连通图，必须删去 G 的（　　）条边，才能使得 G 变成一棵树。

　　A. $m-n+1$　　　　B. $m-n$　　　　　　C. $m+n+1$　　　　D. $n-m+1$

11. 对于给定的序列 $\{a_k\}$，我们把 (i,j) 称为逆序对，当且仅当 $i<j$ 且 $a_i>a_j$。那么序列 $1,7,2,3,5,4$ 的逆序对有（　　）个。

　　A. 4　　　　　　　　B. 5　　　　　　　　C. 6　　　　　　　　D. 7

12. 表达式 a*(b+c)*d 的后缀形式是（　　）。

　　A. abcd*+*　　　　B. abc+*d*　　　　　C. a*bc+*d　　　　D. b+c*a*d

13. 当向一个栈顶指针为 hs 的链式栈中插入一个指针 s 指向的节点时，应执行（　　）。

　　A. hs->next=s;

　　B. s->next=hs;hs=s;

　　C. s->next=hs->next;hs->next=s;

　　D. s->next=hs;hs=hs->next;

14. 若串 S＝"copyright"，其子串的个数是（　　）。

　　A. 72　　　　　　　　B. 45　　　　　　　　C. 46　　　　　　　　D. 36

15. 十进制小数 13.375 对应的二进制数是（　　）。

　　A. 1101.011　　　　B. 1011.011　　　　　C. 1101.101　　　　D. 1010.01

16. 对于入栈顺序为 a,b,c,d,e,f,g 的序列，下列（　　）不可能是合法的出栈序列。

　　A. a,b,c,d,e,f,g　　　　　　　　　　　B. a,d,c,b,e,g,f

　　C. a,d,b,c,g,f,e　　　　　　　　　　　D. g,f,e,d,c,b,a

17. 设 A 和 B 是两个长为 n 的有序数组，现在需要将 A 和 B 合并成一个排好序的数组，任何以元素比较作为基本运算的归并算法在最坏情况下至少要做（　　）次比较。

　　A. n^2　　　　　　　B. $n\log n$　　　　　C. $2n$　　　　　　　D. $2n-1$

18. 从（　　）年开始，NOIP 竞赛将不再支持 Pascal 语言。

　　A. 2020　　　　　　　B. 2021　　　　　　　C. 2022　　　　　　　D. 2023

19. 一家四口人至少两个人生日属于同一月份的概率是（　　）（假定每个人的生日属于每个月份的概率相同且不同人之间相互独立）。

　　A. 1/12　　　　　　　B. 1/144　　　　　　C. 41/96　　　　　　D. 3/4

20. 以下和计算机领域密切相关的奖项是（　　）。

　　A. 奥斯卡奖　　　　　B. 图灵奖　　　　　　C. 诺贝尔奖　　　　　D. 普利策奖

二、问题求解（共 2 题，每题 5 分，共计 10 分）

1. 如图 A-1 所示，一个人站在坐标 $(0,0)$ 处，面朝 x 轴正方向。第一轮，他向前走 1 单位距离，然后右转；第二轮，他向前走 2 单位距离，然后右转；第三轮，他向前走 3 单位距离，然后右转……他一直这么走下去。请问第 2017 轮后，他的坐标是：（＿＿＿＿＿，＿＿＿＿＿）。（请在答题纸上用逗号隔开两空答案）。

2. 如图 A-2 所示，共有 13 个格子。对任何一个格子进行一次操作，会使得它自己以及与它上、下、左、右相邻的格子中的数字改变（由 1 变 0 或由 0 变 1）。现在要使得所有格子中的数字都变为 0，至少需要＿＿＿＿＿次操作。

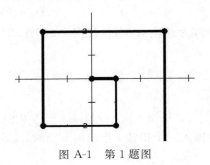

图 A-1　第 1 题图

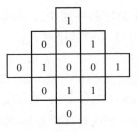

图 A-2　第 2 题图

三、阅读程序写结果（共 4 题，每题 8 分，共计 32 分）

1.
```cpp
#include <iostream>
using namespace std;
int main() {
    int t[256];
    string s;
    int i;
    cin >> s;
    for (i = 0; i < 256; i++)
        t[i] = 0;
    for (i = 0; i < s.length(); i++)
        t[s[i]]++;
    for (i = 0; i < s.length(); i++)
        if (t[s[i]] == 1) {
            cout << s[i] << endl;
            return 0;
        }
    cout << "no" << endl;
    return 0;
}
```

输入：

xyzxyw

输出：_____

```cpp
2. #include <iostream>
   using namespace std;
   int g(int m, int n, int x) {
       int ans =0;
       int i;
       if(n==1)
           return 1;
       for(i=x; i<=m/n; i++)
           ans+=g(m-i,n-1,i);
       return ans;
   }
   int main() {
       int t,m,n;
       cin>>m>>n;
       cout<<g(m,n,0)<<endl;
       return 0;
   }
```

输入：

7 3

输出：_____

```cpp
3. #include <iostream>
   using namespace std;
   int main() {
       string ch;
       int a[200];
       int b[200];
       int n,i,t,res;
       cin>>ch;
       n=ch.length();
       for(i=0; i<200; i++)
           b[i]=0;
       for(i=1; i<=n; i++) {
           a[i]=ch[i-1]-'0';
           b[i]=b[i-1]+a[i];
       }
       res=b[n];
       t=0;
       for(i=n; i>0; i--) {
           if(a[i]==0)
               t++;
```

```
            if(b[i-1]+t<res)
                res=b[i-1]+t;
        }
        cout<<res<<endl;
        return 0;
    }
```

输入：

`10011010110011011010111110001`

输出：_____

```
4. #include <iostream>
   using namespace std;
   int main(){
       int n,m;
       cin>>n>>m;
       int x=1;
       int y=1;
       int dx=1;
       int dy=1;
       int cnt=0;
       while(cnt!=2){
           cnt=0;
           x=x+dx;
           y=y+dy;
           if(x==1||x==n){
               ++cnt;
               dx=-dx;
           }
           if(y==1||y==m){
           ++cnt;
           dy=-dy;
           }
       }
       cout<<x<<""<<y<<endl;
       return 0;
   }
```

输入1：

`4 3`

输出：_____

输入2：

2017 1014

输出：_____

四、完善程序（共 2 题，每题 14 分，共计 28 分）

1.（快速幂）请完善下面的程序，该程序使用分治法求 $x^p \bmod m$ 的值。（第一空 2 分，其余 3 分）

输入：三个不超过 10000 的正整数 x, p, m。

输出：$x^p \bmod m$ 的值。

提示：若 p 为偶数，$x^p = (x^2)^{p/2}$；若 p 为奇数，$x^p = x(x^2)^{p-1/2}$

```cpp
#include <iostream>
using namespace std;
int x,p,m,i,result;
int main(){
    cin>>x>>p>>m;
    result=  (1)  ;
    while(  (2)  ){
    if(p%2==1)
        result=  (3)  ;
    p/=2;
    x=  (4)  ;
}
    cout<<  (5)  <<endl;
    return 0;
}
```

2.（切割绳子）有 n 条绳子，每条绳子的长度已知且均为正整数。绳子可以以任意正整数长度切割，但不可以连接。现在要从这些绳子中切割出 m 条长度相同的绳段，求绳段的最大长度是多少。（第一、二空 2.5 分，其余 3 分）

输入：第 1 行是一个不超过 100 的正整数 n，第 2 行是 n 个不超过 10^6 的正整数，表示每条绳子的长度，第 3 行是一个不超过 10^8 的正整数 m。

输出：绳段的最大长度，若无法切割，则输出 Failed。

```cpp
#include <iostream>
using namespace std;
int n,m,i,lbound,ubound,mid,count;
int len[100];          //绳子长度
int main(){
    cin>>n;
    count=0;
    for(i=0;i<n;i++){
        cin>>len[i];
        (1)  ;
```

```
    }
    cin>>m;
    if(   (2)   ){
        cout<<"Failed"<<endl;
        return 0;
    }
    lbound=1;
    ubound=1000000;
    while(   (3)   ){
        mid=   (4)   ;
        count=0;
        for(i=0;i<n;i++)
            (5)   ;
        if(count<m)
            ubound=mid-1;
        else
            lbound=mid;
        }
    cout<<lbound<<endl;
    return 0;
}
```

第二十三届全国青少年信息学奥林匹克联赛初赛
普及组答题纸

一、选择题

题目	1	2	3	4	5	6	7	8	9	10
答案										
题目	11	12	13	14	15	16	17	18	19	20
答案										

二、问题求解

1.

2.

三、阅读程序写结果

1.

2.

3.

4.

四、完善程序

1.

(1)

(2)

(3)

(4)

(5)

2.

(1)

(2)

(3)

(4)

(5)

第二十四届全国青少年信息学奥林匹克联赛初赛

普及组 C++ 语言试题

竞赛时间：2018 年 10 月 13 日 14:30～16:30

选手注意：

- 试题纸共有 7 页，答题纸共有 2 页，满分 100 分。请在答题纸上作答，写在试题纸上的一律无效。
- 不得使用任何电子设备（如计算器、手机、电子词典等）或查阅任何书籍资料。

一、单项选择题（共 15 题，每题 2 分，共计 30 分；每题有且仅有一个正确选项）

1. 以下属于输出设备的是（　　）。

A. 扫描仪　　　　　B. 键盘　　　　　C. 鼠标　　　　　D. 打印机

2. 下列四个不同进制的数中，与其他三项数值上不相等的是（　　）。

A. $(269)_{16}$　　　　　　　　　　　B. $(617)_{10}$

C. $(1151)_8$　　　　　　　　　　　D. $(1001101011)_2$

3. 1MB 等于（　　）。

A. 1000 字节　　　　　　　　　　　B. 1024 字节

C. 1000×1000 字节　　　　　　　　D. 1024×1024 字节

4. 广域网的英文缩写是（　　）。

A. LAN　　　　　B. WAN　　　　　C. MAN　　　　　D. LNA

5. 中国计算机协会于（　　）年开始创办全国青少年计算机程序设计竞赛。

A. 1983　　　　　B. 1984　　　　　C. 1985　　　　　D. 1986

6. 如果开始时计算机处于小写输入状态，现在有一只小老鼠反复按照 CapsLock 键、字母键 A、字母键 S、字母键 D、字母键 F 的顺序循环按键，即 CapsLock、A、S、D、F、CapsLock、A、S、D、F、…，则屏幕上输出的第 81 个字符是字母（　　）。

A. A　　　　　B. S　　　　　C. D　　　　　D. a

7. 根节点深度为 0，一棵深度为 h 的满 $k(k>1)$ 叉树，即一棵除最后一层无任何子节点外，每一层上的所有节点都有 k 个子节点的树，共有（　　）个节点。

A. $(k^{h+1}-1)/(k-1)$　　　　　　B. k^{h-1}

C. k^h　　　　　　　　　　　　　D. $(k^{h-1})/(k-1)$

8. 以下排序算法中，不需要进行关键字比较操作的算法是（　　）。

A. 基数排序　　　　　　　　　　　B. 冒泡排序

　　C. 堆排序　　　　　　　　　　　　　　　　D. 直接插入排序

9. 给定一个含 N 个不相同数字的数组，在最坏情况下，找出其中最大或最小的数，至少需要 $N-1$ 次比较操作。则在最坏情况下，在该数组中同时找最大与最小的数至少需要（　　）次比较操作。（⌈ ⌉表示向上取整，⌊ ⌋表示向下取整）

　　A. $\lceil 3N/2 \rceil - 2$　　　　B. $\lfloor 3N/2 \rfloor - 2$　　　　C. $2N-2$　　　　D. $2N-4$

10. 下面的故事与（　　）算法有异曲同工之妙。

　　从前有座山，山里有座庙，庙里有个老和尚在给小和尚讲故事："从前有座山，山里有座庙，庙里有个老和尚在给小和尚讲故事：'从前有座山，山里有座庙，庙里有个老和尚在给小和尚讲故事……'"。

　　A. 枚举　　　　　　B. 递归　　　　　　C. 贪心　　　　　　D. 分治

11. 由 4 个没有区别的点构成的简单无向连通图的个数是（　　）。

　　A. 6　　　　　　　B. 7　　　　　　　C. 8　　　　　　　D. 9

12. 设含有 10 个元素的集合的全部子集数为 S，其中由 7 个元素组成的子集数为 T，则 T/S 的值为（　　）。

　　A. 5/32　　　　　B. 15/128　　　　　C. 1/8　　　　　D. 21/128

13. 10000 以内与 10000 互质的正整数有（　　）个。

　　A. 2000　　　　　B. 4000　　　　　C. 6000　　　　　D. 8000

14. 为了统计一个非负整数的二进制形式中 1 的个数，代码如下：

```
int CountBit(int x)
{
    int ret =0;
    while(x)
    {
        ret++;
        _____;
    }
    return ret;
}
```

则空格内要填入的语句是（　　）

　　A. x>>=1　　　B. x&=x−1　　　C. x|=x>>1　　　D. x<<=1

15. 下图所使用的数据结构是（　　）。

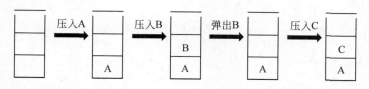

　　A. 哈希表　　　　B. 栈　　　　　　C. 队列　　　　　D. 二叉树

二、问题求解（共 2 题，每题 5 分，共计 10 分）

1. 甲、乙、丙、丁四人正在考虑周末要不要外出郊游。已知①如果周末下雨，并且乙不去，则甲一定不去；②如果乙去，则丁一定去；③如果丙去，则丁一定不去；④如果丁不去，而且甲不去，则丙一定不去。如果周末丙去了，则甲＿＿＿＿＿＿（去了/没去）（1 分），乙＿＿＿＿＿＿（去了/没去）（1 分），丁＿＿＿＿＿＿（去了/没去）（1 分），周末＿＿＿＿＿＿（下雨/没下雨）（2 分）。

2. 1～2018 中共有＿＿＿＿＿＿个包含数字 8 的数。（包含数字 8 的数是指有某一位是"8"的数，例如 2018 与 188）

三、阅读程序写结果（共 4 题，每题 8 分，共计 32 分）

1.
```c
#include<cstdio>
char st[100];
int main()
{
    scanf("%s",st);
    for(int i=0;st[i];++i)
    {
        if('A'<=st[i]&&st[i]<='Z')
            st[i]+=1;
    }
    printf("%s\n",st);
    return 0;
}
```

输入：

QuanGuoLianSai

输出：＿＿＿＿＿＿

2.
```c
#include<cstdio>
int main(){
    int x;
    scanf("%d",&x);
    int res=0;
    for(int i=0;i<x;++i){
        if(i * i %x ==1){
            ++res;
        }
    }
    printf("%d",res);
    return 0;
}
```

输入：

15

输出：_____

3.
```cpp
#include<iostream>
using namespace std;
int n,m;
int findans(int n,int m){
    if(n==0)
        return m;
    if(m==0)
        return n%3;
    return findans(n-1,m)-findans(n,m-1)+findans(n-1,m-1);
}
int main(){
    cin>>n>>m;
    cout<<findans(n,m)<<endl;
    return 0;
}
```

输入：

5 6

输出：_____

4.
```cpp
#include<cstdio>
int n,d[100];
bool v[100];
int main(){
    scanf("%d",&n);
    for(int i=0;i<n;++i){
        scanf("%d",d+i);
        v[i]=false;
    }
    int cnt=0;
    for(int i=0;i<n;++i){
        if(!v[i]){
            for(int j=i;!v[j];j=d[j]){
                v[j]=true;
            }
            ++cnt;
        }
    }
    printf("%d\n",cnt);
```

```
        return 0;
    }
```

输入：

10 7 1 4 3 2 5 9 8 0 6

输出：_____

四、完善程序（共 2 题，每题 14 分，共计 28 分）

1. （最大公约数之和）下列程序想要求解整数 n 的所有约数两两之间最大公约数的和对 10007 求余后的值，试补全程序。（第一空 2 分，其余 3 分）

举例来说，4 的所有约数是 1，2，4。1 和 2 的最大公约数为 1；2 和 4 的最大公约数为 2；1 和 4 的最大公约数为 1。于是答案为 1＋2＋1＝4。

要求 getDivisor 函数的复杂度为 $O(\sqrt{n})$，gcd 函数的复杂度为 $O(\log \max(a, b))$。

```cpp
#include<iostream>
using namespace std;
const int N =110000, P =10007;
int n;
int a[N], len;
int ans;
void getDivisor(){
    len =0;
    for(int i=1;   (1)   <=n;++i)
        if (n %i ==0) {
            a[++len] =i;
            if(   (2)   !=i)a[++len]=n/i;
        }
}
int gcd(int a,int b) {
    if (b ==0) {
          (3)   ;
    }
    return gcd(b,   (4)   );
}
int main() {
    cin >>n;
    getDivisor();
    ans =0;
    for (int i =1; i <=len; ++i) {
        for (int j =i +1; j <=len; ++j) {
            ans=(   (5)   )%P;
        }
```

```
    }
    cout <<ans <<endl;
    return 0;
}
```

2. 对于一个 $1\sim n$ 的排列 p（即 $1\sim n$ 中每个数在 p 中出现了恰好一次），令 qi 为第 i 个位置之后第一个比 pi 值更大的位置，如果不存在这样的位置，则 $qi=n+1$。

举例来说，如果 $n=5$ 且 p 为 1 5 4 2 3，则 q 为 2 6 6 5 6。

下列程序输入了排列 p，使用双向链表求解了答案，试补全程序。（第二空 2 分，其余 3 分，数据范围：$1\leqslant n\leqslant 105$）

```
#include<iostream>
using namespace std;
const int N =100010;
int n;
int L[N],R[N],a[N];
int main(){
    cin>>n;
    for(int i=1;i<=n;++i)
    {
        int x;
        cin>>x;
        ___(1)___;
    }
    for(int i=1;i<=n;++i)
    {
        R[i]=___(2)___;
        L[i]=i-1;
    }
    for(int i=1;i<=n;++i)
    {
        L[___(3)___]=L[a[i]];
        R[L[a[i]]]=R[___(4)___];
    }
    for(int i=1;i<=n;++i)
    {
        cout<<___(5)___<<" ";
    }
    cout<<endl;
    return 0;
}
```

第二十四届全国青少年信息学奥林匹克联赛初赛
普及组答题纸

一、选择题

题目	1	2	3	4	5	6	7	8	9	10
答案										
题目	11	12	13	14	15					
答案										

二、问题求解

1.

2.

三、阅读程序写结果

1.

2.

3.

4.

四、完善程序

1.

（1）

（2）

（3）

（4）

（5）

2.

（1）

（2）

（3）

（4）

（5）

附录 B 2020 年 NOIP 初赛模拟试卷 2 份

全国青少年信息学奥林匹克联赛初赛模拟试题 1

普及组 C++ 语言试题

选手注意：

- 试题纸共有 7 页，答题纸共有 2 页，满分为 100 分。请在答题纸上作答，写在试题纸上的一律无效。
- 不得使用任何电子设备（如计算器、手机、电子词典等）或查阅任何书籍资料。

一、单项选择题（共 20 题，每题 1.5 分，共计 30 分；每题有且仅有一个正确选项）

1. 一个四位二进制补码的表示范围是（　　　）。

    A. 0~15 　　　　　 B. −8~7 　　　　　 C. −7~7 　　　　　 D. −7~8

2. 要存放一个 24×24 点阵的汉字字模，需要（　　　）字节的存储空间。

    A. 1K 　　　　　 B. 576 　　　　　 C. 72 　　　　　 D. 9

3. 下列协议中与网络传输无关的是（　　　）。

    A. TCP 　　　　　 B. UDP 　　　　　 C. FTP 　　　　　 D. WHO

4. 一段时长为 5 分钟、量化位数为 16 位、采样频率为 44.1kHz、单声道的 wave 格式音频，需要的磁盘存储容量大约为（　　　）。

    A. 12.6MB 　　　　　 B. 25.2MB 　　　　　 C. 50.4M 　　　　　 D. 201.9MB

5. 与计算机硬件关系最为密切的软件是（　　　）。

    A. 编译程序 　　　 B. 数据库管理程序 　　 C. 游戏程序 　　　 D. 操作系统

6. 下列程序设计语言中，NOI 还不支持的是（　　　）。

    A. C 　　　　　 B. C++ 　　　　　 C. Python 　　　　　 D. Pascal

7. 二进制数 00100100 和 00010100 的逻辑与是（　　　）。

    A. 00101000 　　　　 B. 01011001 　　　　 C. 00000100 　　　　 D. 00111000

8. 将 19 分解成 3 个不重复数字(1~9)之和(不计顺序)的方法有(   )种。

    A. 3　　　　　　　　B. 4　　　　　　　　C. 5　　　　　　　　D. 6

9. 甲、乙、丙三位同学选修课程,在 4 门课程中,甲选修 2 门,乙、丙各选修 3 门,则不同的选修方案共有(   )种。

    A. 36　　　　　　　B. 48　　　　　　　C. 96　　　　　　　D. 192

10. 已知某二叉树的先序遍历序列是 ABDCE,中序遍历序列是 BDAEC,则该二叉树的后序遍历序列为(   )。

    A. BDECA　　　　B. DBCEA　　　　C. DBECA　　　　D. BDCEA

11. 计算机启动时,可以通过存储在(   )中的引导程序引导操作系统。

    A. RAM　　　　　B. ROM　　　　　C. Cache　　　　D. CPU

12. 表达式 a+b*c-(d+e) 的前缀形式是(   )。

    A. -+a*bc+de　　　　　　　　　　B. -+*abc+de

    C. abc*+de+-　　　　　　　　　　D. abcde*++-

13. 在单链表指针为 p 的节点之后插入指针为 s 的节点,正确的操作是(   )。

    A. p->next=s;s->next=p->next;　　B. s->next=p->next;p->next=s;

    C. p->next=s;p->next=s->next;　　D. p->next=s->next;p->next=s;

14. 在一个长度为 n 的顺序表中,在第 i 个元素($1 \leqslant i \leqslant n+1$)之前插入一个新元素时须向后移动(   )个元素。

    A. $n-i$　　　　　B. $n-i+1$　　　　C. $n-i-1$　　　　D. i

15. 在(   )的情况下,函数 $A \vee B$ 运算的结果是逻辑 0。

    A. 全部是 0　　B. A、B 任一是 0　　C. A、B 任一是 1　　D. 全部是 1

16. 若已知一个栈的入栈顺序是 1、2、3、4,其出栈序列为 P_1、P_2、P_3、P_4,则 P_2、P_4 不可能是(   )。

    A. 2、4　　　　　B. 2、1　　　　　C. 4、3　　　　　D. 3、4

17. 若对 n 个元素进行简单选择排序,则在任一趟排序的过程中,为寻找最小值元素所需要的时间复杂度为(   )。

    A. $O(1)$　　　　　B. $O(\log n)$　　　　C. $O(n^2)$　　　　D. $O(n)$

18. 以下文件格式中,既能存储声音文件,又能存储视频文件的是(   )。

    A. WAV　　　　　B. RM　　　　　　C. MIDI　　　　　D. GIF

19. 4 个人过桥,每人单独过桥分别需要耗时 1 分钟、2 分钟、5 分钟、10 分钟,过桥需要灯(只有一盏),一次只能两个人一起过桥(意味着需要有人送灯回来),两个人的过桥时间以用时多的人为准,则 4 个人全部过桥的时间最少需要(   )分。

    A. 15　　　　　　　B. 17　　　　　　　C. 19　　　　　　　D. 21

20. 2000 年,华人学者姚期智在计算理论(包括伪随机数生成、密码学与通信复杂度)方面的突出成就荣获(   )。

    A. 奥斯卡奖　　　B. 图灵奖　　　　C. 诺贝尔奖　　　　D. 普利策奖

二、问题求解（共 2 题，每题 5 分，共计 10 分）

1. 一个地图共划分为 A、B、C、D 四个区域，如果用四种不同颜色分别对四个区域进行涂色，相邻区域颜色互不相同的涂色方案一共有＿＿＿＿＿＿种。

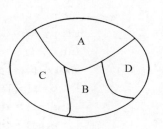

2. 在一个具有 n 个顶点的无向图中，要连通所有顶点，则至少需要＿＿＿＿＿＿条边，最多能够有＿＿＿＿＿＿条边。

三、阅读程序写结果（共 4 题，每题 8 分，共计 32 分）

1.
```cpp
#include <iostream>
using namespace std;
void main() {
int m, k, i ;
for( m=1; m<=10; m+=2 )
{   k =m/3;
    for( i=2; i<=k; i++)
    if(m%i)
        cout<<m<<" ";
    }
}
```

输出：＿＿＿＿＿＿

2.
```cpp
#include <iostream>
using namespace std;
void fun();
void main()
{   int i;
    for(i=1;i<5;i++)
        fun();
    cout<<endl;
}
void fun()
{
    static int a;
    int b=2;
    a+=2;
    cout<<a+b<<" ";
}
```

输出：＿＿＿＿＿＿

3.
```cpp
#include <iostream>
using namespace std;
int main() {
```

```
int a[6] = {2, 4, 6, 8, 10, 12};
int pi = 0;
int pj = 5;
int t , i;
while (pi < pj)
{   t = a[pi];
    a[pi] = a[pj];
    a[pj] = t;
    pi++;
    pj--;
}
for (i = 0; i < 6; i++)
    cout << a[i] << ",";
cout << endl;
return 0;
}
```

输出：_____

4.
```
#include <iostream>
using namespace std;
int main()
{
    string str;
    int i, count=0;
    getline(cin, str);
    for (i=0; i<str.length(); i++)
    {
        if(str[i]>='a' && str[i]<='z')
        {
            str[i]+=3;
            if(str[i]>'z')
                str[i]-=26;
        }
        if(str[i]>='A' && str[i]<='Z')
        {
            str[i]+=3;
            if(str[i]>'Z')
                str[i]-=26;
        }
    }
    cout<<str<<endl;
    return 0;
}
```

输入：

KLFM-Grkflo

输出：_____

四、完善程序（共 2 题，每题 14 分，共计 28 分）

1. 以下程序求方程的全部整数解。

$$3x + 2y - 7z = 5 \quad (0 \leqslant x, y, z \leqslant 100)$$

（第一空 4 分，其余 5 分）

```cpp
#include<iostream.h>
void main()
{   int x, y, z ;
    for( x=0; x<=100; x++)
    for( y=0; y<=100; y++)
    {   if(_____(1)_____)
            continue;
        z=_____(2)_____;
        if(_____(3)_____)              //检查 z 的范围
        cout <<"x=" <<x <<"   y=" <<y <<"   z=" <<z <<endl ;
    }
}
```

2. （高精度计算）由于计算机运算的数据范围表示有一定限制，如整型 int 的表达范围是 $-2^{31} \sim 2^{31} - 1$，unsigned long（无符号整数）的表达范围是 $0 \sim 2^{32} - 1$，都为几十亿。因此，在计算位数超过十几位的数时，不能采用现有类型，只能自己编程计算。

高精度计算的通用方法是：高精度计算时一般用一个数组存储一个数，数组的一个元素对应数的一位，将数由低位到高位依次存储在数组下标对应的由低到高的位置上；另外，当申请数组大小时，一般只考虑最大的情况，在很多情况下表示有富余，即高位有很多 0，可能造成无效的运算和判断，因此一般利用一个整型数据存储该数的位数。下面的程序是一个高精度整数的加法运算，请补充完整程序。（第一、二空 3 分，第三、四空 4 分）

```cpp
#include <iostream>
#include <cstring>
using namespace std;

struct HugeInt{
    int len;
    int num[100001];
};
HugeInt a, b, w;                         //w 为结果
char c[100001], d[100001];
void Scan_HugeInt() {                     //读入两个大整数
    cin >>c;
```

```
    cin >>d;
    a.len =strlen(c);
    b.len =strlen(d);
    for(int i=0; i<a.len; i++) a.num[a.len -i] =_____;  //逆序存储
    for(int i=0; i<b.len; i++)_____;
}
void Plus() {
    w.len =max(a.len, b.len);                              //num 的每一位是 0,长度取 max 不影响加法
    for(int i=1; i<=w.len; i++) {
        w.num[i] +=_____;
        w.num[i+1] +=_____;                             //处理进位
        w.num[i] %=10;                                     //处理当前位,保证<10
    }
    if(w.num[w.len +1] !=0)
        w.len ++;                                          //加法最多会多出一位
}


int main() {
    Scan_HugeInt();
    Plus();
    for(int i=w.len; i>=1; i--)
        cout <<w.num[i];                                  //倒序存储,倒序输出
    cout <<endl;
    return 0;
}
```

全国青少年信息学奥林匹克联赛初赛模拟试题 1
普及组答题纸

一、选择题

题目	1	2	3	4	5	6	7	8	9	10
答案										
题目	11	12	13	14	15	16	17	18	19	20
答案										

二、问题求解

1.

2.

三、阅读程序写结果

1.

2.

3.

4.

四、完善程序

1.

（1）

（2）

（3）

（4）

（5）

2.

（1）

（2）

（3）

（4）

（5）

全国青少年信息学奥林匹克联赛初赛模拟试题 1
参考答案

一、选择题

题目	1	2	3	4	5	6	7	8	9	10
答案	B	C	D	B	D	C	C	C	C	C
题目	11	12	13	14	15	16	17	18	19	20
答案	B	A	B	B	A	C	D	B	B	B

二、问题求解

1. 48

2. $n-1$　$n(n-1)/2$

三、阅读程序写结果

1. 7,9

2. 4,6,8,10

3. 12,10,8,6,4,2

4. NOIP_Junior

四、完善程序

1.

(1) $(3*x+2*y-5)\%7!=0$

(2) $(3*x+2*y-5)/7$

(3) $z>=0$ && $z<=100$

2.

(1) $c[i]-'0'$

(2) $b.num[b.len-i]=d[i]-'0'$

(3) $(a.num[i]+b.num[i])$

(4) $w.num[i]/10$

全国青少年信息学奥林匹克联赛初赛模拟试题 2

普及组 C++ 语言试题

选手注意：

- 试题纸共有 7 页，答题纸共有 2 页，满分为 100 分。请在答题纸上作答，写在试题纸上的一律无效。
- 不得使用任何电子设备（如计算器、手机、电子词典等）或查阅任何书籍资料。

一、单项选择题（共 20 题，每题 1.5 分，共计 30 分；每题有且仅有一个正确选项）

1. 十六进制数 CC 所对应的八进制数为（　　　）。
   A. 314　　　　B. 630　　　　C. 1414　　　　D. 3030

2. 衡量计算机的主要性能指标除了字长、存取周期、运算速度之外，通常还包括（　　　）。
   A. 外部设备的数量　　　　B. 计算机的制造成本
   C. 计算机的体积　　　　D. 主存储器的容量

3. 在计算机系统中，采用总线结构便于实现系统的积木化构造，同时可以（　　　）。
   A. 提高数据传输速度　　　　B. 提高数据传输量
   C. 减少信息传输线的数量　　　　D. 减少指令系统的复杂性

4. 采用虚拟存储器的主要目的是（　　　）。
   A. 扩大可使用的主存空间　　　　B. 扩大可使用的外存空间
   C. 提高访问主存的速度　　　　D. 提高访问外存的速度

5. ASCII 码只占用 1 字节，而汉字内码要占用 2 字节，原因是（　　　）。
   A. 汉字的笔画较多　　　　B. 汉字的数量较多
   C. 汉字区别于西文字符　　　　D. 国际标准如此规定

6. 如果在某系统中算式 15×4＝112 成立，则该系统采用的进制是（　　　）。
   A. 6　　　　B. 7　　　　C. 8　　　　D. 9

7. 二将多项式 $2^7+2^5+2^2+2^0$ 表示为十六进制数，值为（　　　）。
   A. 55　　　　B. 95　　　　C. A5　　　　D. EF

8. 设一台数码相机中 CCD 芯片的像素数目为 300 万，则它拍摄的数字相片的最高分辨率是（　　　）。
   A. 1024×768　　　　B. 1600×1200
   C. 2560×1920　　　　D. 2048×1600

9. （　　　）是指在对问题求解时，总是做出当前看来最好的选择，也就是说，不从整体最优上加以考虑，所做出的是在某种意义上的局部最优解。

A. 动态规划 B. 贪心 C. 分治 D. 搜索

10. 以下关于字符串的判定语句中正确的是（　　）。

    A. 字符串是一种特殊的线性表   B. 串的长度必须大于零

    C. 字符串不可以用数组表示   D. 空格字符组成的串就是空串

11. 当线性表采用链式存储时，节点的存储地址（　　）。

    A. 必须是不连续的   B. 连续与否均可

    C. 必须是连续的   D. 和头节点的存储地址相连续

12. 树是一种非线性数据结构，其最适合用来表示（　　）。

    A. 有序数据元素   B. 无序数据元素

    C. 元素之间具有分支层次关系的数据   D. 元素之间无联系的数据

13. 二叉树是一种特殊的树，一棵二叉树的第 k 层的节点数最多为（　　）。

    A. $2k-1$ B. $2k+1$ C. 2^{k-1} D. 2^{k+1}

14. 设连通图 G 中的边集 $E=\{(a,b),(a,e),(a,c),(b,e),(e,d),(d,f),(f,c)\}$，则从顶点 a 出发可以得到深度优先遍历的顶点序列为（　　）。

    A. $abedfc$ B. $acfebd$ C. $abcedf$ D. $abcdef$

15. 随着世界各国互联网应用的发展，越来越多的 IP 地址被不断分配给最终用户，这样一来，IP 地址近乎枯竭。在这种情况下，IPv6 应运而生，IPv6 采用（　　）位二进制表示网络地址。

    A. 48   B. 64   C. 96   D. 128

16. 将 7 个一模一样的苹果放到 3 个不同的盘子中，每个盘子中至少有一个苹果的放法一共有（　　）种。

    A. 10   B. 15   C. 21   D. 30

17. 有向图 $D=<V,E>$，则从 v_1 到 v_4 长度为 2 的通路有（　　）条。

    A. 0   B. 1

    C. 2   D. 3

18. 新上任的宿舍管理员拿 10 把钥匙去开 10 个房间的门，他知道每把钥匙只能开其中的一个门，但不知道每把钥匙对应哪一个门，现在要打开所有关闭着的 10 个房间，他最多要试开（　　）次。.

    A. 10   B. 25   C. 30   D. 55

19. 通过（　　）技术，人类实现了世界范围的信息资源共享，世界变成了"地球村"。

    A. 现代交通   B. 现代通信

    C. 计算机网络   D. 现代基因工程

20. 参加 NOI 比赛，以下能带入考场的是（　　）。

    A. 无存储卡的手机   B. 无存储功能的手表

    C. 键盘和鼠标   D. 与考试无关的书籍

二、问题求解（共 2 题，每题 5 分，共计 10 分；第一题全部答对得 5 分，没有部分分；第二题第一空 2 分，第二空 3 分）

1. 晚宴上，五对夫妻坐在一张圆桌周围，每对夫妻都坐在相邻位置的坐法共有 _____ 种。

2. 霍夫曼编码依据字符出现的概率构造异字头平均长度最短的码字，广泛应用在计算机的多个领域。霍夫曼编码与二叉树的构造类似，具体步骤如下。

（1）将信号源的符号按照出现概率递减的顺序排列。

（2）将两个最小出现概率作为叶子节点进行构造，将两个叶子之和作为根节点，得到的根节点作为新符号的出现概率重新放入信源集中进行排序。

（3）重复进行步骤（1）和（2）直到概率相加等于 1（所有节点都加入二叉树）为止。

（4）对所有出现的符号进行分配码字，在二叉树的左边用编码 0 表示，右边用编码 1 表示，递归分配每个节点。

（5）记录根节点到当前信号源符号之间的 0、1 序列，从而得到每个符号的编码。

如果一篇文章中只出现了 A，B，C，D 四个字符，且其出现次数如下所示。

字符	A	B	C	D
出现次数	8	6	3	4

则字符 A，B，C，D 的霍夫曼编码长度分别为 _____。

三、阅读程序写结果（共 4 题，每题 8 分，共计 32 分）

1.
```cpp
#include<iostream>
#include<algorithm>
using namespace std;
int main()
{
    int i;
    int a[10];
    for(i=0;i<10;i++)
        cin>>a[i];
    sort(a,a+10);
    for(i=0;i<10;i++)
        cout<<a[i]<<" ";
    cout<<endl;
    return 0;
}
```

输入：

3 2 5 7 9 11 8 6 21 26

输出：_____

```
2. #include <iostream>
   #include <string>
   using namespace std;
   int main()
   {
       string st;
       int i,len;
       getline(cin,st);
       len=st.size();
       for(i=0;i<len;i++)
           if(st[i]>='a'&&st[i]<='z')
               st[i]=st[i]-'a'+'A';
       cout<<st<<endl;
       return 0;
   }
```

输入：

Hello,World.

输出：＿＿＿＿＿＿

```
3. #include <iostream>
   using namespace std;
   int a[1010];
   int main()
   {
       int n,x,maxn,s=0;
       cin>>n;
       maxn=0;
       for(int i=1;i<=n;i++)
       {
           cin>>x;
           maxn=max(maxn,x);
           a[x]=1;
       }
       n=0;
       for(int i=1;i<=maxn;i++)
           n+=a[i];
       for(int i=1;i<maxn;i++)
           if(a[i]==1) cout<<i<<" ";
       cout<<maxn<<endl;
       return 0;
   }
```

输入：

```
10
20 40 32 67 40 20 89 300 400 15
```

输出：_____

4.
```cpp
#include <iostream>
using namespace std;
int a[1010];
int main()
{
    int n,i=0,j;
    int d=2;
    int a[100];
    cin>>n;
    do{
        a[++i]=n%d;
        n=n/d;
    } while(n!=0);
    for(j=i;j>=1;j--)
        cout<<a[j];
    return 0;
}
```

输入：

```
65
```

输出：_____

四、完善程序（共 2 题，每题 14 分，共计 28 分）

1.（并集）在数学上，并集是集合间的一种常见运算，记作 $A+B$。并集运算是这样计算的，假如集合 $A=\{a,b,c,d\}$，集合 $B=\{a,c,e\}$，则 $A+B=\{a,b,c,d,e\}$，是将集合 A 和集合 B 中互不重复的所有元素合并在一起。

下面利用字符串操作模拟集合运算，例如：输入 $abcd$ 代表输入集合 A，输入 ace 代表输入集合 B，输出 $abcde$ 代表输出集合 $A+B$。

```cpp
#include<iostream>
#include<cstring>
using namespace std;
struct tset{
    bool set[26];
    void input()
    {
        string s;
```

```
        cin>>s;
        memset(set,false,sizeof(set));
        for(int i=0;i<s.size();i++)
            set[   (1)   ]=true;
    }
    void output()
    {
        for(int i=0;i<26;i++)
            if(set[i])
                cout<<char(   (2)   );
        cout<<endl;
    }
    tset operator + (const tset x) const
    {
        tset tmp;
        for(int i=0;i<26;i++)
            tmp.set[i]=   (3)   ;
        return tmp;
    }
};
int main()
{
    tset a,b,c;
    a.input();
    b.input();
    c=a+b;
    c.output();
    return 0;
}
```

2. (马走日)回溯算法实际上是一个类似枚举的搜索尝试过程,主要是在搜索尝试过程中寻找问题的解,当发现已不满足求解条件时,就"回溯"返回,尝试其他路径。回溯法是一种选优搜索法,按选优条件向前搜索以达到目标。但当探索到某一步时,若发现原先选择并不优或达不到目标,则退回一步重新选择,这种走不通就退回再走的技术就是回溯法,而满足回溯条件的某个状态的点称为回溯点。

"马"在中国象棋中以"日"字形规则移动。请编写一段程序,给定 $n \times m$ 大小的棋盘,以及马的初始位置(x, y),要求不能重复经过棋盘上的同一个点,计算马有多少途径可以遍历棋盘上所有的点。

```
#include<iostream>
using namespace std;
int r,c;
```

```
int cnt,tot;
int wayr[8]={2,2,1,-1,-2,-2,1,-1};
int wayc[8]={1,-1,2,2,1,-1,-2,-2};
bool mark[1001][1001];                              //判断该数是否被标记过
bool check(int x,int y)                             //判断是否出局
{
    if(_____(1)_____) return true;
    return false;
}
void search(int x,int y)                            //搜索函数
{
    for(int i=0;i<8;i++)
        if(_____(2)_____ &&!mark[x+wayr[i]][y+wayc[i]])  //判断
        {
            mark[x+wayr[i]][y+wayc[i]]=true;
            tot++;
            if(_____(3)_____) cnt++;
            search(_____);                       //下一轮回溯
            tot--;
            mark[x+wayr[i]][y+wayc[i]]=false;       //回溯
        }
}
int main()
{
    cnt=0;
    int m,n;
    cin>>r>>c>>m>>n;
    if(!check(m,n)) cout<<0<<endl;
    else if(r==1&&c==1) cout<<1<<endl;
    else
    {
        mark[m][n]=true;                            //标记起点
        search(m,n);
        cout<<cnt<<endl;
    }
}
```

全国青少年信息学奥林匹克联赛初赛模拟试题 2
普及组答题纸

一、选择题

题目	1	2	3	4	5	6	7	8	9	10
答案										
题目	11	12	13	14	15	16	17	18	19	20
答案										

二、问题求解

1.

2.

三、阅读程序写结果

1.

2.

3.

4.

四、完善程序

1.

（1）

（2）

（3）

（4）

（5）

2.

（1）

（2）

（3）

（4）

（5）

全国青少年信息学奥林匹克联赛初赛模拟试题 2
参考答案

一、选择题

题目	1	2	3	4	5	6	7	8	9	10
答案	A	D	C	A	B	A	C	D	B	A
题目	11	12	13	14	15	16	17	18	19	20
答案	B	C	C	A	D	B	B	D	C	B

二、问题求解

1. 4 * 3 * 2 * 1 * 32

2. 1 2 3 3

三、阅读程序写结果

1. 2 3 5 6 7 8 9 11 21 26

2. HELLO WORLD

3. 15 20 32 40 67 89 300 400

4. 1000001

四、完善程序

1.

(1) s[i]－'a'

(2) i＋'a'

(3) set[i]＋x.set[i]

2.

(1) x＞＝0＆＆y＞＝0＆＆x＜r＆＆y＜c

(2) check(x＋wayr[i],y＋wayc[i])

(3) tot＝＝r * c－1

(4) x＋wayr[i],y＋wayc[i]

附录 C　部分习题参考答案

第 1 章　计算机的基本知识

1.1　基本常识

题号	1	2	3	4	5					
答案	C	C	B	D	A					

1.2　系统结构

题号	1	2	3	4	5	6	7	8		
答案	B	C	A	C	B	A	D	D		

1.3　软件系统

题号	1	2	3	4	5	6				
答案	D	C	B	D	C	A				

1.4　数据表示与计算

题号	1	2	3	4	5	6	7	8	9	10	11	12
答案	D	B	A	A	B	B	C	A	D	D	C	C

1.5　信息编码

题号	1	2	3	4	5	6	7	8	9	10
答案	B	B	B	C	C	C	D	A	D	C

1.6　网络基础

题号	1	2	3	4	5	6	7	8	9	10		
答案	B	B	B	D	C	B	B	A	B	D		

1.7　NOIP 常识

题号	1	2	3	4	5							
答案	D	B	C	C	B							

第 2 章　程序设计基础

2.1　计算机语言与算法

题号	1	2										
答案	C	B										

2.2　C++ 语言基础

题号	1	2	3	4	5	6						
答案	D	A	D	B	C	B						

第 3 章　基本数据结构

3.1　线性表

题号	1	2	3	4	5	6						
答案	C	A	A	D	D	C						

3.2 栈和队列

题号	1	2	3	4	5	6	7	8	9	10	11
答案	D	A	C	C	D	C	C	B	B	B	B

3.3 树

题号	1	2	3	4	5	6	7	8	9	10	11
答案	A	C	B	D	A	A	C	D	C	A	C

3.4 图

题号	1	2	3	4	5	6	7
答案	D	D	B	B	A	A	A

3.5 排序

题号	1	2	3	4	5	6	7	8	9
答案	A	A	D	D	C	B	C	D	C

第 4 章　算法与数学

4.1 应用数学

题号	1	2	3	4	5	6	7	8
答案	CADB	35,10,10	672,2	A	C	7	Tqog	C

4.2 组合学

题号	1	2	3	4	5	6	7	8	9	10
答案	10	C	14400	3060	C	1495	360	120	9	90